정신분석과 유물론

정신분석과 유물론

Psychoanalysis And Materialism

E. 프롬 / R. 오스본 지음 | 김기태 옮김

돌서 **선영사**

Prologue
인간과 사회와 그 토양에의 탐구

프로이트의 무의식 세계에 대한 발견과 정신분석 탐구의 심오한 업적을 이해하기 위해서는, 마르크스의 사회사상적 견해가 커다란 이해의 열쇠를 마련해 준다.

마르크스의 변증법적 유물론은 정신분석 이론의 연구가 낳은 역동적·주관적 요인을 강조하는 그 원천적 경향이 규명되지 않고는 주요한 이론의 통칙들이 명백하게 파악될 수 없다.

그들 두 사람은 인간과 사회의 개념과 본질, 원시 사회, 종교와 도덕론, 정신 건강의 개념, 개인적 및 사회적 성격 등 일련의 고찰에 있어서 각기 그들의 탄탄한 이론의 틀을 구축하고 있다. 그러나 묘하게도 그들 관계의 대립적 성격보다 상호 보완적 측면을 파악함으로써 우리는 그들의 새로운 이해에 도달할 수 있게 된다.

그러나 정신분석과 유물론이라는 두 이론을 철저한 객관적인 입장에서 완벽하게 서술하기란 그리 쉽지 않을 것이다. 왜냐 하면 그 이론들은 그들의 심오한 사상적 배경이나 치밀한 이론의 전개를 제외하고라도 오늘날에 이르기까지 인간의 거의 모든 사상의 근간으로서 여러 분야의 연구와 사상을 고무하는 핵심적 요체이기 때문이다.

그래서 그러한 심오한 이론의 배경과 원천을 밝히려는 시도가 많은 연구자와 학자들에 의해 끊임없이 행해져 왔음을 간과할 수 없다. 그만큼 그들의 탁월한 견해의 공정한 이해는 우리의 영원한 숙제이자, 학문 연구의 신세대들에게는 영원한 자극제가 될 것이다.

이 책에서는 프로이트와 마르크스 사상의 내부 구조를 철저하게 파헤치는 한편, 외부 세계와 그들 이론과의 필요불가결한 관련을 규명, 원초적·기본적 성격을 조명해 봄으로써 그들 두 이론의 이해 및 해설·비판을 논의하고 있다. 이 책을 엮는 데 종합된 텍스트는 다음과 같다.

제1부 《Marx & Freud》, Richard Osbon
제2부 《Beyond the Chained Illusion》, Erich Fromm

아무튼 이 책이 심리학에 관심을 갖고 있는 일반인들과 심리학도, 그리고 연구진들에게 좋은 길잡이가 되었으면 하는 마음 크다.

편역자

Contents

제1부
프로이트와 마르크스

Marx & Freud

R. 오스본

1

원시 사회

원시 사회의 성격에 관한 프로이트와 마르크스의 견해는 서로 많은 부분이 일치하고 있다. 그들은 모두 고도의 사변적 이론을 전개시켰는데,[1] 그 이론의 증거 자료가 거의 없었기 때문에 성생활의 터부와 제약이 강요되었던 원시인의 상황을 상상적으로 재구성했다.

프로이트는 최초의 인간 집단의 성질에 관한 다윈의 학설을 이어받아서, 그것을 원시 집단primal horde에 대한 자신의 학설 기반으로 했다. 다윈은 다음과 같이 추측했다. '최초에는 남자는 한 사람의 아내만을 취하여 작은 공동체 속에서 살고 있었다. 그러나 남자에게 권력이 생김에 따라, 그는 다수의 아내를 거느리고 다른 남자들로부터 아내를 방어하면서 그 공동체 속에서 살게 되었다.[2] 프로이트는 이 추측을 발전시켜 다음과 같은 이론을 정립했다.

원시 집단은 가장 강한 한 남자의 지배에 의해 통치되었으며, 그

---

1) 이 부분은 주로 마르크스의 조력자인 엥겔스에 의해 전개되어 《가족의 기원The Origin of the Family》C.Kerr으로 간행되었다.
2) 《인간의 기원The Origin of Man》, 제2권, p.603

남자는 오로지 자기 자신만이 모든 여성들을 소유할 수 있으며, 다른 남성들에겐 거세하겠다고 위협함으로써 그들의 성욕을 억압하도록 강요했다는 것이다. 프로이트는 이 이론에서 원시 사회에 부여되었던 근친 상간 금기의 세밀한 체계와 토테미즘의 기원을 설명하였다. 그의 흥미 있는 저서 《토템과 터부》에서 프로이트는 조상으로서 숭배되는 동물 및 식물과 연관된 토템이나 부친의 기억에 의해 원시인이 이행하는 약속의 규칙 — 프로이트는 이것을 근친 상간의 욕망에 대해 스스로 가한 제약을 반영한 것이라고 생각했다 — 사이의 관계에 대해 주지했다. J. G. 프레이저는 토템을 다음과 같이 정의하고 있다.

　그것은 미개인의 광적인 숭배자로서의 일꾼의 물질적인 대상으로서, 그들은 자기와 그 물체 사이가 상당히 친밀하고 매우 특수한 관계를 맺고 있다고 믿는다. 인간과 토템과의 관계는 상호 이득적 관계이다. 즉, 토템은 인간을 보호해 주고, 인간은 토템에 대해 갖가지 방식으로 존경을 표시한다. 페티시즘Fetishism:物神崇拜과는 달리, 토템은 고립적·개별적인 것이 아니라 항상 한 무리의 대상, 즉 보편적으로 한 종種의 동물이나 한 품종의 식물, 또는 한 무리의 무생물이다.[3]

　토템 집단의 구성원들은 각기 그들의 토템을 명명하고, 자기들은 그 자손이라고 믿었다. 한 부족 안에 몇 개의 토템 집단이 있을 수도 있고, 각 토템 집단 안에 있는 구성원끼리는 성관계를 가진다거나 결혼을 할 수 없다. 이것이 토테미즘의 기본적인 법이다. 다시 말해서,

---

[3] 《토테미즘과 이족異族 결혼Totemism & Exogamy》J. G. 프레이저, 1910년 참조.

그들은 자기의 토템 집단이 아닌 구성원하고만 결혼할 수 있다.

이 법칙을 파기하는 사람은 부족 전체로부터 처벌을 받는다. 토템의 대상인 동물 및 식물을 먹거나 죽이면 안 된다는 금기는 철저하게 지켜진다. 어쩌다가 이 금기를 위반하게 되면, 처벌은 종족 구성원들에 의해 자연적으로 가해진다. 프로이트는 근친 상간의 금기를 어기는 자에게 가해지는 처벌이 얼마나 가혹한가 하는 것을 보여주기 위해 다음과 같은 예를 들고 있다.

뉴 사우스 웨일즈[4]의 타타티Tatathi 부족에서는 이러한 일이 일어나는 경우는 거의 없지만, 남자는 살해되고 여자는 매질을 당하거나, 아니면 죽도록 매질당한 후에 창으로 찔린다. 여자를 살해하지 않는 이유는, 현실적으로 여자는 남자에게 강간당했을 것이라고 추측하기 때문이다. 이처럼 부족의 금기에 있어서는, 그것이 비록 우연한 간통일 경우일지라도 극도로 사악한 것으로 간주되며, 위반자는 죽음으로써 처벌된다.[5]

토템을 죽여서도 먹어서도 안 된다고 하는 금기는, 토템 축제로 알려진 특정한 의식 기간 동안에는 일시적으로 해제된다. 토템 집단의 모든 사람들이 그 축제에 참여하여 제물이 된 동물을 한 조각씩 먹음으로써 각 구성원들과 토템과의 연대감을 형성한다. 이 때 사람들은 토템을 흉내 내어 격렬하게 울부짖으며 축제 분위기에 젖어든다. 이 축제를 하는 동안에는, 모든 토템 금기가 무시되고, 그 동안 쌓인

---

4) 오스트리아의 주 이름.
5) 《토템과 터부Totem & Taboo》케간 폴, 1936년, p.7

모든 욕망에 대해서도 속박이 풀린다.

　모든 종류의 방종이 용인되는 전형적인 축제 기분이 넘쳐 흐른다. 프로이트는 여기에서 오늘날 축제일의 본질을 이해할 수 있다고 보았다. 그 이유는, 오늘날 축제의 특징이 평상시의 구속을 벗어나서, 다른 때라면 얼굴을 찡그릴 정도의 문란한 생활을 보여주는 것이라고 생각했기 때문이었다.

　프로이트가 원시 집단에 관한 이론에서 설명하고자 했던 주요한 특징은 다음 세 가지로 대별할 수 있다. 첫째, 같은 토템 집단의 구성원은 동일한 조상으로부터 이어온 것으로 간주된다. 둘째, 토템 내부의 성관계는 엄격히 금지되고 있다. 셋째, 주기적인 토템 축제의 기간 동안은 이들 금기가 폐지되고, 명복을 비는 한편, 쾌락을 즐기는 모순된 특징이 나타난다.

　그에 대해 프로이트는 이렇게 설명하고 있다.

　정신분석은 토템 동물이 실제로는 부친의 대리자를 상징한다고 밝혀 준다. 또한 실제로 이것은 평상시에는 토템 동물을 살해할 수 없지만, 축제 기간 동안에는 살해할 수 있다는 것과, 그것도 애도와 슬픔 가운데 이루어진다는 모순을 설명해 주고 있다. 오늘날 어린아이의 부친 콤플렉스의 특징이 되고 있고, 또 성인 생활까지 지속되는 양가성의 감정은 토템 동물이라는 부친의 대리물에까지 영향을 미치고 있는 것이다.[6]

　원시 집단에 관한 위와 같은 설명과 다윈의 가설을 사변적인 방법

---

6) Ibid., pp.235~236

으로 연결시키려고 시도했다. 그는 이 사변이 "자칫 공상처럼 보여지기도 하지만, 도처에 흩어져 있던 일련의 현상들을 하나로 통합해 주는 장점이 있다"라고 주장했다. 태고의 인간 가족 가운데 시기심에 찬 부친에 의해 추방당한 형제들은 서로 동맹을 맺어, 부친을 살해하고 그 인육을 먹었다.

프로이트는 다음과 같이 쓰고 있다.

이 난폭한 최초의 부친은 어떤 형제들에게 있어서도 시샘과 공포의 대상이었다. 이제 그들은 부친을 먹어 버림으로써 그와의 동일시를 성취했고, 그리하여 각자는 부친이 가졌던 힘의 일부를 획득하였다. 아마도 인류 최초의 의식이었을 토템 축제는 이 범죄 행위와 함께 여러 가지 일들, 즉 사회 조직·규율·종교 등이 태동되었을 것이다.

그러나 그들이 부친을 살해하고 자기들의 성적 만족을 방해하는 것을 제거한 다음에는, 부친에 대한 양가성의 감정이 나타나서 부친을 사랑하고 찬양하게 된다. 그리하여 이러한 감정은 부친이 죽고 그들의 증오가 만족됨과 동시에 외부로 분출된다.

이것은 양심의 가책이라는 것으로 시작된다. 여기에서부터 일조의 죄의식이 발생된다. 그래서 이제 죽은 사람은 생존시보다 더욱 강대해진다. 이것은 오늘날 인간의 운명에서 볼 수 있는 것보다 더 강력한 것이다.

이전에는 부친의 존재로 인해서 방해받고 있었던 것을 이번에는 그들 스스로가 금지하였다……. 그들은 부친의 대리물 — 즉, 토템 —
을 살해하는 것은 결코 용납될 수 없다고 위협함으로써, 자기들의 행
위를 없었던 것처럼 위장하고, 해방된 여자들을 거느리는 것을 거부
하여 그 성과 여자를 거느리는 것를 포기하였다.[7)]

　그러나 근친 상간의 금지는 아무런 방해도 받지 않고 이루어진 것
이 아니다. 왜냐 하면 동맹을 맺었던 형제들은 다시 서로 경쟁자가
되었기 때문이다. 프로이트는 그 후로도 근친 상간의 관계가 얼마 동
안은 지속되었으며, 부친으로부터 해방된 자유를 한껏 누렸다고 추
측하고 있다.

　여기에서 우리들은 엥겔스가 《가족, 사유 재산, 국가의 기원》에서
제시하였던 견해와의 접촉점에 이르게 된다. 집단혼이라는 말은 한
토템 집단의 모든 여성이 다른 토템 집단의 남성에게 성적으로 예속
되고 있는 상태를 표현하기 위해 엥겔스가 사용했던 술어이다.

　엥겔스는 그러한 술어를 L. H. 모간의 《고대 사회 Ancient Society》
에서 자주 인용했다. 모간은 그의 반평생 동안을 이로쿠와 Iroquois
족의 양자가 되었던 사람이다.

　그는 자신의 저서 《고대 사회》에서 야만으로부터 미개를 거쳐 문명
에 이르는 사회 발달의 경로에 대해 쓰고 있다. — 그는 인디언에 대
한 자신의 연구와, 세계 도처에서 수집된 자료에 대한 연구를 토대로
많은 인류학자가 사용하는 족외혼 族外婚이라는 개념이 오해에서 나
온 것이라고 주장하였다. 족외혼이란 한 부족의 구성원이 자기가 속
한 부족의 밖에서 아내를 구하는 결혼 형태이며, 그에 반해 같은 부
족 내에서 결혼하는 것은 동족혼이라고 불리어진다. 여기에는 족외

------

7) Ibid., p.238

혼과 동족혼이라는 뚜렷이 구별되는 두 개념이 결혼 관계가 존재되었다는 것이 전제로 되어 있다.

이런 결혼 관습에 의해 하나의 부족은 다른 부족과 구별되었다. 그러나 모간은 족외혼 부족과 동족혼 부족이라는 구별은 실제로 존재하지 않았으며, 원시 사회에 있어서의 하나의 부족에는 많은 씨족이 존재하고 있었다는 것을 입증하였다. 그래서 한 씨족의 남자들은 자기의 부족 안에 있는 다른 씨족에서 자기의 아내를 택한다. 이처럼 당시의 결혼은 부족 전체로 봐서는 동족혼이었으나, 씨족 전체로서는 족외혼이었던 것이다. 씨족 내의 결혼은 원칙적으로 금지되었기 때문에, 이들 씨족의 개념은 앞에서 이미 서술한 바 있는 토템 집단과 대응하는 것이라고 생각된다.

모간과 엥겔스는 이런 결혼 관계의 가장 오래 된 형태 중에는, 한 집단의 남자들이 다른 집단의 모든 여자들에게 남편으로서의 권리를 행사할 수 있었던 형태가 있었을 것으로 추측하고 있다. 다시 말해서, 어떤 집단의 각 구성원남자은 다른 집단의 여자라면 누구와도 성관계를 가질 권리가 있었는데, 이것이 바로 '집단혼'의 형태이다. 이러한 결혼 관계에서 태어난 자식들은 그들의 어머니와 성관계를 가질 권리가 있는 모든 남자들을 '아버지'라고 칭했으며, 자신의 어머니가 속한 쪽의 모든 여성들을 '어머니'라고 불렀던 것이다.

이와 동시에 그들은 서로를 형제나 자매로 불렀다. 이와 같은 상태에서는 성생활이 거의 제한적이지 않았지만, 엥겔스에 따르면 그것이 성관계의 가장 오래 된 형태는 아니다. 엥겔스는 이렇게 말하고 있다.

우리들이 알고 있는 모든 집단혼의 형태는 매우 복잡한 상황이 결부되어 있기 때문에, 그것보다 앞서는 성관계의 어떤 형태가 있었다는 것을 쉽게 알 수 있다. 그리고 동물에서부터 인간으로의 이행 과정에 따르는, 무질서한 성관계의 시기가 있었음을 유추할 수 있다.[8] '무질서한 성관계'란 무엇을 의미하는가? 그것은 오늘날 행해지고 있는 구속이 그 옛날에는 행해지지 않았다는 것에 지나지 않는다……. 후대에 형성된 장벽이 그 때는 아직 형성되지 않았다는 의미에서의 무질서이다.[9]

나중에 집단혼 속에서 행해진 규율은 분명히 집단 내에서의 결혼을 금지하는 근친 상간의 통제이다. 만약 토테미즘과 족외혼에 관한 프로이트의 이론 — 즉, 그것은 부친 살해로 인한 것이라는 이론 — 이 정확하다면, 우리들은 살해와 근친 상간 금기의 강제 사이에 하나의 시기가 있고, 이 시기에는 승리를 획득한 자식들이 무제한적으로 자신들의 성욕을 채웠다는 것을 추정해야만 한다.

프로이트가 말한 바와 같이, 그 시기에는 아무런 구속이 없었다. 따라서 우리들은 '무질서한 성관계'의 시기가 있었다는 엥겔스의 견해와 부친을 살해했다고 한 프로이트의 이론을 상호 연관시킬 수 있다. 게다가 두 사람의 더욱 뚜렷한 유사점은 대규모의 사회 집단 형성의 여러 조건에 관한 견해에 나타난다. 대규모의 사회 집단은 남자들의 경쟁 의식에 의해서 방해를 받는다.

프로이트는 이 점에 대해 다음과 같이 주장하고 있다.

---

8) 《가족의 기원》, p.43
9) Ibid, pp.43~44

형제들은 부친을 제거시키기 위해서 동맹을 맺었지만, 여자 문제에 있어서는 서로 경쟁자였다. 그들 각자는 부친처럼 자기도 모든 여자들을 거느리고 싶다는 소망을 갖고 있었다. 그러나 자기들끼리 싸운다면 새로운 조직은 파괴될 것이다……. 그들이 함께 생존하기 위해서는 근친 상간의 금지라는 규율을 — 추측컨대 그 동안 많은 경험을 한 뒤에 — 수립하는 방도 외에는 달리 묘안이 없었던 것이다. 그 결과, 그들은 이 금지의 규율에 의해서 똑같이 자기들이 원하던 여자들을 포기하였다.[10]

엥겔스는 프로이트가 훗날 보다 완전한 인류학적 연구를 토대로 정립한 이론을 사변적으로 암시하고 있을 뿐이지만, 그는 사회 생활을 안정시키는 한 조건으로서 억압이라는 프로이트적 견해를 이미 예견하고 있었다.

그는 족외혼의 최초 형태인 집단혼의 특징은 시기하지 않는 것이라고 강조하고 있다. 성적 만족은 적절한 집단의 어떠한 여자에게서도 얻어질 수 있다는 것이 가정되어 있는 것이다.

그러나 성인 남성이 서로 시기하지 않고 이해하는 것은 대규모의 영속적인 집단의 형성에 있어서의 제일 조건이다. 그리하여 이러한 집단 속에서 동물 상태로부터 인간으로의 진화를 성취할 수 있었다.
분명히 역사에 의해 입증되었고, 아직도 도처에서 나타나는 가장 오래 되고 가장 원시적인 가족의 형태는 무엇인가? 그것은 바로 집

---

10) 《토템과 터부》, pp.238~239

단혼이다. 이 가족의 형태는 남자 집단 전체와 여자 집단 전체가 상호적으로 완전 공동 소유하여 시기할 여지가 전혀 없게 만드는 것이다.[11]

따라서 우리들은 엥겔스와 프로이트의 견해를 쉽게 연관 지을 수 있다. 엥겔스가 말한 '무질서한 성관계'의 시기는 무제한적인 성적 욕구의 충족이 가능했던, 부친 살해에 이어지는 시기에 해당된다. 그리고 엥겔스가 사회 안정을 위해서는 '남자끼리의 이해'가 필요하다고 서술했던 것과 같이, 프로이트는 공동 생활을 하는 형제가 근친 상간의 금기라는 규제를 하지 않으면 안 되었다고 말한다.

그러므로 최후의 집단혼은 최초의 토템 집단에 결부되어 있다. 토템 집단 속에서는 서로 대립하거나 시기하는 것이 억압되어, 성욕은 자연적으로 같은 토템 집단이나 씨족이 아닌 외부에서 충족시킬 수밖에 없게 되었던 것이다. 부친 살해의 이론으로 되돌아가 보자. 그 이론의 주요한 장점도 그것에 의해 많은 모순된 자료를 종합할 수 있다는 것이다. 프로이트 역시 그 이론이 사변적인 성격을 띠고 있음을 충분히 인지하고 있었다.

나는 오해의 여지를 피하기 위해 다음과 같은 것을 밝혀 두고자 한다. 즉, 나는 이 가정을 수립하는 데 있어서 그 자체와 결부된 현상의 복잡성을 도외시하지 않았다는 것이다. 내가 밝히고 싶은 것은 종교·도덕·사회에 관해 이미 알려졌다든가, 또는 아직 알려지지 않은 기원에다가 정신분석적인 경험에서 결부시킬 수 있는 새로운 요인을

---

11) 《가족의 기원》, p.42

부가시키려는 것뿐이다.[12]

《토템과 터부》에서 프로이트가 하나의 난점으로 간주했던 점은, 그가 초자아라는 술어로써 하나로 통합한 심적 경향을 발견함으로써 어느 정도 해소되었다고 생각된다. 프로이트는 그 난점을 다음과 같이 공식화하였다.

어떤 행위에 대한 죄의식은 수천 년 동안 지속되어 왔을 뿐만 아니라, 그 행위에 대해 전혀 아무것도 모르는 세대에까지 그 영향이 미치고 있다. 부친에게 학대받은 자식의 세대에서 일어났던 정동 과정情動過程은, 그 부친이 이미 배제되었기 때문에 이러한 행위를 계승하지 않아도 되었던 새로운 세대에까지 계속되고 있다.[13]

이러한 견해의 난점은 획득한 심적 경향이 유전된다는 것, 즉 정동적인 경험이 한 세대에서 다른 세대로까지 이어진다는 것을 인정해야만 한다는 데 있다. 이것은 오늘날 인정되고 있는 유전학 이론에 위배되는 것이다. 그러나 프로이트는 《토템과 터부》를 집필한 후에, 부자간의 관계에 대한 자신의 견해를 초자아라는 개념으로 발전시킴으로써 이 문제를 명확하게 정립한다.

초자아는 부모와의 동일시, 즉 어린 시절의 엄격하고 억압적인 부친상이 마음 속으로 들어온다는 가정에 기초하고 있다. 그러나 어린아이에 대한 부친의 엄격한 태도는 대부분 자신의 초자아에 의

---

12) 《토템과 터부》, p.261
13) Ibid., p.262

해 명령되고 있지만, 사실 이 초자아는 그의 부친과의 동일시로 인해 형성된 것이다. 이처럼 초자아가 유전의 매개물로 작용함으로써 일련의 동일시를 통해 부친을 살해한 죄의식이 후세대에서도 나타난다.

예를 들면 기독교의 교리에서는 부모, 즉 신에의 반역 행위에 대한 죄의식이 중심적 역할을 하고, 이 원죄는 자식의 희생에 의해서 비로소 보상된다. 그리하여 이 속죄에 의해 자식은 그의 부친과 동일시되어 신격화된다. 기독교도의 성찬식에서는, 자식의 육체를 먹는 행위로써 거기에 참여한 사람들이 그 자식을 매개로 해서 부친과 동일시되고, 그의 성스러움을 나누어 갖는다. 그러나 원죄의 교리는 신에 대한 원초적인 반항의 죄의식이 후대로 이어져 전해진다는 것을 전제로 하고 있다.

이것은 심리학적으로 볼 때, 초자아라는 프로이트 학파의 개념으로 설명된다. 우리들은 프로이트 학파가 사회 조직에 있어서 성적 요인의 기본적인 역할을 강조하고 있는 사실을 이미 주지했다. 엥겔스도 사회의 성적 기초를 인정하고 있다. 이 점은 모간을 찬양한 그의 말에서도 분명히 나타나 있다. 즉, 그는 "모간의 위대한 공적은 역사의 성적인 기초를 개괄하여 재발견하고 재구성했으며, 북미 인디언의 성적 조직화에 대한 발견으로부터 그리스·로마·독일의 불가해한 문제를 푸는 열쇠를 도출해 냈다는 것이다"[14]라고 말했다.

엥겔스는 역사에 있어서 성적인 기초를 인식하였지만, 성적인 유대를 기반으로 한 이 조직 자체에서 노동 생산성이 점점 증가한다고 보았다. 그에 따라 사회 조직의 지배적인 특징이 되는 어떤 경제 관계

---

14)《가족의 기원》머리말 중에서.

의 경향이 있다고 주장했다. 그러나 이것은 성적 요인의 기본적인 역할을 부정하는 것은 아니다. 그 이유는, 이 요인에 포함된 본능 에너지는 쉽게 전이되고 승화되어 다른 간접적인 표현 양식을 취하기 때문이다.

프로이트는 언어의 예로써 성적 흥미의 노동 과정으로서의 변형을 설명하고 있다. 즉, 언어는 성적 대상을 부르는 수단으로서 싹트기 시작했지만, 나중에는 그것이 발달하여 일을 하게 하는 고무적인 자극이 되었다. 그는 정신분석과는 별도로, 이 결론에 도달한 어느 언어학자의 말을 인용하여 다음과 같이 말하고 있다.

최초의 발성은 전달의 수단이자 성적 대상을 불러들이는 수단이었다. 후에 언어의 여러 가지 요소는 미개인이 행하였던 갖가지 종류의 작업에 부수되어 사용되었다. 이 작업들은 일하는 사람들이 모두 함께 발성을 리드미컬하게 반복하면서 행해지게끔 되었다. 그 효과는 성적인 흥미를 그 작업에로 옮기는 것이었다.

이렇게 해서 미개인들은 즐거운 마음으로 일을 할 수 있었다. 말하자면 그것은 성생활과 동일한 것, 또는 그 대용물로서 취급된 것이다. 그래서 협동 작업의 과정에서 발달된 언어는 두 가지 의미를 갖게 되었다. 즉, 하나는 성과 연관된 것이고, 다른 하나는 성과 동일한 의미로서의 노동과 연관된 것이었다. 그러는 동안에 언어는 점차 성적인 의미로부터 분리되어 일에만 적용될 수 있는 것으로 되었다.[15]

따라서 노동의 과정을 통해서 성에너지가 분출될 수 있는 출구가

---

15) 《정신분석학개설》S. 프로이트, p.141

열린다는 점에 있어서, 엥겔스의 견해는 프로이트의 견해와 연결된다. 억압의 역할을 고려한다면 이 점은 한층 더 명확해질 것이다. 사회의 역사에서 억압은 본질적인 중대성을 갖고 있다. 그것은 엥겔스와 프로이트가 공통적으로 인식했던 바와 같이 사회 안정의 필요 수단이다.

프로이트는 "우리들은 문명이라는 것이 원시적인 충동의 충족을 희생시키는 대신, 생존 경쟁의 압력 아래에서 만들어진 것이라고 믿고 있다"[16]고 말했다.

그러나 충동을 억압하기 위해서는 사회 조직을 방해하지 않으면서도 그 충동을 표현할 수 있는 의식적인 활동 형태가 필요하다. 사회가 성적인 연대에 의해 지배되면 될수록 성충동의 변형된 간접적인 표현의 필요성이 그만큼 줄어든다. 왜냐 하면 성충동은 의식적인 규범과 모순적이지 않기 때문이다.

그러나 엥겔스는 노동 과정의 발달과 성적 연대의 지배가 없어지는 것 사이에는 서로 연관성이 있다고 했다. 그가 말하는 의미에서의 '성적 연대'란 성생활의 의식적이고 분명한 형태를 가리키는 것이며, 그 이면에 있는 무의식적인 충동을 말하는 것이 아니다.

앞서 언급했던 바와 같이, 이 연대나 결혼이라고 하는 관습은 의식적이고 사회화된 형태로서, 이 속에서 억압된 욕망이 충족된다. 인간 사회의 가장 오래 된 형태인 '무질서한 성관계'는 결혼 제도와 사회 제도 속에서 더더욱 제한된 표현 양식을 띠게 된다. 이리하여 성적 연대에 의해 지배된 조직 형태가 노동 과정에 의해 지배되는 형태로 옮아간다. 다시 말해서 인간은 거의 개인적인 성충동을 억압함으

---

16) Ibid., p.17

로써 일하는 인간이 된 것이다. 왜냐 하면 노동은 이러한 억압이 없이는 불가능한 사회적 협동 체제가 전제되어야 가능한 것이기 때문이다.

여기에서 우리는 억압의 기원이라고 하는 중요한 문제와 맞부딪친다. 우리는 앞에서 사회적 인간 관계를 수립하는 수단으로써 억압이 필요하다는 사실을 주지했다. 이와 관련해서 주지해야 할 것은, 억압이 외적 환경의 압력을 받아 발생된다는 사실이다. 프로이트는 억압의 기원에 관해 통찰하고, 그것은 빙하 시대의 압력에서 파생되었으리라고 추측하였다.

빙하 시대 때문에 인간이 살 수 있는 영토가 더욱 협소화됨에 따라, 그 좁은 영토에서 살아남기 위한 다른 집단과의 효율적인 투쟁을 위해서는 집단 내부의 대립을 억압해야 했다. 이렇게 해서 집단 내부의 대립은 순전히 경제적인 필요에 의해 다른 집단에게로 향해졌다. 프로이트는 억압을 사회적·경제적 필요에 대한 반응이라고 주장하고 있다.

본능 생활을 억제하게 된 사회적인 동기는 결국 경제적인 것이다. 사회는 구성원의 노동 없이는 그 구성원들을 먹여살릴 수 없기 때문에, 구성원의 수를 제한하고 그 에너지를 성활동에서 노동으로 향하게 하지 않으면 안 된다. 그리하여 원시 시대로부터 오늘날에 이르기까지 끝없는 생존 경쟁이 계속되고 있는 것이다.[17]

인간의 원시 선조에 대한 프로이트와 마르크스의 이론은 너무나

---

17) Ibid., p.262

사변적인 까닭에 과학적으로 그다지 중요치 않다고 간주할지도 모르겠다. 그리고 실제로 많은 인류학자들이 그들의 이론에 대단히 비판적이다. 홉즈·루소·로크 등이 인간 사회의 기원을 설명하기 위해 제시했던 이론 등이 그것이다. 그러나 그들의 흥미로운 사변의 중요성은 주로 그들의 설명 방식에서 연유되는 것이다. 만약 우리들이 이 사변을 원시인이 아닌, 인간 이전의 인간prehuman man에 관한 지식의 공백을 메우기 위한 시도로 평가한다면, 그것의 가치는 더욱 중대될 것이다.

진화론이 어떤 의미를 가질 경우, 우리들은 인간 이전의 선조가 존재했었다는 사실을 주장해야만 한다.

인간의 모든 성질 가운데는, 먼저 경험한 것을 기억하고 있지만, 미래의 이득을 위해서 눈앞에 있는 본능 충족을 억제할 수 있을 만한 능력이 있다. 하지만 이런 일은 직접적인 만족을 충동하는 본능과 그만큼 유효하지 않은 억압 기제를 갖고 있던 인간 이전의 선조에게 있어서는 매우 어려운 일이었음에 틀림없다.

다만 우리는 인간의 본능 생활을 제한하고 그 방향을 바꾸는 데 효과적인 사회 조직을 구축했던 과정을 추측할 수 있을 따름이다. 이것은 분명히 동물 상태로부터 인간 생활에로의 이행에 필요한 단계였다고 할 수 있다. 이 이행에 관한 프로이트와 마르크스의 이론은 상당히 설득력이 있는 것 같다. 왜냐 하면 그들은 우리가 사회적 인간으로 성장하고 있는 어린아이에게서 관찰할 수 있는 것을 웅장하고 거대한 역사적인 차원에서 입증했기 때문이다. 어린아이는 사회 생활의 형태에 일치하도록 충동과 욕구를 제한하고, 사회적인 목적을 위협하는 많은 개인적인 목표를 경험해야 한다.

이상과 같은 사실이 프로이트와 마르크스주의가 제시하는 이론의 커다란 장점이다. 그것은 개인의 유아기 및 종種으로서의 유아기의 시련과 어려움을 설명해 주고 있다.

2

종교와 도덕론

   이 책의 주제는 마르크스주의와 정신분석이 인간성의 탐구에 있어서 상호 보완적이라는 것을 보여주는 것에 있다. 정신분석의 주관적인 요인, 즉 사람들로 하여금 활동하게 하는 욕구와 충동을 강조한 데 비해, 마르크스주의는 이 활동을 표출케 하는 외적인 사회 상황을 중시한다. 이 장에서는 종교 사상과 도덕 사상에 관련된 이러한 상호 보완적인 성질을 고찰하고자 한다.

   이것은 대단히 유효한 것이다. 그러나 나는 어떤 반론이 나올 것인가를 이미 알고 있다. 왜냐 하면 종교 사상에 포함된 심리적·사회적 요인을 기술한다 하더라도, 종교가 신이나 조물주나 사후 세계 등에 관한 주장의 시시비비를 가릴 수가 없기 때문이다. 다시 말해서 사람들이 어떤 것에 대해 진리라고 말할 때 어떻게 해서 그렇게 주장하는가에 대해서는 말할 수 있지만, 그 주장이 실제로 옳은가 그른가 하는 것까지는 알 수 없다.

   이 점에 있어서 우리의 관심사는 사회적·심리적인 세력으로서의 종교에 국한한다. 종교적인 진리를 확증시키는 특별한 방법이 있느냐 하는 문제는 논외의 것이다. 우리의 연구에 합치되는 것은, 사람들이 갖는 종교적인 신앙은 사회 생활의 일반적 형태와 관련된다는 사실이다. 특히 특권과 부의 불평등이 잠재적인 억압으로 작용하는 환경에서는 함께 살고 일하는 많은 사람들 사이의 관계를 조정하는 방법이 요구된다. 이것은 강제나 국가 권력의 행사, 또는 사람들에게 자연스럽고 의문의 여지가 없는 일정한 행동 양식을 수용하도록 하는 교육 및 설득의 기술에 의해 실현될 수 있다.

종교는 주로 행동의 사회적 통일성을 보장하는 후자의 형태로 나타난다. 종교는 사람들의 행동을 사회적으로 통일시키기 위해 무엇을 해야 하고 무엇을 하지 말아야 하는가에 대한 규범이나 관점을 규정하며, 초인간적 강제력에 호소하여 종교적 의식을 준수케 한다. 바꿔 말하면 종교는 이런 식으로 말함으로써 커다란 사회적 영향력을 행사하게 된다.

당신은 이러이러하게 행동해야만 한다. 왜냐 하면 신은 당신이 그러한 방식으로 행동하기를 원하고 있기 때문이다. 만약 그렇게 한다면, 당신은 나중에 신으로부터 보답을 받을 것이며, 그렇지 않으면 무서운 벌을 받게 될 것이다.

이것이 종교의 기본적이며 사회적인 역할이라고 여겨진다. 그런데 종교는 초인간적 강제력이라는 명분으로 일정한 행동 양식을 받아들일 것을 강요한다. 종교가 사회적인 영향력을 행사할 수 있는 것은 인간에게 고유한 여러 가지 심리학적 특성이 있기 때문이다. 그 특성은 첫째로 인간에게는 인간 존재의 의미, 즉 인생의 본성과 목적에 관한 의문을 품는 성향이 있다는 것이다. 물론 이러한 의문들이 반드시 엄밀한 형태로 제기되는 것은 아니며, 단지 인간의 현재적 상황에 대한 막연한 불안에 불과할지도 모르지만, 이 문제들에 관하여 느끼고 생각할 수 있는 것은 인간의 특별한 속성이라고 생각된다.

종교는 이런 문제에 대해 나름대로의 해답을 제시한다다른 방식의 해답은 과학과 철학에서 얻을 수 있다. 그러나 종교가 인간의 운명이라는 문제에 대한 해답을 제공하는 것만으로는 충분치 않다. 중요 쟁점은, 첫째로 왜 많은 사람들이 종교에 의해서 제시되는 특별한 대답, 즉 신·조물주·천국·지옥 등의 개념에 의한 대답을 원하는가이다. 둘째로 종교는 이러한 대답을 이용해서 사회 관계를 조정하는 데 어떤 역할을 하며, 사회적 긴장의 감소에는 어떻게 공헌을 하는가이다.

프로이트의 이론은 특히 첫째 문제에, 마르크스주의는 둘째 문제에 관심을 집중한다. 마르크스는 본래 종교에 대해 자연력의 우월성이 인간의 마음에 반영된 것으로 간주했다. 그는 미개인은 자연의 위험에 직면할 때 나타내는 초자연적인 힘을 소유하고 있다고 가정했다. 미개인은 제물과 기도로써 이러한 힘을 가라앉히는 한편, 그것을 자기의 생활을 좌우할 수 있는 힘을 가진 존재로서 인격화하였다.

인간의 지식과 자연의 정복이 증대하고 자연에 대한 공포가 감소되어 감에 따라 종교의 성격도 변화되었다. 즉, 자연력 대신 인간의 안전에 대한 주요한 위협은 사회적인 힘으로부터 형성되어 나왔다. 인간이 자연력에 직면하여 느끼던 무력감은 이번에는 경제적·사회적인 힘 — 그것도 자연력과 마찬가지로 인간이 지배하기에 불가능한 힘 — 에 대한 무력감으로 변화한 것이다. 엥겔스는 이런 현상을 다음과 같이 서술하고 있다.

　그러나 모든 종교는 인간의 일상 생활을 지배하고 있는 외적인 힘
이 인간의 마음에 가상적으로 반영된 것에 불과하다. 그리고 이 반
영은 그러한 지상의 힘이 초자연적인 힘이라는 형태를 위한 것이
다…….

　그러나 마침내 자연의 힘과 함께 사회적인 힘도 작용하기 시작했
다. 이 힘은 자연력과 마찬가지로 외부로부터 가해져 온 것으로서 인
간 앞에 나타났으며, 처음에는 불가해하고 종교적인 힘과 같은 외견
상의 필연성으로써 인간을 지배하였다.

　처음에는 자연의 신비적인 힘을 반영하는 데 불과했던 공상적인
인격화는 이제 사회적인 속성을 획득하고 역사의 힘을 대표하게 되
었다……. 우리들은 이미 수차례에 걸쳐서 현존하는 부르주아 사회
에서의 인간이 마치 외적인 힘에 의해 지배되고 있는 것처럼 자기 자
신이 창조했던 경제 조건과 자기 자신이 만들어 낸 생산 수단에 의해
지배되고 있는 것을 보아왔다. 따라서 종교적인 반영의 현실적인 기
반은 계속적으로 존재하며, 그와 함께 종교적인 반영 그 자체도 계
속 존재한다.[1]

　그런데 마르크스주의자들의 관점은 종교를 객관적으로 보아 그 성
격상 인간이 허약함과 무력함을 느끼는 것 앞에서 우선적으로 자연
적인 것이며, 나아가서는 사회적인 외적 현실이라는 지배적인 성격
에서 기인하는 것이라고 간주한다. 그러나 이 종교적인 반영의 형태

----

1) 《Anti-Dühring》마틴 로렌스 1934년, pp.353~354

에 대해서는 설명할 필요가 있다. 즉, 인간은 왜 외적인 힘을 인격화하여 이러한 무력감에 반응하고, 나아가 기도와 의식으로서 신들 및 신의 도움을 구하는 것인가?

마르크스주의자들은 종교의 반영이라는 성격을 지나치게 강조한 나머지 인간의 정신 활동이 기여한 것은 무시하였다. 만약 인간에게 능동적인 원리가 존재하지 않는다면, 또 만약 인간이 세계를 정신 생활에 대해 수동적으로만 반영시키고 있다면, 종교라는 것을 만들어 자연적·사회적 힘 앞에서 자기의 위약함을 보상받고자 하는 내적인 충동은 있을 수 없을 것이다. 그러므로 우리는 인간으로 하여금 종교를 구원의 수단으로 보게 하는 이 외적인 힘의 형태의 특징을 이루고 있는 주관적인 요인을 설명함으로써 그에 관해 보충할 필요가 있다. 이것은 프로이트 이론이 시도하려 했던 것이기도 하다.

프로이트는 모든 종교에 공통적인 세 가지 요인을 구분하였다. 첫째로 종교는 개인 자신의 창조에 대한 도식에서 도출해 낸 '우주의 기원'에 대한 설명을 포함하고 있다. 둘째로는 내세의 행복한 생활을 보장함으로써 현세의 고난을 위로해 준다. 셋째로는 인간이 위로와 내세의 삶이라는 보상을 받도록 인간의 생활을 제도하는 지침을 부여하고 있다. 프로이트는 종교가 어떻게 이 세 가지 특징을 결부시키기에 이르렀는가 하는 것에 의문을 가졌다. 그리하여 그는 우주 창조설이 인간의 탄생에 관하여 탐구하던 형태로부터 유래되었다고 추측했다.

교리에 의하면 우주는 인간과 비슷하지만, 힘·지혜·정열의 강도 등 모든 점에서 보다 커다란 문제, 즉 실제로 이상화된 초인에 의해 창조된 것이다……. 많은 신들이 존재한다고 믿고 있었을 때조차도, 이 우주가 유일신에 의해 창조되었다는 주장에 주의하는 것은 대단히 흥미롭다. 또 하나 흥미로운 점은, 창조자는 여신이라고 은근히 빗댄 적도 있지만 대개는 남성이라는 사실과, 많은 신화에서는 마귀로 타락해 버린 여신에 대해 남성이 승리함으로써 세계의 창조가 시작되었다는 것이다.

나머지 문제는 쉽게 해결된다. 왜냐 하면 창조자인 신은 공공연하게 '아버지'로 불리어지고 있기 때문이다. 신에 대하여 정신분석은 실제로 한때 어린아이의 눈에 비친 적이 있는 당당한 부친이라고 결론을 내린다. 종교적인 인간에게는 우주와 창조와 자기 자신의 탄생이 동일시된다.[2]

우리들은 마르크스주의자와 프로이트 학파의 종교에 관한 견해를 다음과 같이 융합시킬 수 있다. 마르크스주의자가 강조하는 바와 같이 종교의 객관적인 원인인 무력감은 외부 세계의 곤란에 맞부딪치면서, 보호와 지도를 구하려는 욕구를 불러일으킨다. 프로이트 이론에 의하면, 이 무력감은 부친에 대한 의타심이 부활된 것이다. 왜냐 하면 부친은 어린아이가 필요로 하는 보호와 지도를 제공해 주었기 때문이다.

그러나 물론 그가 성인이 되어서까지 어린 시절과 같은 모습으로 부친을 보는 것은 아니다. 그는 자기 부친도 모든 인간에게 공통된 한계와 연약함을 가지고 있다는 사실을 느끼게 되기 때문이다. 따라서 그는 유년기 때처럼 부친에게 보호를 구할 수는 없다. 그러나 그

---

2) 《정신분석학개설》S. 프로이트, pp.207~208

의 무의식 속에는 어린 시절 부친의 모습에 대한 기억 — 어린아이가 부친의 명령과 교훈을 어떻게 지키는가에 따라 벌을 주기도 하고 칭찬도 하는 전지 전능한 부친상 — 이 자연스럽게 잠재되어 있다.

그리하여 각 개인은 현실이 그를 억압하려고 할 때, 이 기억상을 통해 보호와 위안을 찾는다. 강한 부친에 대한 이 기억이 외부 세계로 투사되면서, 각 개인은 이제 외부 세계에서 보호를 구한다. 그것은 '전능하신 아버지'에게서이다. 그러므로 종교적인 사람은, 그가 어린 시절에 부친에 대해 갖고 있던 태도를 과장된 형태로 보여주고 있는 것이다. 하늘에 계신 아버지는 전지 전능하고 매우 엄격하지만, 사랑으로 충만되어 있다. 그러므로 우리는 종교에서 인간 생활을 통제하는 외적인 힘과 동일시된 초자아의 중요한 역할을 알 수 있다.

'이 힘이 인간 정신에 환상적으로 반영'엥겔스의 표현되어 인간에게 초자아를 투사하고, 나아가 그 보호를 구하기에 이르게 한다. 프로이트와 마르크스주의자들이 추구한 이러한 종교에 대한 연구의 중요성은 설명적인 가치에 있다. 우리는 사람들이 특히 불안과 번민에 시달릴 때 어떻게 초인간적인 존재의 위로와 보호를 구하는가를 알 수 있다. 우리는 종교의 대부분이 왜 부모와 자식의 관계를 생각게 하는 말로써 서술되고 있는가, 왜 신은 어떤 때에는 인자하고 친절한 아버지로서, 또 어떤 때에는 곧바로 화를 내는 독자적이고 제멋대로인 존재로서 서술되고 있는가를 알 수 있다.

왜냐 하면 이것들은 어떤 때에는 자비롭고 응석을 받아 주면서도, 또 어떤 때에는 '내가 말한 대로 너는 무조건 따라야 한다'는 식으로, 이의를 제기하지 못하게끔 어린 자식에게 이 무조건적인 복종을 강요하는 부친에게 부여한 성질이기 때문이다. 프로이트는 종교를 인간이 진화의 과정에서 경험했던 신경증적 증후에 비유했다.

그것은 우리들이 생존하고 있는 감각적인 세계를 통제하려는 하나의 시도이다……. 그러나 그 목적은 이루어질 수 없다. 그 교리는 그것이 시작된 시대 및 개체의 무지한 유년 시절에 대한 인상을 가지고 있다. 그런데 그러한 위안은 신뢰할 만한 가치가 전혀 없다. 우리들은 경험에 의해서 이 세계가 보육원이 아니라는 것을 알고 있다.[3]

이와 유사한 웅변적인 어조로, 마르크스 종교가 인간의 마음 속에 움트게 하는 희망에 관해서 다음과 같이 쓰고 있다.

종교는 무거운 짐을 진 생명체의 한숨이고 마음이 없는 세계의 마음이며, 영혼이 없는 상태의 영혼이다, 그것은 민중의 아편이다. 민중의 가상적인 행복의 원천인 종교를 폐지하는 것은 민중으로 하여금 진정한 행복을 획득할 수 있도록 하기 위한 필수 조건이다.

처음부터 나는 심리적·사회적인 면에서의 종교의 특징을 그 진리의 유무를 간파할 수 없는 점이라고 말했다. 이와 같이 앞에서 서술했던 프로이트 학파와 마르크스주의자의 분석 방식을 거의 인정하는 사람들 가운데도 종교의 섭리적·사회적 관련에 대하여 다음과 같은 논리로 반박하는 사람들이 많다.

그것은 종교의 어떤 근본적인 성격, 특히 종교가 우리들 인간 본성에 있어서의 어떤 영적인 요구를 충족시켜 주고 우리들에게 신에 관

---

3) Ibid., p.215

한 진리와, 인간과 신의 관계에 관한 진리를 가르쳐 주었다는 사실을 무시하고 있다. 우리들은 어린 시절에 부친에 대해 느끼던 태도·두려움·사랑 등을 신에게로 투사하는 경향이 있다는 사실을 인정할 수는 있지만, 그것이 전부라고 할 수는 없다. 우리의 존재의 근원인 동시에 우리의 존재를 지배하는 신에 대한 믿음은 이러한 투사만으로 이루어진 것은 아니다. 거기에는 프로이트나 마르크스주의적인 어떠한 분석으로도 떨쳐 버릴 수 없는 진리의 계시라는 종교적 체험이 있다.

이에 대해서 나는 이렇게 대답할 수 있을 뿐이다. '그것은 사실일 수도 있으나, 지금까지 이런 문제에 있어서 환상과 현실을 구별하는 어떠한 논리적·철학적·과학적인 기술도 발견된 적이 없었다.' 종교적인 진리라고 일컬어지는 특별한 진리가 있다는 주장은 아마도 사회학자보다 심리학자에게 더 흥미가 있을 것이다. 물론 그들도 이러한 주장의 타당성에 관하여 의견을 내세울 만한 위치에 있지 않다는 점에는 동의할 것이다.

그들은 자기와 같은 특별한 종교적인 견해를 갖지 않은 사람들의 믿음은 기만이며, 무지와 혼란의 산물이라고 간주해 버린다. 나는 심리학자들이 양립할 수 없는 이러한 믿음의 문제에 대해 검토할 자격이 있다고 생각한다. 예를 들면 프로이트 학파는 종교적인 신념의 비타협적인 성격이 초자아와 이드의 공동 작용에서 기인한 것으로 설명하려 할 것이다.

왜냐 하면 이드는 비타협적이고 절대적인 성격을 갖고 있으며, 초자아는 침해라 할 수 없는 권위에 힘을 부여하는 성격을 가지고 있기 때문이다. 따라서 프로이트 학파와 마르크스주의자의 종교관은 일치한다. 그들은 종교를 유아 — 개인의 유아기 및 種의 유아기 — 에 속하는 것으로 간주한다.

이제부터 도덕론과 행위에 관한 프로이트 학파와 마르크스주의자의 이론을 살펴보기로 하자. 프로이트 학파는 앞에서 언급했던 종교에 관한 견해를 전적으로 따르는 입장이다. 왜냐 하면 프로이트는 도덕적 명령, 양심의 격, 선악의 관념을 초자아의 활동이라고 간주하기 때문이다. 프로이트는 "부모의 금지와 명령은 그의 도덕적 양심으로서 그의 마음 속에 생생하게 남아 있다"라고 말했다. 그는 보상과 처벌의 체계에 의해 사람들이 도덕적 개념을 깨우친다는 점을 강조했다.

사람들은 어린 시절에 이미 부모가 선을 인정하는 것과 악을 부인하는 것을 함께 연관시켜서 연상하는 법을 배운다. 처음에는 어린아이의 행동에 대한 외적 영향력으로써 행사되었던 부모의 지도와 권위는 어린아이의 마음 속에 투사되어 장차 도덕적 검열로서 작용하게 된다. 그러나 한편 부모 자신은 사회의 압력을 반영한다. 즉, 부모는 어린아이에게 사회 조직의 규범에 정동적情動的인 의의를 부여하여 그 규범을 전한다.

그리하여 사회적으로 허용되지 않은 행위를 한다는 것은, 곧 부모의 애정을 상실한다는 것이 된다. 이에 반해서 마르크스주의는 사회적 규범이라는 관점에서 도덕성의 문제에 접근한다. 그리고 계급 분화가 이루어진 사회에서는, 계급의 이익이 이 규범들을 결정하는 데 있어서 중요한 역할을 담당한다는 것을 강조한다. 마르크스주의가 도덕사에서 계급의 이익을 강조함으로써 마르크스주의자의 도덕론에 대한 중대한 오해가 발생되었다.

마르크스주의는 도덕적 관념들을 여러 계급의 이익에 대한 상대적인 것으로서, 다시 말해서 어떤 계급에 이익을 안겨주는 것은 그 구성원들에게 '선'으로서 간주되고, 그 이익에 저해되는 것은 '악'으로 간주된다는 식으로 파악했다. 그리고 그런 개념이 선과 악의 모든 의미라고 보고 모든 도덕적 관념들을 폐기해 버린다고 믿고 있다. 마르크스와 엥겔스의 도덕론은 그들의 저서를 통해 명시되었다기보다는 암시적으로 씌어졌기 때문에, 그들의 견해는 대체로 이상理想이라는 관점에서 해석되고 있다.

어떤 사상가의 업적을 평가함에 있어서, 그가 의도하는 감정과 불투명한 저서 속의 글을 그의 전체적인 목적에 비추어 살펴보아야 할 것이다. 여기저기에서 발췌한 한 구절만으로 그것이 마치 사상가의 전체적인 견해인 것처럼 해석하고, 또 그렇게 하여 왜곡된 말을 만들어 내는 일은 보통 있을 수 있는 것이다. 그러나 만약 어떤 사람이 마르크스의 도덕론과 사회적 성격에 관한 그의 일반적인 이론을 결부시켜 이해하려 한다면 앞서 서술했던 바와 같은 사회적 상대주의가 아니라는 점이 분명해질 것이다.

우리들은 마르크스주의자의 도덕론의 일반적인 의미와 특수한 의미를 구별하지 않으면 안 된다. 그 일반적인 의미에서 마르크스주의의 도덕론을 사회의 본성에 관한 전반적인 견해이것은 여러 가지 점에서 아리스토텔레스와 관련된다. 아리스토텔레스에게 있어서 도시국가는 인간의 자연스러운 생존 방식이었다. 왜냐 하면 그것은 인간으로 하여금 특별히 인간적인 특성을 발휘시킬 수 있게 하는 수단을 부여하기 때문이다. 아리스토텔레스는 사회의 테두리를 벗어나서 살고 있는 사람은 야수이거나, 아니면 신이라고 말했다.

마르크스는 이 의견, 적어도 이 구절의 앞부분에 관해서는 찬성하였을 것이다. 만약 아리스토텔레스적인 의문 — 사회의 기능은 어떤 것인가? 사회는 무엇 때문에 존재하는가 하는 의문을 제기한다면, 마르크스가 제시한 해답들 속에서 그의 전반적인 윤리설의 핵심을 발견할 수 있을 것이다. 마르크스에게 있어서 사회는 인간이 생활을 영위하는 방식이고 자연력의 지배로부터 자유를 얻는 길이었다. 마르크스에게 있어서도 아리스토텔레스처럼 사회는 인간이 자기의 인간성을 발전시키는 수단이었다. 이 점에서 사회의 탁월성과 이점이 있다.

아리스토텔레스적인 의미에서 볼 때, 한 사물의 기능은 그 독특한 특징을 나타내고 특별히 그것에 속해 있는 활동을 수행하는 데 있다. 마치 우리들이 사물들을 어떤 질서에 따라 배열할 수 있는 것과 마찬가지로 여러 사회를 각각의 기능에 따라 비교할 수 있다. 예를 들어 두 자루의 만년필 중의 하나가 다른 것보다 더 잘 씌어지고 잉크도 더 많이 넣을 수 있다면, 우리는 그것이 다른 것보다 더 좋다고 말한다.

그리고 어떤 의미에서는 만년필에 요구되는 성질의 특징을 충분히 감안하여 이상적인 만년필 모양을 제작할 수가 있다. 이와 같이 우리들은 어떤 사회는 다른 사회보다 더욱 훌륭하여 이상 사회에 근접해 있다고 말할 수 있다. 그와 마찬가지로 마르크스가 협동하는 생활이 계급 투쟁을 대신하며, '부르주아적인 권리라는 좁은 지평'이 말살되고, '능력에 따라 일하고 필요에 따라 배분하는 사회'가 오게 될 것이라고 예상한 것으로부터 마르크스주의자의 이론 속에 암시되고 있는 이상 사회를 엿볼 수 있다.

인간에게 있어서 선은 고도의 생산 수준에 기초한 계급 없는 사회에서 실현된다고 하는 마르크스의 사고는 아리스토텔레스의 정치적 이상과는 매우 뚜렷한 차이가 있다. 테일러Tayolr 교수에 따르면, 아리스토텔레스의 정치적 이상은 다음과 같다.

　많은 재산을 소유하지는 않지만 물질적인 빈부의 차이가 극심하지 않았으며, 모험과 기업가 정신을 초탈하여 예술과 과학을 조용히 추구하고 있는, 적지만 여유가 있고, 고도로 세련된 귀족 정치이다. 한편, 그 물질적인 필수품은 온전하게 대접하지만, 시민권을 박탈하여 장래의 희망이 없는 계급의 노동에 의해 공급된다.

　그러나 마르크스는 아리스토텔레스를 높이 평가하여 고대의 최고 철학자로 간주하였다. 그는 최초로 아리스토텔레스의 이상은 그가 생존했던 역사적 환경의 맥락에서 평가해야 하며, 오늘날의 환경에 견주는 것은 불합리하다고 생각하였다.

　그는 인간에게 있어서 무엇이 선인가 하는 문제에 관심을 갖기보다, 선이 어떻게 해서 사회에 실현될 수 있는가 하는 문제에 더 집착해 있었다. 다시 말해서 그는 선의 추상적인 특징을 묘사하는 것보다는, 오히려 사람들이 선을 이룰 수 있는 조건을 구체적으로 실현시키기 위해 더욱 부심했던 것이다. 그는 인간의 자연 및 경제력에 대한 예속 상태를 타파하고, 칸트가 말했던 바와 같이 '인간을 목적으로 보지 않고 하나의 수단으로서 취급하는 조건을 없애는 것'을 선이라고 간주했다.

　그러나 그는 칸트의 수준을 훨씬 능가했다. 왜냐 하면 그는 사람들을 목적이 아닌 수단으로서 취급하는 것은, 한 개인이 부를 축적하고 권력 및 특권을 쟁취하는 수단으로서 다른 사람을 이용하도록 강제하는 경제 조건과 관련되어 있다는 점을 지적했기 때문이다. 마르크스는 "인간을 타락하게 하고 노예화하여, 무시와 경멸의 대상으로 만드는 모든 조건을 전복시키는 것이 바로 지상 명령이다"라고 말했다.

도덕의 계급성이라고 하는 마르크스주의적인 특수한 견해는, 인간의 선이 인간을 제약하고 있는 자연적·경제적인 여러 조건을 타파해야만 달성될 수 있다는 일반적인 견해에 준해서 고찰되어야 한다. 도덕에 관한 이런 특별한 견해는 엥겔스에 의해서도 기술되고 있다.

우리들은 어떠한 도덕적 독단도 영구히 변화되지 않는 도덕률로서 강요하려는 시도를 단호히 거부한다. 지금까지의 모든 도덕론은 당대의 경제 발전 과정에 있어서의 소산이었다. 또한 이제까지 사회가 계급의 대립 속에서 움직여 온 이상, 도덕도 결국 계급적 도덕이었다.

여기에서 엥겔스는 도덕의 이데올로기적인 측면, 즉 도덕이라는 것은 어떤 특정 계급의 권익을 보호하고 정당화하는 데 사용될 수 있다는 것이다. 사회 조직이 지배와 피지배 계급으로 분화되어 있는 이상, 도덕률이 계급적 이익을 보호하는 방향으로 적용되는 경향이 지배적이었으며, 그렇지 않으면 사회의 일부에만 집중적으로 엄격하게 적용되었다. 예를 들면 도둑질을 하는 행위는 현대 사회에서도 부자이거나 빈자이거나 간에 악으로 간주되고 있지만, 경제적 상황에서 볼 때 부자가 더 유리한 입장에 있으므로 '도둑질하지 말라'는 도덕률은 부자에게는 다만 형식적일 뿐이다.

도덕률은 적용의 보편성을 내포하고 있으며, 그래서 도덕론자들은 일반적으로 보편적인 표현으로써 도덕률에 대해 서술하고 있다. 그러나 마르크스주의자들은 이러한 도덕률이 보편적으로 적용되는 물질적 조건이 부족되어 있는 이상, 추상적이고 공허한 공식에 불과한 것이라고 주장하고 있다. 그러므로 마르크스주의는 인간에게 있어서 선의 실현이란, 자연과 사회가 인간의 발전에 가하고 있는 제약으로부터 점차 해방되어 감에 따라 달성된다고 하는 윤리적인 견해를 가지고 있다.

도덕가로서의 마르크스는 인간에 의한 인간의 착취를 격렬히 비난하고 있지만, 과학자로서의 마르크스는 사회를 분석하는 데 있어서 도덕적인 전제를 염두에 두고 있지 않다. 그러나 이러한 도덕적인 견해는 그의 저서에서 자주 기술되고 있다. 슘페터는 그에 대해서 "마르크스의 저서 속에는 경제 이론의 냉정한 속성이 너무 많이 내포되어 있어서, 그 자체의 냉정성도 상실해 버렸다"고 쓰고 있다. 그는 이러한 표현들 때문에 마르크스가 과학적인 의미의 분석가로서 인정받을 수 없을 것이라는 단순한 생각에 대해서만은 올바르게 경고하고 있다.

그는 이러한 표현들이 분석의 본질에 아무런 영향도 미치지 않았다고 지적했다. 마르크스주의가 내포하고 있는 윤리적 의미를 인식하지 못하는 것은 마르크스주의를 오해하게 되는 주요한 요인이다. 그 대표적인 예가 K. 포퍼Karl Popper의 《개방된 사회와 그의 적》 제2권에 씌어져 있는 마르크스주의에 대한 비판이다. 그는 거기에서 마르크스주의를 윤리적 상대주의라고 비판하고 있다. 그는 마르크스주의의 기초가 되어 있는 윤리적 원칙은 '미래의 도덕 체계를 택하라'는 슬로건으로 요약될 수 있다고 주장한다. 그는 마르크스가 다음과 같이 독백하고 있는 것처럼 묘사하고 있다.

나는 반드시 부르주아가 소멸하고 프롤레타리아 계급의 새로운 도덕 체계가 승리하리라고 생각한다. 이러한 발전은 불가피하다. 중력의 법칙을 위반하는 것이 미친 짓인 것과 마찬가지로, 이러한 발전 법칙을 거스르려 하는 것 또한 미친 짓이다. 이것은 나의 근본적인 결정이 왜 프롤레타리아 계급과 그들의 도덕률 측에서 이루어졌는가에 대한 이유이다. 그리고 이 결심은 과학적인 예견과, 과학적이며 역사적인 예언에 기초하고 있다.[4]

다시 말해서 마르크스가 사회주의를 희망했던 것은 오로지 그것이 입증할 수 있는 미래가 매우 바람직하지 않은 사태로 나타나는 경우를 생각할 수 있다. 그럼에도 불구하고 포퍼는 마르크스가 '그 현실을 가속시키는 도덕적 규범을 채용하라'고 하지 않으면 안 된다고 느꼈을 것이라고 주장하고 있다.

그러므로 포퍼에 의하면, 마르크스주의는 '앞으로 다가올 권력을 올바르다'라고 하는 도덕적 미래주의를 포함하고 있는 것이다.

이런 포퍼의 견해를 요약하면 '마르크스는 당시의 자본주의 사회가 대부분의 사회 구성원들의 생활에 커다란 제약을 가하고 있었기 때문에 자본주의 사회에 대해 연구하기에 이르렀던 것이다'라고 말할 수 있다. 그런데 포퍼는 이러한 연구는 과학적이어야 한다는 마르크스의 견해를 오해하여, 마르크스가 이 연구에서 지향했던 것은 과학자로서의 입장뿐이며, 당시의 자본주의적 사회학에 대해 강한 충격을 받았던 인간으로서의 입장은 아니었다고 해석했다.

바로 여기에 법칙 발견에 있어서의 과학의 역할에 대한 포퍼의 오해가 개입되고 있다. 법칙을 거스르는 것은 바보나 하는 짓이라는 사

---

4) 《개방된 사회와 그의 적The Open Society & It's Enemy》K. 포퍼, pp.191~192

실을 인류에게 경고하기 위해 과학자가 법칙을 추구했던 것은 아니다. 과학적 발견의 목적은 인간의 무력감을 강조하는 것이 아니라, 인간의 목적에 자연을 종속시키고자 하는 인간의 노력을 돕기 위한 것이다. 무차별한 중력의 법칙 때문에 인간이 지구의 표면에만 못박혀 있어야 했던 것은 아니다.

오히려 인간은 그 법칙에 관련된 조건들을 고려하여 비행기의 발명에 성공했다. 인간의 그 법칙에 의해서 지배되고 있는 사건들이 어떤 방식으로 상호 관련되어 있는가를 알고, 그 법칙을 파헤쳐서 무력화하고 이용하여 그 법칙과의 조화를 꾀했다. 마르크스는 가난한 사람들에 대한 동정심 때문에, 그들의 생활로 인해 불가피하게 야기되는 악을 보다 공정한 사회 제도에 의해 개선하려고 노력하게 되었던 것이다. 과학자로서의 그의 작업은 사회 변화의 법칙을 탐구하도록 이끌었고, 그 결과 가장 인간적인 선과 부합된 사회 개조가 비로소 합리적인 기반을 갖추게 되었다.

이제까지 마르크스주의자와 프로이트 학파의 윤리관의 상호 보완적인 관계에 대해 고찰해 보았다. 앞서 살펴본 바와 같이, 프로이트 학파의 견해는 행위의 정당성을 주장하는 도덕의 명령을 초자아에 의한 강박적 힘이라고 보고 있다. 그러나 이것이 전부는 아니다. 왜냐 하면 프로이트가 지적했던 것처럼, 심리적인 발달이란 초자아의 도덕을 자아의 도덕으로 치환시키는 것을 의미하기 때문이다. 다시 말해서 유년 시절의 정서적 욕구로부터 벗어나 현실적인 판단을 내릴 수 있는 성인은, 그 판단과 모순되지 않는 도덕을 발달시킨다.

성인은 자기 중심적인 요구의 지배에서 벗어나 사회에 순응한다. 그는 여러 각도에서 사고하기 시작하고, 자기를 위해서만이 아니라 타인을 위해서도 생각하기 시작하여 사회적 의식을 고취하게 된다. 프로이트 학파의 주요한 공헌은 유년 시절의 자기 중심성으로부터 성인의 사회 의식으로의 심리적 발달에 관한 이와 같은 설명이다. 그러나 프로이트 학파는 이 과정이 완전히 자연스럽게 이어지는 것만은 아니라고 지적한다. 현대 생활에서는 이러한 합리적인 삶의 측면이 발달되는 것이 방해받고 저지되는 경향이 있다.

마르크스주의의 공헌은 도덕의 사회적 관련, 즉 인간이 완전한 인간으로서 성장할 수 있도록 환경을 조성해 주는 정도에 따라서 한 사회와 다른 사회의 도덕적 수준이 비교될 수 있다는 사실을 강조한 것이다. 또한 프로이트 학파와 마르크스주의자의 이론은 공통적으로 도덕적 사고가 발현하고 성장하는 넓은 의미의 인간상을 제시해 주고 있다.

3

사회 발전

　마르크스주의는 사회 발전에 있어서의 결정적인 요인들을 설명해 주는 하나의 방식이다. 그러나 사회는 구성원들을 초월하여, 그들 위에 존재하는 어떤 추상적인 실체가 아니다. 사회는 인간 관계를 총괄하는 명칭이며, 진스버그Ginsberg에 의해 '인간의 상호 작용과 상호 관계라는 테두리나 조직'이라는 적절한 정의가 내려졌다. 사회의 관계들은 사람들이 함께 일하는 방법과 사람들 사이에 일어나고 있는 대립과 충돌 및 그들 간의 상호 작용을 조정하기 위하여 만들어진 제도와 행위 규칙으로 표현된다.

　그러므로 사회 발전을 연구할 때에는 사람들이 생각하고 행위하는 방식과 함께 인간 행동의 변화를 연구해야 한다. 생활 조건의 변화에 대응한 인간 행동의 형태적 변화에 대하여 연구할 때, 마르크스주의는 심리학적인 이론, 즉 사람들의 심리 과정과 생활의 외적 조건 사이에 존재하는 관계에 관한 이론을 포함해야 한다. 우리는 이 점을 고려해야 한다.

그러나 여기에서 마르크스주의는 사람들의 사고와 행동 유형이 인간 사회에서 일어나는 특수한 변화에 따라 결정된다는 점을 말하고자 하므로, 우리는 필연적으로 심리학적 가설을 전제하지 않을 수 없게 된다. 그런데 이 가설을 고찰하기 전에, 마르크스주의자들이 말한 인간 행동을 형성하고 규정하는 외적 요인에 관한 내용을 살펴보도록 하겠다.

사회의 변화에 대한 마르크스주의자의 이론은 유물사관 또는 역사적 유물론으로 알려져 있다. 이 이론을 표현하는 데 사용되는 중심적인 몇 가지의 용어를 고찰해 보기로 하자.

마르크스는 사람들이 외부 세계로부터 취하는 생활 수단, 즉 의식주를 얻는 과정을 '생산 과정·생산 양식·생산 방법' 등의 여러 가지 용어로 지칭했다. 그것은 넓은 의미에서 두 가지 큰 요인으로 구분할 수 있다. 그 하나는 생산 과정에 있어서의 인간의 역할에 관한 것으로서, 간혹 '주관적인 요인'이라고도 부른다. 다른 하나는 생명이 아닌 요인에 관한 것으로서 '객관적인 요인'이라고도 부른다. 주관적인 요인은, 인간이 자연에 대해 행하는 분명한 인간적 활동을 포괄하는 것이다. 마르크스는 그러한 활동을 노동이라고 부른다.

노동은 우선적으로 인간과 자연과의 관계이다. 즉, 이 노동의 과정 속에서 인간은 자발적으로 자기 자신과 자연 사이의 물질적 교환을 시작하여, 그것을 조정하고 지배한다. 인간은 그 자신이 자연력의 하나로서 자연과 상대하여, 자연의 산물을 자기 자신의 욕망에 알맞은 형태로 획득하기 위해 자기 몸의 자연력, 즉 팔·다리·머리·손을 움직인다.[1]

------

1) 《자본론Capital》K. 마르크스, 제1권, pp.156~157

노동의 독특한 인간적인 성격은 다음과 같이 강조된다.

우리들은 노동이 전적으로 인간에게 고유한 것이라고 전제하고 있다. 거미는 직공과 유사한 일을 하고, 벌은 건축가도 대단히 놀랄 만큼 벌집의 구조를 만든다. 그러나 가장 서투른 건축가도 가장 숙련된 벌보다 나은 점은, 건축가는 현실적으로 건물을 건립하기 이전에 그 구조를 머릿속으로 구상한다는 것이다.[2]

거기에 덧붙여서, 주관적인 요인은 인간이 생산 활동에서 서로 맞서고 있는 관계, 즉 그들 사이에 행해지는 분업의 성격, 생산 결과의 배분 방식, 소유 관계와 생산 활동에 직접적으로 영향을 미치는 노동조합·카르텔·협동조합과 같은 조직 등 사회의 생산 활동이 직접 당면하고 있는 관계를 총체적으로 일컫는 말이다. 마르크스는 생산은 이것들의 관계 속에서 이루어진다고 말했다.

인간들은 생산적인 면에서 자연에 대해서 작용을 가할 뿐 아니라, 인간의 상호간에도 작용을 가한다. 인간들은 어떤 방식으로든 상부상조하고, 그들의 활동을 교환함으로써 생산을 창출한다. 그들은 생산을 위하여 일정한 유형으로 결합한다. 그리고 이렇게 사회적으로 형성된 유대 관계 속에서만 그들은 자연에게 작용을 가하고 생산한다.

객관적·비인간적인 요인들은 다음과 같은 것을 포함한다. 첫째로 자연적으로 주어진 자연 대상, 즉 토지·삼림·물고기·광석·동물 및

---

2) Ibid., p.157

베어져 쓰러진 목재, 채광된 석탄, 재배된 종자와 같은 원료, 그리고 둘째로는 노동의 도구를 포함한다. 마르크스는 이 객관적인 요인을 한데 묶어서 어느 때는 '생산 수단'으로, 어느 때는 '생산력'이라고 불렀다.

이제는 마르크스의 역사 현상에 관한 견해를 살펴보자. 이에 대한 마르크스주의의 입장은 마르크스와 엥겔스의 어느 저서에서도 완전히 서술되어 있지 않기 때문에 이에 관한 설명도 어쩔 수 없이 해석적일 수밖에 없으며, 그들이 생각하고 있던 마음 속의 의미를 간파해 내어 직접적인 서술보다 함축된 의미를 명확히 하는 수밖에 없을 것 같다.

마르크스주의자의 역사 이론에서는, 역사 속에서 이제까지 일어났고, 또 현재의 사회 형태를 초래했던 중요한 변화는 인간이 생산 수단을 쟁취하기 위해 서로 협동적으로 움직이며, 자신의 경험과 발견을 통해 그들의 노력을 조직화하고, 새롭고 가장 능률적인 방법을 터득한다. 즉, 인간은 자연적으로부터 저절로 주어지는 것 이상으로 도구를 만들고, 토지를 관개하고, 살림을 벌채하는 방법을 배운다.

그러므로 인간의 환경은 토지나 기후 등의 자연력 외의 규제도 받게 됨으로써 경제 환경이 발달하게 된다. 이 경제 환경은 원래 자연 환경을 토대로 하고 있지만, 자연 조건에 의해 주어지는 생활 수준 이상으로 자기 자신을 끌어올리려 하는 인간의 집단적 노력을 입증해 준다. 그러므로 마르크스주의자의 견지에서 볼 때, 사회라는 것은 인간들이 자신의 생활 수준을 향상시키려는 목적을 위한 협력 가능한 조직적인 수단이다.

인간은 생산 과정을 통해서 생존 경쟁을 한다. 이 점이 마르크스주의의 핵심이다. 이 생산 과정은 그것을 가장 효율적으로 수행할 수 있는 원활한 인간 관계를 필요로 한다. 미개 사회를 살펴보면 이러한 점이 일치되는 것을 알 수 있다. 수렵 집단의 구조는 농경 집단의 구조와는 필연적으로 차이가 있다. 즉, 그들 구성원 간의 관계나 임무 및 의무는 서로 다르다. 관습과 행동에 있어서의 일반적인 차이를 가장 잘 반영해 주고 있다. 그에 대해 마르크스주의적 저술가인 플레하노프G. Plekhanov는 흥미로운 예를 들고 있다. 즉, 적도 아프리카의 동부에 거주하는 마사이족의 사회 생활은 목축의 단계에 머물러 있다고 말했다.

그들의 생활 수단은 매우 원시적이고 겨우 생계를 이어나갈 수 있을 정도에 그쳐 있다. 그러므로 그들은 전쟁 포로를 이용하지 않는다. 왜냐 하면 그들의 자산이 너무도 부족하여, 포로는 지나친 부담이 되기 때문이다. 그래서 그들은 일단 포로를 잡으면 그들에게 동정을 베풀지 않고 그들을 모두 살해해 버린다. 그러나 그들의 이웃 종족인 와캄바Wakamba족은 농경 생활을 하고 있다. 그들은 밭에서 일할 수 있는 더 많은 노동자와 보다 풍성한 수확을 도울 수 있는 잉여 노동을 필요로 한다.

따라서 그들은 전쟁 포로를 대개 노예로 삼는다. 즉, 그들은 포로를 오히려 더 인간적으로 취급할 수 있다. 그들은 보다 높은 생산 수준에 도달했기 때문이다. 그들의 도덕적 규범과 생산 수준의 사이에는 매우 흥미로운 관계가 있으며, 이것은 마르크스주의를 뒷받침해 주고 있다. 칼라하리 사막의 부시맨Bushmen에 관한 연구[3]는 그들의 사회 구조와 식료품 및 물의 부족과의 관계에 대한 설명을 해 주고

---

3) 《순진한 사람들The Harmless People》E. 토머스, 1959년.

있다. 그들은 집단이 확장되면 자연적으로 식료품의 공급이 감소하므로, 작은 단위의 가족군을 형성하여 물이 있는 근방에 살고 있다.

이 부족에서는 수렵자가 주도적인 역할을 하고 있다. 왜냐 하면 그들에게는 극히 적은 사냥감의 자취를 추적하여 그것을 잡아오기도 하고, 물이 고인 근처까지 몰아오는 책임이 주어져 있기 때문이다. 그들의 성 규범은 매우 엄격하여 어떠한 종류의 문란한 성 교제도 강력하게 금지되어 있다. 그 이유는 그들의 인구를 줄여야 할 직접적인 필요성 때문이다. 실제로 젖먹이가 있는 어머니가 임신하면 둘째아이를 죽이는 것은 당연하다고 여겨지고 있다.

새로운 생산 방법이 발견되면 새로운 사회 관계가 출현한다. 그리고 이 관계에서 새로운 생산 방법은 더 부드럽게 기능한다. 액튼은 유물사관의 연구에서 생산 조건과 생산 방법, 혹은 생산력과의 관계는 어떤 의미에서 논리적으로 필연적인 것이었다고 주장하고 있다. 그는 한 사람 한 사람이 각기 작은 카누를 젓는 어부의 사회에 대해 이렇게 설명하고 있다. "생산력은 개개의 카누를 젓는 사람과 그 카누에서 고기를 잡는 개인이다. 생산 관계는 그들이 개인적으로 바다에 나아가 독립적인 개인으로서 움직인다는 것이다." 그는 누군가가 더욱 큰 범선을 만들어 새로운 생산력이 출현한 것이라고 가정하고 있다. 그는 다음과 같이 말한다.

이것은 생산 관계에 반드시 변화를 가져올 것이다. 왜냐 하면 이 새로운 배는 돛을 펴는 사람, 노를 젓는 사람, 커다란 망을 던지는 사람 등 많은 수의 사람을 필요로 하기 때문이다. 그런데 새로운 발명은 어떤 방법으로 새로운 생산 관계를 가져오는 것일까? 나는 우리들이 새로운 발명을 이야기할 때, 그것은 동시에 새로운 일의 관계를 말하고 있는 것으로 여겨진다.

커다란 범선을 설계할 때 발명자는 범선이 만들어진 후에 수행될 새로운 직무도 생각하고 있다……. 그러므로 생산력의 커다란 변화는 생산 관계의 변화를 가져오는 것과 마찬가지라고 말할 때, 그 말의 뜻은 상당히 흥미로운 동어 반복[4]을 나타내고 있다. 왜냐 하면 상품을 생산하는 것은 단순히 자연에 대한 개인과 기계와의 관계뿐 아니라, 인간 상호의 관계라는 것을 아는 것으로써 사회의 움직임을 통찰할 수 있기 때문이다.[5]

액튼의 이러한 설명은 마르크스주의 이론에 대해 중대한 문제를 제기한다. 왜냐 하면 마르크스주의자는, 생산력의 변화가 생산 관계의 변화를 요청한다는 것은 쉽게 인식할 수 있지만, 생산 관계의 변화는 생산력의 변화보다 늦어지는 경우가 자주 발생한다고 주장하고 있기 때문이다. 즉, 생산 조건이 생산 방법의 변화에 자동적으로 순응하는 것은 아니다. 그래서 마르크스주의자는 이 시간적 지체를 생산 조건의 중요한 요인에 결부시켜서 설명하고 있으며 액튼은 이것을 문제삼고 있지 않지만, 그것은 사회의 소유 관계로부터 생겨난 사회의 계급 구조이다.

액튼이 설명한 바와 같은 단순한 사회에서는 이러한 요인이 별로 중요하지 않을지도 모른다. 그러나 현존하는 사회 구조상 어떤 특정

---

4) 논리학의 용어로서, 하나의 정의를 내릴 때 정의하는 말이 정의되는 것을 되풀이하는 것에 불과한 일.
5) 《아리스토텔레스 학파의 발전 과정에 있어서 역사의 유물론자 개념The Materialist Conception of History in Proceedings of theAristotelian Society》H. B. 액튼, 1951년, 제12권.

부분에 중요한 특권을 부여하는 복잡한 사회에서는 생산 조건이 새로운 생산력에 적응하려는 것은 상당히 저지된다. 이것이 생산 조건과 증대하는 생산력 사이의 모순에 관해 마르크스주의자가 주장하는 요점이다. 마르크스는 이렇게 주장했다. 자본주의적 생산 양식의 발전은 봉건적인 사회의 여러 관계, 그리고 지역 및 출생의 특권에 의해 방해받는다.

그것이 번영하기 위해서는 자유 경쟁과 노동 운동의 자유 및 성장하는 자본가 계급의 정치적 권리 등의 조건이 요구되었다. 그리고 이번에는 생산 수단의 개인적 소유와 이윤을 추진 동기로 하는 자본주의적 경제 구조가 증대하는 생산력을 충분히 활용할 수 없게 방해한다. 그리하여 그러한 방해 없이 생산력을 활용하기 위해서는 소유 관계를 변경하여, 개인적 이윤을 사회의 필요로 자리바꿈시킬 필요가 있다.

그리고 이것은 생산 수단의 소유권 변경에 관련되는 일이므로, 생산 조건과 생산력 사이의 모순은 사회 집단 간의 대립, 즉 소유 관계에 관한 현존하는 생산 조건을 유지하려 하는 집단과 생산 조건을 생산력에 합치되도록 변화시키려고 하는 집단 간의 대립으로 나타난다. 이러한 사회 집단 사이의 대립은 사회 변화의 원동력이 되며, 그것이 곧 계급 투쟁인 것이다. 마르크스주의자의 이론에서 계급 투쟁성을 공정하게 평가하는 것은 중요하다. 왜냐 하면 그 이론은 흔히 과소 평가되거나, 아니면 과대 평가되기 때문이다.

마르크스는 계급을 소유 관계라는 말로써 객관화하여 정의하고 있다. 결국 어떠한 역사 시대에 있어서도 사회의 생산 수단을 소유하고 있는 계급은 경제적으로 지배 계급을 이룬다. 농업 사회에서의 경제적인 지배 계급은 토지 소유자 계급이었고, 공업 사회에서의 지배 계급은 공장 소유자들이다. 따라서 소유하지 못한 계급은 소유 계급에 의존하여 생활해 나가고 있는 것처럼 보인다. 그리고 소유 계급과 비소유 계급 — 다시 말해서 특권 계급과 비특권 계급 — 사이의 관계가 생산이 이루어지는 일반적인 조건의 중요한 요인을 이루고 있다.

엥겔스는 사회의 내부에서 계급 분화가 일어난 것은 생산력이 최소한의 생계 수요 이상의 잉여가 가능한 수준까지 증대했기 때문이라고 말했다. 그는 원시 사회는 모든 사람들을 간신히 부양할 수 있을 정도의 최저 생산 수준에 있었기 때문에 계급이 존재하지 않았던 것이라고 가정했다. 그러므로 모든 사람들은 생활 필수품을 얻는 일에 많든 적든 평등하게 종사하지 않으면 안 되었고, 또 협업의 결과를 배분하지 않으면 안 되었다고 보았다.

여기에서 특권 계급이 파생될 여지는 없었다. 왜냐 하면 이런 사회에서는 특권 계급을 부양할 잉여가 없었기 때문이다. 이러한 환경에서 그러한 계급을 갖는다는 것은 집단 구성원의 일부를 굶어죽게 만들어 인력의 상실을 가져 오는 것을 의미했다. 즉, 이런 사회에서의 평등은 사회적으로 강요된 평등이다. 엥겔스는 그에 대해 다음과 같이 서술하고 있다.

인간은 좁은 의미에서의 동물계로부터 출현하였기 때문에 아직 반동물적이고 야수적이고 자연의 힘과 맞부딪치면 무력하고, 또한 아직 자기 자신을 알지 못하고 동물처럼 가난하여 거의 생산력을 갖지 못한 상태에서 역사에 돌입하게 되었다. 그러나 생존 조건에서는 일종의 평등이 널리 이루어지고 있었고, 가족의 우두머리라 할지라도

일종의 사회적 지위의 평등이 이루어지고 있었다. 적어도 사회 계급은 존재하지 않았다.[6)]

이것이 엥겔스가 원시 공산주의라고 불렀던 단계이다. 그러나 어떤 인류학자들 — 특히 말리노프스키 교수 — 은 이러한 단계가 존재했었다는 것을 부정한다. 그럼에도 불구하고 트로브리안 섬 주민에 관한 연구에서, 엥겔스는 원시 공산주의의 단계를 연상케 하는 많은 관습을 예로 들고 있다. 그는 공동 노력의 관습을 다음과 같이 서술하고 있다.

공동 노동은 트로브리안 섬 주민의 부족 경제에서는 중요한 인자이다. 그들은 주거와 창고를 세울 때나, 혹은 어떤 물건을 제조하고 운반할 때, 특히 수확된 물건을 다른 마을로 먼 거리를 운반하지 않으면 안 될 경우에는 공동 노동에 의존한다.

A. I. 리처드 박사의 연구《미개 부족에 있어서 기아와 노동Hunger & Work in a Savage Tribe》의 서문에서, 말리노프스키는 다음과 같이 말하고 있다.

멜라네시아 제도 주민에 관한 나 자신의 관찰에서 무엇인가를 간과하고 있다고 느꼈던 것은, 내가 리처드 박사의 논문을 철저히 읽었기 때문이었다. 이 책은 현지 조사를 하는 사람으로 하여금 미개 사회에서 식품이 담당하고 있는 중대한 역할에 대해 눈을 뜨게 해 주

---

6)《Anti-Dühring》마틴 로렌스, p.206

는 것만으로도 인류학사에 있어서 하나의 이정표가 될 것이다.

리처드는 이렇게 쓰고 있다.

대부분의 미개 부족에서 굶주림은 현실적인 위협이 아니라 해도, 언제나 있을 수 있는 일이다. 먹을 것을 찾는 것은 공동체의 모든 활동적인 성원의 주요한 일이었다. 또한 가장 중요한 제도는 공급의 소유권 및 배분에 관련된 것이었다.

바수토Basuto족과 목초지의 관계에 관하여는 이렇게 쓰고 있다.

이 원주민의 관습에 의하면, 한 부족이 점유한 토지는 이론상으로 최고의 권력을 가진 추장의 재산으로 간주되고 있다. 즉, 부족에 대해서 그는 보관자이다. 그는 그에게 종속되어 있고 실제로 토지를 점유하여 경작하는 종족 구성원들을 위해 공산주의의 원칙에 의거해서 토지를 보유하고 있다.

반투Bantu족에 대해서는 다음과 같이 씌어져 있다.

이 부족은 방목지와 수렵지를 공유하고 있다. …… 가족과 가정의 유대뿐 아니라 부족적 유대도 식품을 얻는 인간의 일차적·생물학적인 욕구에 기초하고 있다. 가정의 일원인 어린아이는 그를 가족의 일원이라든가, 친족 집단의 일원으로 여기고 있는 사람들로부터 식품을 배분받는다. 아이가 성인이 되어서 그가 공동 수렵, 또는 최초의 수확과 강우에 대한 전부족적인 의식에 처음 참가할 때, 그는 식품 생산자로서 어엿한 경제적인 지위를 인정받게 된다.

인간이 작은 가족 집단의 형태를 취해 동물계에서 벗어났을 때도 원시 공산주의적 조건이 우세했다고 하는 가정은 전혀 터무니없는 것만은 아니다. 끊임없이 존재하고 있는 굶주림의 위협에 직면하여 공동 작업을 기초로 해서 원활하게 식품 획득 활동을 하려는 욕구는, 바로 엥겔스가 《가족, 사유 재산, 국가의 기원》에서 가정하였던 것처럼 상호 질투에 대한 억압과 같은 것을 포함하고 있다.

사회 단위가 증대하여, 그 결과 욕구가 증대하는 것에 자극되어 경험이 쌓이고 발견·발명이 이루어지면, 그것들은 생활에 안정 및 잉여의 가능성을 가져다주고, 사회에 있어서의 계급 분화의 토대를 만들어 준다. 엥겔스는 계급 분화는 노예로부터 시작되었다고 보았다. 사회는 노동력이 그 자신을 유지하기 위해 필요 이상의 것을 생산할 수 있게 되면, 사회의 어떤 구성원도 사회의 일에 전혀 참여하지 않더라도 잉여 노동력으로써도 충분히 영위될 수 있게 된다. 그는 이러한 잉여 노동력은 원래 전쟁에 의해 가능하게 되었다고 제시하였다.

그들은 그 때까지 전쟁 포로를 어떻게 취급해야 하는가를 알지 못했다. 따라서 처음에는 그들은 포로를 무조건 죽여 버렸다. 그리고 훨씬 더 이전에는 포로를 먹어 버렸다. 그러나 경제 질서가 어느 정도 자리 잡히게 되자, 포로는 일종의 가치를 가진 것처럼 되었다. 그러므로 포로를 붙잡은 사람은 포로를 살려두고 그를 노동에 이용하였다. 이렇게 해서 노예 제도가 발전된 것이다.

그러므로 사회의 계급적 분화는 생산력 발전의 일정한 단계에 대응한다. 그러나 계급 분화가 사회의 불평등을 조장하고 생산 결과가 갖가지 배분과 특권의 차이로 표현됨으로써 상호 대립적인 경향이 나타났다. 계급 분화가 생산 과정의 요구와 대응하고 있는 이상, 다시 말해서 생산 과정이 그것에 의해 방해받지 않고 확대할 수 있는 이상, 이 대립은 잠재적인 데 지나지 않는다. 엥겔스는 이 점에 대해 이렇게 쓰고 있다.

　생산 양식이 발전해 가는 상승 단계에 있을 때에는, 그것에 대응하는 배분 양식에서 불우한 지위에 있는 사람들에게까지 열렬히 환영받을 것이다. …… 그 존재 조건이 거의 상실되고, 다음 단계가 이미 문을 두드리고 있을 때에 이르러서야 비로소 끊임없이 증대하는 배분의 불평들이 공정하지 못한 것으로 여겨졌을 것이다.[7]

　만약 우리들이 이것을 현대에 적용시켜 본다면, 증대하는 생산력과 생산 조건 사이의 모순을 반영하는 주요한 대립은 자본가와 노동자 계급 사이의 대립이다. 자본가는 여러 곳에 흩어져 있던 이전의 생산 도구를 한 곳으로 모으는 중요한 역사적인 역할을 담당했다. 현대 자본주의 체제의 이전 단계에서, 생산은 대개 소규모로 행해졌다. 생산 도구는 생산자에게 속해 있고, 생산자는 자신의 원료와 힘으로 스스로 생활 필수품을 생산하였다. 그래서 그 생산물 또한 그의 소유였다. 생산자는 그의 노동의 산물을 소유하였다.
　이러한 소규모의 공업 형태는 15세기 말쯤에 이르자, 그 기반이 흔

---

7) Ibid., p.170

들리게 되었다. 이 때 무역과 상업은 아메리카 대륙의 발견, 희망봉 항로의 개척, 동인도회사의 개설, 중국 시장의 개방으로부터 강력한 자극을 받아 더욱 커다란 생산 형태가 필요하게 되었다. 그리하여 여러 곳에 흩어져 있는 개인의 생산 수단을 생산 과정에 협력하는 다수의 노동자들에 의해 사용될 수 있는 형태로 변형시킬 필요성이 대두되었다.

방적차와 수직기와 대장장이의 해머에 대신하여 방적기·역직기·증기 해머가 등장하고, 수많은 노동자의 공동 작업을 필요로 하는 공장이 출현했다. 그리하여 생산도 생산 수단처럼 개인적 행위에서 일련의 사회적 행위로 탈바꿈되어, 개인 생산에서 사회 생산으로 변모되었다.[8]

이렇게 생산에 사회적인 성격을 부여함으로써, 자본주의는 중대한 역사적인 과업을 이룩하게 되었다. 그러나 그 파업은 사회의 보다 큰 부분으로부터 생산 수단의 소유권을 박탈하여 이루어진 것이었다. 예컨대 수공업자의 도구는 자본가가 경쟁적으로 공장을 조직하는 과정에서 무가치한 것으로 전락해 버렸다. 소규모의 공장주는 몰락했다. 이러한 경향은 특히 증기 기관·방적기·역직기 등이 발명되었던 18세기 후반의 산업혁명 시기에 현저하게 나타났다. 그리하여 생산 수단을 가지지 못한 프롤레타리아 계급이 싹트게 되었다.

중산 계급의 하층, 즉 소매 상인·점포 주인·수공업자·농민 등은

---

8) Ibid., p.302

모두 점차적으로 프롤레타리아 계급으로 전락했다. 그 이유 중의 하나는 그들의 소자본으로는 현대의 공업을 경영하는 데 충분치 못하여 대자본과의 경쟁에서 피할 수밖에 없었기 때문이다. 이렇게 해서 프롤레타리아 계급은 모든 계급에서 충원되었다.[9]

그러나 자본가의 대규모적 생산은 생산에 사회적인 기반을 마련해주었고, 공장 내부의 생산을 조직하고 계획했지만, 그것 이전의 소규모 생산을 특징 지었던 사유라는 성격은 그대로 가지고 있었다. 중세기 초에는, 생산의 목적은 생산자와 그 가족의 욕구를 충족시키는 것이었다. 그는 그 자신의 생산물을 소비하였다. 그 이후에는 도시의 직인과 농촌의 농민들 사이에 교환이 일어났다. 직인은 농민에게 생산물을 팔고 농작물을 구입하였다. 이러한 형태의 교환은 노동의 분업에 의해 자연 발생적으로 일어났고, 그것을 지도하는 생산 계획은 전혀 없었다. 개개의 생산자는 다른 생산자와는 독립적으로 움직였다.
그러므로 그들은 자기 생산물의 수요가 어느 정도인가를 정확히 산출해 낼 수 없는 입장이었다. 이러한 생산의 무계획적 성격은 생산 수단의 개인적인 사유와 함께 자본주의적 생산 양식에 수반되었다. 그리고 그것은 더욱 강화된 형태로 이루어진 것이다. 왜냐 하면 공장에서의 계획 생산으로 인하여 막대한 양의 제품이 생산되기 시작했기 때문이다. 즉, 각각의 공장은 다른 공장과는 상관 없이 생산한 제품을 시장에 내놓았다. 엥겔스는 다음과 같이 쓰고 있다.

사회적 생산과 자본가적 독점의 모순은 각각의 공장의 생산 체제

---

9) 《공산주의자 선언Communist Manifesto》 중에서

와 사회 전체적인의 생산 무정부 상태 사이의 대립으로 재현된다.

마르크스주의자가 자본주의적 경향을 분석했던 것은 사회적 생산과 사유 사이의 대비, 공장 내의 계획과 사회에서의 무계획성 사이의 대비라는 범위 안에서였다. 사회적 경향의 방향에 관한 예측은 그 속에서 매우 사변적인 요소를 가질 수밖에 없다. 어느 때에는 강하게 생각되었던 경향이 그 때에는 강하다고 생각하지 않았던 다른 요인에 의해 빗나가게 되든가, 아니면 정지될 수 있다. 양 세계 대전은 발견과 발명을 크게 고무시켜 생산 기술을 변화시켰다.

노동 운동·노동조합·노동 조직의 강화는 노동자 계급으로 하여금 사회적 생산물의 배분을 예전보다 훨씬 더 많이 받게 했고, 또 마르크스가 계속적으로 증대하리라고 생각했던 궁핍화의 과정을 어느 정도 역전시켰다. 그것들은 마르크스가 전혀 예상할 수 없었거나, 아니면 분명하게 예상하지 못했던 요인이다. 즉, 그가 자신의 분석을 기초로 해서 예언했던 단순하고 비교적 명확한 발전 형태는 일어나지 않았다. 그래서 그러한 분석은 잘못된 것이라고 주장되었다.[10]

특히 케인즈와 갈브레이드는 그들의 저서를 통해 마르크스주의를 논파했다. 그러나 그들은 모두 정부의 경제 생활에 대한 개입을 강조하고 있다. 이러한 개입은 자본 투자의 범위를 결정할 때 이윤이라는 동기를 어느 정도 중지시키는 것이다. 그러나 이 이론이 마르크스주의를 논파하지 못했던 것은, 물리학의 법칙에 의식적으로 개입했던 비행기가 중력의 법칙을 반박하지 못했던 것과 마찬가지 이치이다. 마르크스주의적인 경제 분석의 핵심은 자본의 개인적 지배와 이윤이

---

10) 《자본론》, p.712

라는 동기에 의해 생산과 배분의 무정부 상태가 야기된다고 하는 점이다.

물론 자본주의적 생산이 야기시키는 무정부적인 결과를 완화하는 방법을 창출할 수는 있다. 또한 마르크스주의적 분석에 정통한 경제학자들이 자본주의의 경제 생활의 합리성을 기하기 위하여 공공 투자라는 계획을 정부에 건의할 수도 있다. 예를 들어 정부로 하여금 이윤 추구를 상쇄시킬 정도의 방대한 분야에 걸쳐서 이러한 계획을 실시하고 사회 복지를 우선적으로 고려하게 만드는 것이 가능하다 하더라도, 그 때에는 이미 마르크스주의자의 분석이 아니라 그와 관련된 자본가의 이기심과 무책임성에 관한 견해이다.

다시 말해서 그 때 논파되는 것은 자본가에 관한 마르크스주의의 행동적인 예언이지, 자본주의에 대한 경재 분석은 아니다. 케인즈나 갈브레이드 등은 자본주의의 경제 및 정치 지도자가 마르크스주의자들이 주장하는 것처럼 실제로 이기주의자는 아니며, 합리적이라는 것을 주장하고 있다.

우리들이 이제까지 서술했던 마르크스주의에 관한 설명은 마르크스가 사회의 경제적 토대라고 말했던, 사회의 생산력과 그러한 힘을 산출하는 인간 관계에 국한되어 있다. 우리들은 이제 그러한 기반 위에서 발전하는 '이데올로기의 구조'를 살펴보고자 한다. 그리고 이것은 인간의 사고와 사회 환경과의 관계, 즉 의식을 결정하는 것이 환경이라는 마르크스주의자의 견해를 명백하게 해 준다.

상부 구조와 경제적 기반의 관계에 대한 고전적인 공식은 마르크스의 《정치 경제학 비판》에서 언급되어 있다. 그것은 앞서 서술했던 점, 즉 생산 과정에 있어서 인간은 생산력의 증강에 발 맞출 수 있는 생산 관계로 돌입한다는 점부터 시작한다. 계속해서 마르크스는 다음과 같이 말하고 있다.

이러한 생산 관계의 총체는, 곧 사회의 경제 구조를 형성하고 있다. 그리고 이러한 현실적인 기반 위에 법률적·정치적인 상부 구조가 세워지며, 이것에 대응해서 결정적인 사회 의식의 형태가 정해진다. 물질 생활의 생산 양식이 사회적·정치적·지적인 생활을 전반적으로 제약한다. 인간의 의식이 존재를 결정하는 것이 아니라, 반대로 사회적인 존재가 의식을 규정한다. 사회의 물질적 생산력은 어떤 발전 단계에 있는 생산 관계라든가, 소유 관계 — 동일한 뜻을 법률적인 용어로 표현한 것에 불과하지만 — 와 충돌하게 된다.

그리하여 이런 모든 관계는 생산력을 발전시키는 역할에서 그것을 구속하는 것으로 변화한다. 그 때 사회 혁명의 시기가 도래한다. 경제적인 기반이 변화함에 따라서 거대한 전체 상부 구조는 급격히 변화된다. 이러한 변화를 고찰할 때, 우리들은 경제적인 생산 조건의 물질적 변화 이것은 자연과학적인 엄밀성에 입각해서 규정되고 있다와 법률적·정치적·종교적·예술적·철학적인 이데올로기적 형태, 즉 인간이 어떠한 대립을 의식하게 되어 그것을 극복하는 이데올로기적 형태와는 엄밀히 구별되어야 한다.

역사적 유물론의 응축된 표현으로서의 이러한 말은 마르크스가 쓰고 있는 '규정'이라든가, '제약'과 같은 말의 의미로서 좌우되는 경우가 많다. 물질적인 기반이 상부 구조를 결정한다는 광범위한 의미는, 엥겔스가 마르크스의 무덤 앞에서 했던 다음과 같은 말에서 나타나고 있다.

다윈이 유기체 발전의 법칙을 발견했던 것처럼, 마르크스는 인간의 역사 발전의 법칙을 발견했다. 그 법칙이란 이제까지 이데올로기라는 무성한 잡초에 숨겨져 있던 단순한 사실, 즉 인류가 정치·과학·예술·종교 등을 추구하기에 앞서 우선적으로 의식주를 해결하지 않으면 안 된다고 하는 것이다.

즉, 그 말은 문화 생활이 발전하기에 앞서 일정한 수준의 물질적 생산이 필요하다는 것이다. 사회는 구성원의 일부가 비생산적인 활동에 허비하는 시간을 용인할 수밖에 없다. 말하자면 사회는 그들이 놀면서도 생계를 꾸려 나갈 수 있을 만큼의 잉여 생산을 산출하는 상태가 되어야만 한다. 이 점은 아리스토텔레스에 의해서도 인식된 바 있다. 그는 여가가 사회의 문화 생활 발전의 전제 조건이라고 생각했다. 엥겔스가 《반듀링론Anti Dühring》에서 지적한 바와 같이, 노예 제도는 그리스의 예술·과학·철학을 개화시킨 물질적인 기반이다.

이러한 포괄적인 의미에서 물질적인 생산 수준이 지적 생활의 성장을 규정한다고 하는 것은 지적 생활이 성장할 수 있는 범위나 한계는 물질적인 수준에 의해서 결정된다는 의미이다. 어느 정도까지는 물질적인 수준에 지적 생활이 관여할 수 있는 문제의 종류를 결정한다. 이러한 의미에서 물질적 생산 수준과 지적 생활 사이의 관계는 예술가·과학자·철학자가 사회 생활에 공헌하기 위해서는 의식주의 해결이 전제되어야 한다는 진부한 문구로써 표현될 수 있다.

그러나 마르크스는 그 이상의 것을 의도하고 있다고 생각된다. 그는 문화 생활이 발전하기 위해서는 일정 수준의 물질적 생활이 단순한 필요 이상의 것으로, 문화의 여러 유형의 발전은 사회의 특수한 계급 구조와 중요한 관계가 있음을 시사하였다. 마르크스가 '규정'이라는 술어를 쓴 것은 특히 그러한 의미에서였다. 일반적으로 문화 ─ 예술·문학·음악·과학·철학에 대한 인간의 관심 ─ 는 적어도 사회의 몇몇 사람들이 생산 과정에 총력을 다 하여 참가할 필요가 없어졌을 때에만 전적으로 가능해지는 특별한 인간적 활동 형태인 것이다.

문화의 성격이 사회의 성격에 의해 규정된다는 특수한 의미에서 문학·예술·정치·과학·철학·종교는 지배 계급의 이해를 반영하고 보호할 수 있는 이데올로기적 방향으로 기울어질 것이다. 즉, 그 당대에 널리 수용되어 있는 관념과 지배 집단의 이해 사이에는 일정한 적합성이 있다. 그러나 이 관념들은 외형적으로 지배 집단의 이해를 초월한 것처럼 보이기 때문에, 지배 집단의 특수한 이해가 곧 사회의 일반적인 이해로 받아들여지게 된다. 이 과정은 홉D. Hume의 〈원초적 계약〉에 관한 논문 속에 잘 묘사되어 있다.

오늘날에는 정치적이나 실용적인 원칙을 수반한 철학적·사변적인 원리의 체계가 없이는 어떠한 정당도 성공할 수 없게 되어 있다. 따라서 이 나라를 양분하고 있는 두 개의 정당[11]은 철학적·사변적인 원칙의 체계를 수립하여 각자가 추구하고 있는 행동 계획을 옹호하고 있다. ……

한 정당은 정부의 기원을 신적 차원에서 구하여, 그것을 신성시하고 불가침의 것으로 보고 있다. 따라서 정부가 아무리 압제적으로 되어도 정부에 대하여 조금이라도 반항하거나 그것을 신성시하고 침범해서는 안 되는 것으로 간주하고 있다. 따라서 예를 들어 정부가 아무리 압제적으로 되어도 정부에 대하여 조금이라도 반항하거나 그것

---

11) 토리당과 휘그당

을 침해하는 것은 신성 모독과 같은 것이라고 생각한다.

또 하나의 정당은, 정부는 완전히 민중의 동의에 의해 만들어진 것이며, 일종의 원초적 계약이 있다고 가정하고 있다. 그리고 이 계약을 기초로 하여, 신하가 일정한 목적을 위하여 자발적으로 군주에게 위탁했던 권능에 의해서 자기들 자신이 침해받을 때에는 암암리에 언제나 군주에게 저항할 권리를 갖고 있다고 말한다. 이것이 두 정당이 사변적인 원리인 동시에 그것으로부터 연역된 실천적인 귀결이다.

마르크스가 문화에는 계급의 이익을 이데올로기적으로 정당화하는 경향이 있다고 한 견해는 프로이트 학파의 '합리화'라는 개념과 매우 유사하다. 실제로 엥겔스는 놀랄 만큼 현대적이고, 또 정신분석가에 의해 씌어진 것과 같은 언어로써 이 과정을 쓰고 있다.

이데올로기는 소위 사상가에 의해서 의식적으로 완성된 과정이지만, 그것은 허위 의식으로서 조작된 과정이다. 그런데 사상가를 충동하고 있는 참된 동기는 사실 그들 자신도 의식하지 못한다. 그렇지 않다면 그것은 이데올로기적인 과정이라고 말할 수 없을 것이다. 따라서 그들은 허위적인 동기, 또는 외견상의 동기를 상상하고 있는 것이다.

프로이트가 개인의 심리에서 발견했던 것을 마르크스는 인간 관계의 보다 넓은 틀인 사회 안에서 발견했다. 인간의 문화 생활이라는 국면이 특수한 경제적인 이해 관계를 정당화하는 데 이용될 수 있다는 사실이 반드시 이러한 경제적인 이해 관계의 측면 이외에는 아무런 의미도 없다는 것을 말하는 것은 아니라는 점에 주목하는 것이 중요하다. '어떤 특수한 견해는 어떠한 상황에서 발달하며, 그것은 또 사회 생활에서 어떠한 기능을 발휘하고 있는가?'라는 문제와 '그 견해는 옳은가, 그른가'라는 문제 사이에는 중대한 차이가 있다.

예를 들어 인간은 다윈의 이론이 성립되었던 상황에 관한 설명을 구하여, 그것이 풍족하고 강력한 집단이 사회 속에 출현했던 것을 정당화하기 위하여 시기 적절하게 제창된 것에 주목할지도 모른다. 이것은 이론을 이데올로기적으로 사용하는 것에 주목하는 것이다. 그러나 이 물음에서 여러 가지 사실을 설명해 주는 그 이론 자체의 타당성에 관한 문제, 즉 '그 이론은 옳은 것인가, 아니면 그릇된 것인가?'라는 의문은 그대로 남아 있다. 만약 이론의 정부正否에 대한 의문이 남아 있지 않다면, 마르크스주의의 이론 자체가 모순된 상황에 놓여지게 될 것이다.

이것은 마르크스주의가 일종의 역사적 조건의 산물로서, 또 노동자 계급의 손에 일종의 이론적 무기로서, 역사적 조건의 산물로서 역사적인 변화를 설명하려는 목적을 가지고 있는 다른 이론 체계와 마찬가지로 진리에 대한 요구를 가지고 있지 않음을 의미하게 된다.

그것은 단순히 다른 계급의 이익에 봉사라는 다른 조건의 산물이라고 하는 것이 될 것이다. 마르크스가 이것을 말하고자 했던 것은 분명 아니다. 간단히 말해서 한 이론이 어떤 사회적 이슈를 지지하거나 정당화하기 위해 사용될 수 있다는 사실, 즉 이론의 이데올로기적 형태와 그 이론과 관계된 문제를 해결하거나 그것에 관계되는 사실들을 설명하기 위한 이론으로서의 적합성을 구별할 필요가 있다.

마르크스의 역사 이론에 대한 일반적인 고찰로 되돌아가 보자. 나의 견해는 마르크스의 역사 이론을 이데올로기적 상부 구조와 물질적 기반 사이의 관계를 서술하는 일괄적인 공식으로서가 아니라, 사회의 연구 방법이나 생산 기술이라는 관점에 입각해서 사회 구조를 연구하는 수단으로 보는 것이 가장 타당하다는 것이다. 엥겔스는 이 문제에 대해 이렇게 분명하게 쓰고 있다.

그러나 우리들의 역사 개념은 무엇보다도 연구의 지침이어야 하지, 헤겔 철학의 구축을 위한 초석이 되어서는 안 된다. 모든 역사는 새롭게 연구되어야 하고, 여러 사회 구성체의 존재 조건은 세밀하게 연구되어야 한다. 그들이 역사적 유물론이라는 말을 쓰는 것은 — 자기들이 알고 있는 약간의 지식을 — 가능한 한 빨리 말쑥한 체계로 조립하기 위한 것이다. 그리하여 그들은 자기들이 무엇인가 대단히 훌륭한 것을 이룩했다고 생각하고 있다.

따라서 마르크스주의적 역사 이론은 사람들이 생계를 꾸려나가는 생산 방법을 고찰하고 생산 관계·계급 분화·소유 관계를 검토함으로써 역사라는 복잡한 드라마 속으로 안내할 수 있는 실마리를 제공해 주는 것이다. 현대 역사가들 가운데에는 이러한 역사의 연구 방법의 가치를 부정하는 사람은 거의 없다. 예를 들면 버터필드Butterfield 교수는 마르크스적 역사 이론을 다음과 같이 비판하고 있다.

마르크스주의적 공식은 일반적인 역사 연구를 하려는 사람에게 하나의 방법 내지는 실마리를 제공해 주고 있다. 그것은 우리들이 역사를 연구하여 여러 가지 방식으로 해석해도 더 이상 어떤 것도 얻을 수 없을 때 야기될 수 있는 경향을 정의하는 것으로서, 이론을 현대적 관점에서 해설하는 사람들에 의해서 크게 강조되고 있다. 바꿔 말해서 우리들이 어떤 가설에 준해서 행동해야만 할 때, 마르크스주의적 공식은 하나의 뚜렷한 연구 방법을 제시해 준다. 그것은 우리들이 지팡이의 어느 쪽을 잡아야 할 것인가를 가르쳐 준다.[12]

프로이트 학파의 이론은 마르크스주의자가 인간의 경제적·사회적 생활을 제약하는 요인을 강조하는 것과 어떠한 관련이 있을까? 프로이트적 개념으로는, 자아는 외부 현실에 의해 변용된 이드의 일부이다. 여기서 말하는 외부 현실은 인간에 대해서는 대개 사회적·경제적인 것을 말한다. 다시 말하면 자아는 사회적 현실을 반영하고 있으며, 긴박한 사회적 현실에 따라서 이드의 요구를 제한하고 구속하지 않으면 안 된다. 마르크스는 인간의 의식이 사회적 존재에 의해서 규정된다고 했지만, 이것은 프로이트 학파의 이론과 완전히 일치하는 보편적인 논리에 불과하다.

그러나 프로이트 학파는 거기에서 더 나아가 의식적인 자아와 외부의 사회 세계 사이의 관계는 단순히 일방적인 것도 세계에 대한 자아의 수동적인 관계도 아니며, 자아가 능동적으로 이드 충동의 표현 양식을 구하는 관계라고 지적했다. 다시 말해서 자아는 이드에게 현실을 반영할 뿐 아니라, 이드의 목적에 부합되는 보다 나은 현실을 이룩하기 위해 노력한다. 이 점에서 프로이트 학파의 이론은 사회적 현실이 의식을 규정한다고 한 마르크스주의자의 소박한 표현을 더욱 풍부하게 한다.

----

12) 《역사와 마르크스 학파의 방법-천착History & The Marxian Method-Scrutiny》 제1권, 1933년, p.344

결과적으로 프로이트 이론에 따르면, 우리들은 의식을 규정하는 힘인 사회적 현실을 연구해야 할 뿐 아니라, 의식에 내용을 부여하면서 외부 현실에 도달하도록 의식을 충동하고 동기 부여를 하고 있는 심리학적 과정을 연구해야만 한다. 나는 개인의 정신과 세계와의 관계에서 진리라고 생각되는 것은 사회 내의 사회 집단이라는 커다란 규모에 있어서도 역시 진리라고 생각된다. 우리들은 앞에서 지배 계급이 자신의 이해를 사회 전체의 이해인 것처럼 합리화시키는 과정을 살펴보았다.

지배 계급은 철학적·종교적·정치적 논의의 복잡한 이데올로기 구조를 자기들의 권력과 특권을 유지하기 위한 방향으로 조작한다. 그러나 자아에는 그 이상의 것이 있다. 왜냐 하면 자아는 이드와 현실을 중개하는 일만 하는 것이 아니기 때문이다. 그것은 어린 시절의 연약하고 무비판적인 자아가 보았던, 권위의 부산물인 초자아를 배후에 갖고 있다. 프로이트가 서술했던 바와 같이 자아는 두 주인을 섬기지 않으면 안 된다. 그 중의 하나가 인간의 삶에 있어서 전통과 고루한 권위의 비합리적인 영향에 바탕을 둔 초자아이다.

초자아가 사회 생활에서 담당하는 역할이 보다 더 잘 평가될 수 있도록 하는, 초자아가 형성되는 상황을 다시 살펴보자. 어린아이의 최초의 현실 체험, 최초의 좌절, 최초의 만족은 대부분 어린아이와 가장 친밀한 관계에 있는 사람, 즉 부모나 친구로부터 초래된다. 무력감은 오랫동안 인간의 중요한 생물학적 특징으로서 어떠한 사회 제도에서도 존재했던 것이며, 그리고 앞으로도 계속 존재할 것이다. 이 무력감에 대한 어린아이의 심리적 반응 — 즉, 성인에게 완전하게 의존하는 것 — 은 무력감과 마찬가지로 어떠한 사회 환경에서도 반드시 공통된 특징을 갖고 있다.

어린아이는 외부의 권위가 욕구 충족을 방해하는 힘을 가지고 있다고 여긴다. 그리고 실제로 성인은 갖가지 방법으로 어린아이에게 어린아이와 성인 사이에는 근본적인 차이가 있다는 것과, 성인에게는 어린아이의 욕구를 충족시켜 주거나 방해할 만한 능력이 있다는 것을 느끼게끔 만든다. 부모나 또는 다른 권위자가 어린아이를 외부 현실의 요청에 지나치게 적응시킬 때 보여주었던 역할은 어린아이에게 상처를 남겨 준다. 자아가 미약하고 아직 이드의 명령적인 요구를 억제할 수 없을 때, 자아의 일부분은 부모와 동일시된 초자아의 형태로 이드의 충동을 계속 감시하고, 자기가 허락할 수 없다고 생각되는 것을 억압하도록 자아에게 강요한다.

후년의 생활에서 이 초자아의 감시는 개인의 외부에 존재하는 권위에로의 복종을 강제한다. 그리고 이것은 특히 교회·국가·정당의 권위를 무조건적으로 용인케 하는 원인이 된다. 낡은 사회 제도를 영속시키려는 비합리적인 보수주의는 이러한 관점에서 설명될 수 있다. 사회 개혁가들의 강력한 반대가 낡은 전통의 무게와 기존의 사회 제도에 대한 감정적 유대에서부터 유래된다는 것을 그들 자신들도 알고 있다. 이러한 제도는 초자아가 생활에서 담당하고 있는 역할을 알지 못하고서는 이해될 수 없다.

다시 말해서 이러한 제도의 성격은 대부분 경제적·사회적 필요성에서 기인할 수도 있지만, 인간의 행위에 대해 획득되었던 존재 이유가 없어진 훨씬 뒤에까지 유지되고 있는 권위는 초자아의 강박 충동에서 연유한다. 따라서 초자아는 전통적인 행동 양식을 전수하는 수단이다. 프로이트는 이렇게 말하고 있다.

인간은 전적으로 현재 안에서만 살고 있는 것은 아니다. 초자아의 이데올로기는 과거, 즉 종족과 인간의 전통을 이어준다. 전통이라는 것은 현재의 영향과 경제 조건의 새로운 발전에 점차적으로 따라 움직이는 것에 지나지 않는다.

마르크스주의자는 전통과 제도 및 이데올로기가 어떤 방법으로 사회의 지배 계급의 이익에 봉사하게 되었는가 하는 것을 지적했다. 그러나 그것은 민중이 자기들을 위해 일하고 있지 않는 지배 계급에게 무비판적으로 충성을 다 하는 이유를 설명하고 있지는 않다. 이것은 초자아라고 하는 프로이트 학파의 이론으로 설명될 수 있다. 만약 초자아의 강박 충동이 존재하지 않는다면, 사회 개혁가의 일은 말할 수 없을 정도로 쉬워질 것이다.

사회악을 감소시키고 전체 민중의 이익이 되는 방법이 무엇인가를 설명하는 일만이 필요할 것이다. 만약 고루한 사회 제도에 대한 초자아의 애착에 의해서 불러일으켜진 저항을 합리적으로 설명할 필요가 없어진다면, 사람들은 사회 제도를 경제적 현실에 합치시킬 필요성을 즉각적으로 느끼게 될 것이다. 그래서 사회 문제에 관심을 갖고 사회 변화의 필요성을 절감하고 있는 정신분석가는 '초자아의 도덕률'을 '자아의 도덕률'로 바꾸는 일을 근본적 임무로 생각하고 있다.

예를 들면 플루겔Flugel 교수는 '진보적인 사회학'의 목적을, '초자아의 노골적이고 무의식적인 지배'에 대하여 자아를 강화하는 것이라고 하였다. 이것은 개인을 비합리적인 권위에 대한 의존으로부터 해방시켜서 개인의 퍼스낼리티가 합리적인 자아에 의해 지배되도록 하는 것이다. 사회 개혁가는 오늘날 사회악의 경제적 원인 — 일반적으로는 역사적인 원인 — 을 규명하기 위해서 마르크스주의에 관심을 가질 필요가 있다.

마르크스는 사람들로 하여금 합리적으로 — 사회 생활의 현실에서 느끼는 방식으로 — 행동하고 사고하게 하려 한다. 그러나 만약 그가 인간의 수많은 비합리성의 원인에 근본적으로 의문을 해명하지 못한다면, 행동에 합리적인 방향을 부여하려는 희망도 사라지게 된다. 다시 말해서 만약 그가 인간 행동의 무의식적인 동기 부여에 관한 지식을 완벽하게 갖출 수만 있다면, 그 무의식적 힘에다가 객관적이고 합리적인 방향을 제시해 줄 수 있게 될 것이다.

4

변증법적 유물론

프로이트와 마르크스는 그들이 직접 연구했던 분야의 문제뿐 아니라, 인간 존재에 관계된 모든 문제에 관한 고도의 분석을 한 위대한 사상가였으며, 오늘날에도 그 이론들은 새롭게 조명해 볼 만한 가치가 있다.

프로이트와 마르크스 철학의 본질은 세계관에 대한 탐구였다. 프로이트는 정신분석을 과학적 세계관에 기여하는 것이라고 생각했지만, 마르크스는 우주와 인간의 지위에 관한 포괄적인 이론의 정립을 목적으로 하여 보편적인 인간의 경험과 과학적으로 발견된 사실들을 이 목적에 이용하였다.

마르크스주의자는 프로이트의 공헌에 의혹의 시선을 보내는 경향이 있다. 마르크스주의의 이론가는 프로이트의 이론을 물리학·생물학·사회학·정치학이라는 소재로부터 도출해 낸 공식에 쉽게 적용할 수 없었다. 그럼에도 불구하고 내가 이번 장에서 말하고 싶은 바는, 프로이트 이론 중의 많은 부분이 마르크스주의자의 이론과 조화를 이루고 있는 동시에, 그 이론을 수정 보완할 수 있다는 점이다. 나는 우선 마르크스주의 철학의 주요한 특징인 변증법적 유물론을 개략적으로 살펴보고, 이 철학과 프로이트 이론과의 관계를 보여주고자 한다.

그러기 위해선 먼저 변증법적 유물론에서 사용되는 유물론은 자주 경멸적인 의미로 사용되는 통속적인 유물론과는 다른 의미라는 것을 강조해야만 한다. 후자의 유물론은 흔히 이기주의 문화에 대한 멸시·조잡성 등의 성질을 갖고 있는 의미로 사용된다. 그러나 마르크스주의 유물론은, 외부 세계는 그 자체가 독립적으로 존재한다는 견해이다. 외부 세계의 존재는 우리들이나 또는 다른 사람들의 마음과는 전혀 무관하다.

사실 외부 세계가 존재한다는 것, 즉 나무·산·집·타인이 자기 자신의 권리로서 존재하고 있다는 것은 일상적·상식적 가정이다. 이것이 유물론의 근본적인 기반이 되어 있다. 한편, 마르크스주의자가 사용하고 있는 관념론idealism이라는 말은 이상ideals이라는 용어와는 아무런 관계가 없다. 마르크스주의자의 용법에 따르면 그것은 관념주의 또는 유심론mentalism이라고 하는 것이 보다 정확할 것이다. 왜냐 하면 그것은 외부 세계가 독립적으로 존재한다는 생각에 의문을 품는 철학적 경향에 대해 마르크스주의자가 붙인 일반적인 용어이기 때문이다.

예를 들면, 이 말은 세계가 자체의 권리로 가지고 있다고 생각되는 시간·공간이라는 성질은, 실제로 우리의 오성悟性이 세계에 투영된 것이라고 하는 칸트의 견해나, 물질적인 대상들은 오로지 인간 또는 신의 오성 속의 지각으로서만 존재 가치를 갖는다고 하는 버클리의 더욱 철저한 주장들에 부여된 명칭이다. 마르크스주의자는, 외부 세계가 독립적으로 존재하고 있다는 사실을 솔직하게 인정하지 않고, 단지 인간의 정신에 의존하며 정신으로부터 파생된 것이라고 주장하는 철학상의 어떠한 학설에 대해서도 '관념론적'이라고 부른 것이다. 마르크스주의자는 관념론을 사회적으로 유해한 관점이라고 본다. 그들의 주장은 이러하다.

만약 외부 세계를 하나의 실제도 독립적인 존재도 아닌 것으로 간주한다면, 그것과 관련된 문제는 모두 비실재적인 것으로 취급해야 될 것이다. 따라서 과학이 어떤 실재적인 지식이나 힘을 제공한다는 사실을 부정해야 될 것이다. 즉, 우리의 오성에 의해 투사된 외부 세계와 싸운다면, 그것은 그림자 세계와 싸우는 것이 될 것이다. 따라서 관념론은 우리들의 주의를 요하는 긴박한 사회 문제로부터 도피하려는 경향을 조장하게 된다. 반면에 외부 세계가 독립적으로 존재한다는 신념은 과학적 발견에 대한 촉매 작용을 한다.

자연은 우리들의 의지와 별개로 존재하는 것이며, 극복해야 할 하나의 장애물이므로, 그 자체가 인간에 대한 도전이다. 또 자연은 지질학·천문학 및 그 외의 과학이 제공하는 지식에 의미를 부여해 준다. 왜냐 하면 이들 과학은, 우주가 생명이 싹트기 이전부터 수천만 년 동안 존재해 왔다는 사실을 가르쳐 주고 있기 때문이다. 의식은 생명 물질이 고도로 복잡하게 되었을 때 우주에 출현하였던 것이다. 따라서 유물론은 주로 일상적·상식적인 경험과 과학적 지식에 호소함으로써 변호된다. 마르크스주의는 존재론적으로는 과학과 상식 위에서 확립된다.

그러나 이것은 마르크스주의 철학의 서두에 지나지 않는다. 그것은 '변증법적 유물론'이라고 불리어진다. 왜냐 하면 그것은 우주는 변증법적 변화의 법칙 속에 총괄될 수 있는 어떤 동적인 변화 및 성장을 전개하는 것이라고 주장하기 때문이다. 마르크스는 자기의 견해를 설명하기 위해 헤겔을 높이 평가하여 헤겔의 용어를 채용하였다. 그는 다음과 같이 말하고 있다.

약 30년 전 헤겔주의가 유행하던 무렵, 나는 헤겔 변증법이 신비화되는 측면을 비판했다. 그러나 내가 《자본론》 제1권을 쓰던 당시에는, 오늘날 독일의 학식 있는 사람들의 주의를 독점하고 있는 까다롭고 거만한 공인公人들은 마치 레싱Lessing 시대에 M. 멘델스존이 스피노자를 취급했던 것처럼 헤겔을 '죽은 개'로 취급했다. 이것이 내가 위대한 사상가의 제자 중의 한 사람이라고 솔직하게 털어놓은 이유이며, 또 《자본론》 속에서 가치 이론을 논할 때조차 헤겔의 용어를 즐겨 쓰는 이유다.[1]

마르크스가 헤겔의 용어를 사용한 점에 대해서는 많은 비판이 있었다. 그 이유는 마르크스가 이른바 자신의 변증법에서 헤겔주의로부터 추방했다고 주장하는 신비화 경향이 나타나고 있기 때문이다. 헤겔의 용어는 약간 이상하게 보이지만, 마르크스가 그것을 외부 세계 및 인간의 사고라는 매우 중요한 두 과정에 관련시켜서 사용하고 있는 것을 고찰해 보기로 하자. 우선 변증법적 견해의 몇 가지 배경에 관해 서술해 보겠다.

변증법적 관념은 세계가 오랜 진화 과정의 산물이라고 보는 진화론

---

1) 《자본론》K. 마르크스 서문 중에서.

이 발생했던 19세기의 상황에서 커다란 자극을 받았다. 고정적이고 무변성의 사물을 다루는 고대 그리스의 논리학은 우주의 변화하는 리듬을 다루기에 적합치 못하다고 느껴지게 되었다. 아리스토텔레스가 설정한 세 가지 법칙은 모든 것에 대한 추리 기준이 되었고, 19세기 초까지는 그에 대해 거의 이의가 제기되지 않았다.

첫째는 동일화의 법칙이다. 그것은 A는 A이며, A는 그 자신의 분명하고 특수한 속성들을 가지고 있어서 우주의 다른 모든 것들로부터 구별된다는 것이다. 둘째는 모순의 법칙으로서, A는 A일 뿐, 다른 것 — 즉, B — 은 아니라는 것이다. 셋째는 배중排中의 법칙Law of the Excluded Middle Tem으로서, 이것은 A와 B 사이에 중간 항은 없다고 강조한다. 이렇게 하여 모순은 배제되고, 외부 세계의 대상은 명확하게 분리되어 고정된 형으로 취급되었다. 그러나 더욱 복잡한 고도의 여러 양식은 보다 저급하고 단순한 것과 관계가 있다고 하는 지식과, 신성한 창조 행위로 간주되었던 것이 사실은 오랜 진화 과정의 산물이라고 하는 지식이 생겨난 이후로 이 사실을 표현할 수 있는 논리학의 필요성이 대두되었다.

헤겔은 19세기에 그 무렵 등장한 진화론적인 견해와 더욱 밀착된 논리학 이론을 구축하게 되었다. 그는 보다 사실에 근접한 종합적인 견해가 상호 대립적인 견해에 대한 반박과 충돌을 통해 얻어질 수 있었던 대화술을 의미하는 그리스어를 본따서 그의 논리학의 방법을 변증법이라고 불렀다. 헤겔은 모든 발전적 변화의 참된 원인은 모순된 요소의 투쟁이라고 보았다. 그는 모든 것은 다른 것으로의 변형을 추진하고 있으며, 쉬지 않는 유동 상태에 있다고 주장했다. 이것은 아리스토텔레스의 논리학의 범주를 뛰어넘는 것이었다.

물론 A는 A라는 것이 사실이다. 그러나 그것은 A가 아닌 것이 되기도 한다. 그것은 우주의 다른 모든 것들과 반드시 명확히 구별되는 것이 아니며, 우주의 다른 모든 것들과 밀접하게 관계되어 있다. 모순점이 발견되면, 그것은 새로운 존재 양식이 된다. 헤겔은 모순이 작용하고 있는 대상을 '긍정', 모순 자체는 '부정'이라고 하였다. 그리고 새로운 종합을 향한 모순의 조화를 '부정의 부정'이라고 하였다. 전숲 과정은 정립These · 반정립Anti-these · 종합Synthese으로 나타난다. 여기에서 종합은 그 과정이 발전의 새로운 단계에 이르게 되는 것을 의미한다. 그러나 헤겔은 관념론자마르크스주의자가 말한 의미로였다. 그는 발전 과정 전체를 외부에 의존하는 이념, 또는 절대 정신이 전개된 것으로 간주했다. 헤겔에 의하면 물질계는 이 이념의 창조물로 나타난 것이며, 또 이 세계의 발전은 이 이념이 나타나는 단계를 보여주는 것이다. 현실 세계에 있어서 투쟁과 모순의 과정은 각 단계마다 절대 이념을 전개하며, 그리고 각 단계가 모순이 절정에 달하여 그 힘이 약화될 때 그것은 비현실적인 것이 된다. 헤겔에 있어서 비현실적이라는 것은 비이성적인 것이다. 그는 "현실적인 것은 이성적인 것이고, 이성적인 것은 현실적인 것이다"라고 말했다. 헤겔의 제자 가운데 '젊은 헤겔파Young Hegelian'라고 불리는 그룹이 있었다. 그들은 헤겔 철학이 보수적으로 이용되는 데 반대했다. 그러나 어떤 사람들은 현실적인 것은 이성적인 것이라고 한 헤겔의 말을 사용하여, 그 시대의 프로이센 정부의 존재를 옹호하고 정당화시키려 하였다. 즉, 그들 옹호자는 프로이센 정부가 현실적이기 때문에 합리적이며, 따라서 그 시대에 있을 수 있는 최선의 정부 형태라고 주장하였다.

그러나 엥겔스가 포이엘바하에 관한 그의 저서에서 표현한 것처럼 이것은 헤겔적 의미에 대한 왜곡이었다. 왜냐 하면 헤겔적 의미에서 어떤 사물에 현실성을 부여하는 것은 그 사물이 현실적으로 존재하고 있기 때문이 아니라, 그것에 대한 필요성 때문이다.

만약 그것이 노후됨에 따라 불필요하게 되면, 그것 역시 비현실적인 것이 된다. 마르크스는 현실 세계, 즉 사고와 독립하여 존재하고 있는 세계를 이해하기 위해 헤겔의 변증법을 원용하였다. 그러나 마르크스에 의하면, 자신의 변증법 사용법은 헤겔의 사용법과는 정반대였다. 그는 이렇게 말하고 있다.

헤겔에 있어서는 사고 과정헤겔은 실제로 이것을 독립적인 주체로 변형시켜 '이념'이라는 명칭을 붙이고 있다이 현실적인 것을 만들어 낸다. 그리고 그는 현실적인 것은 다만 이념이 외부로 표현된 것으로 본다. 반면에 나의 생각으로는, 이념은 인간의 머릿속에서 변형되고 번역된 물질적인 것에 불과하다. …… 헤겔의 저서에서 변증법은 전도되어 표현되고 있다. 만약 우리들이 신비화의 포장지에 싸여진 합리적인 핵심을 보고 싶다면, 그것을 뒤집어 다시 한 번 곧게 세우지 않으면 안 된다.

마르크스는 현실에 관한 그의 변증법적인 견해를 충분하게 서술하지 않았다. 물론 그 자신의 표현에 의하면, 그는 자신의 주요 저서 속에서 헤겔의 용법을 '마음대로 조종'하였다. 그러나 사실은 그에게 협력해 준 엥겔스와 훗날의 마르크스주의자가 마르크스주의적 변증법을 완성시켰다고 봐야 타당할 것이다. 결국 여기에서 서술되는 요점은 대부분 거기에 기초하고 있다. 변증법적 유물론은 현실의 변화하는 본성을 강조한다. 엥겔스는 이렇게 말한다.

　가장 작은 것에서 가장 큰 것에 이르기까지, 한 알의 모래에서 태양에 이르기까지 모든 자연은 끊임없이 생성하고 소멸하는 상태, 끊임없는 유동 상태, 쉬지 않는 운동과 변화의 상태에 있다.

　더 나아가 그는 만물의 상호 관계를 강조하고 있으며, 그 자체로서만 독립적으로 이해되는 것은 아무것도 없다고 말한다. 그것은 다른 것과의 관계를 통해 이해되어야 한다. 어떤 관계자들은 당연히 다른 관계들보다 중요하며, 어떤 특수한 연구 분야에 무관한 것으로부터 관련이 있는 것을 구별해 내는 것이 과학의 임무이다. 또한 사물을 운동과 변화의 관점에서, 그리고 또 다른 것과의 관계에서 보는 것이 변증법적 사고의 첫째 원칙이다. 특수 과학들은 각각 그 연구 분야에 속하는 특별한 종류의 변화에만 관심을 갖는다.

　그러나 변증법적 유물론은 과학 연구의 특수한 분야에 나타나는 변화의 일반적인 성격에 관한 연구라고 말할 수 있다. 현실의 변화라는 성격 중에는 보편적인 변화의 법칙으로서의 변증법적 유물론에 관계되는 세 가지 주요한 경향이 식별된다. 그런데 이 법칙들을 서술함에 있어서 마르크스와 마르크스주의자는 헤겔의 용어를 택해 썼다. 그러나 그들은 헤겔의 이상한 용어에 잘못 영향을 받지는 않았다. 왜냐 하면 그의 법칙들은 대부분 과학 연구와 일상 생활에서 관찰된 특별한 유형의 변화를 일반화시킨 것이기 때문이다.

　그 법칙에서 헤겔풍의 외관을 벗겨내면 이 세계에서 일어나는 변화의 유형과 그 방향 및 결과에 대한 합리적인 요약이 명확한 모습을 나타낸다. 그런데 이 법칙은 첫째 양에서 질로의 전화轉化의 법칙,

둘째 대립물의 통일 법칙, 셋째 부정의 부정 법칙이다. 설명의 편의를 위해 긴밀하게 상호 의존적인 이 법칙들을 개별적으로 고찰해 보겠다. 양에서부터 질로의 전화 법칙은 우주 안에서 일어나는 무수한 변화에 관한 것이다. 이 법칙은 양적 변화와 질적 변화라는 두 종류의 변화로 요약된다.

예를 들면, 한 무더기의 모래에 다른 모래를 더 하면 양적인 변화가 일어난다. 이 모래는 아직 모래라는 고유한 성질을 지니고 있지만, 양은 더 증가된 것이다. 이에 대해서는 더 이상 설명할 필요가 없을 것이다. 그러나 이전과는 다른 새로운 성질이 나타나는 변화가 있다. 그런데 이 변화를 기술하기 위해서는 새로운 용어가 요구되고, 이 때 변화된 물체는 수량적인 용어 이상의 다른 어떤 것이 필요하다. 그런데 후자의 질적 변화와 전자의 양적 변화 사이에는 흔히 중대한 관계가 발견된다.

질적 변화는 양적 변화에 잇따라 나타나는 것처럼 보인다. 즉, 양적 변화 자체는 질적 변화로 변화된다. 양적 변화가 연속적으로 축적될 때, 그 연속성은 깨지고 하나 또는 여러 가지 새로운 성질이 나타난다. 흔히 인용되는 것으로서, 양에서 질로의 변화 과정을 놀랄 만큼 훌륭히 설명해 주는 예로써는 물이 어는 경우이다. 물의 온도가 양적으로 변화하면 물은 얼음이 된다. 흔히 물은 점점 굳어 가면서 단단한 얼음이 되는 것이 아니라, 임계 온도에 도달했을 때 갑작스런 변화가 일어나는 것이다.

성장에 있어서 정상적인 과정은 양적인 변화에 잇따라 일어나는 질적인 변화를 포함한다. 떡갈나무는 작은 도토리나무로부터 자라나지만, 그것이 다 자라났을 때는 단순히 커다란 도토리나무가 아니다. 그것은 생장하기 위해서 새로운 성질을 갖는다. 이와 같은 똑같은 원리가 인간에게도 적용된다. 인간의 생명은 양적·질적으로 성장하는 두 개의 세포가 결합함으로써 시작된다. 그런데 그보다 앞서는 양적 변화로부터 생성된 성질에 관한 중요한 사실은 그 성질들이 선행하는 양적 변화로 환원될 수 없고, 또 그것에 의거하여 설명될 수 없다는 것이다. 즉, 양적 변화에 대한 고찰로서는 전혀 예측할 수 없는 어떤 것이 포함되어 있다. 이것은 모든 과학적 탐구의 영역에서 관찰되는 사실이다.

양-질 법칙의 의미를 파악하는 것은 그리 어렵지 않다. 그것은 현실의 모든 영역에서 식별될 수 있는 두 종류의 변화 사이의 관계에 관한 일반적인 사실이다. 이것은 모든 양적인 변화가 반드시 어떤 특정 기간 내에 질적인 변화를 일으킨다는 것을 의미하는 것이 아니다. 질적인 변화는 어떤 경우에는 무한정한 기간이 경과한 후에야 일어날 수도 있다. 예컨대 태양계의 태양계에의 발전에서 발생했던 변화가 그렇다. 또한 모든 양적인 변화가 반드시 질적인 변화를 일으킨다고 확신을 가지고 말할 수도 없다. 그리고 일반론의 기반으로서 양-질의 변화 사이에서 잘 나타나는 관계에 대해, 양적인 변화가 반드시 질적인 변화를 야기시킨다고 확신할 수도 없다.

우리들은 단지 일반론의 기초로서 양-질의 변화 사이에서 잘 나타나는 관계에 대해 양적인 변화가 질적인 변화를 일으킬 수 있으며, 후자는 전자로 환원될 수 없다는 것을 지적할 수 있을 뿐이다. 이 법칙은 종종 우발적인 변화의 이론으로 알려지고 있다. 그러나 오늘날 이러한 변화가 일어난다는 것을 부정하는 과학자는 거의 없을 것이다. 물론 선행하는 양적 변화에 의거하여 새로운 성질을 설명하려는 시도가 없었던 것은 아니다. 그러나 이 시도는 대개 실패하였다. 예를 들면 심리학에서는 심리적인 과정이 그 기반이 되는 생리학적 과정에 의거하여 적절히 설명될 수 있을 것이라고 생각되기도 했다.

미국의 지도적인 행동주의자 헐Clark C. Hull과 톨맨E. C. Tolman은 '신경계에 관한 해부학적·생리학적인 상세한 설명과 전체적인 행동에 관한 합리적이고 올바른 이론을 구성하는 데 필요한 것 사이의 간격은 메워질 수 없다'는 점을 인정하였다. 톨맨은 "행동은 그 자체의 기술적·규정적인 성질을 가지고 있는 하나의 우발적인 현상이다"라고 말하여, 그러한 간격이 엄연히 존재하고 있음을 강조했다. 그러므로 양-질의 법칙은 마르크스주의의 범주를 훨씬 벗어나서도 건전한 일반론으로서 널리 받아들여지고 있으며, 따라서 여러 영역의 과학 연구 분야에서 확인된 충분히 존중될 수 있는 평범한 일반론이라고 말해도 좋을 것이다. 그러나 이것과 관계 있는 법칙인 대립물 통일의 법칙은 다른 토대에 입각하고 있다. 왜냐 하면 그것은 양-질 변화의 역학을 모순과 투쟁이라든가, 변화하는 과정 내의 대립물의 상호 침투라는 헤겔적 용어에 입각하여 설명하려는 것이기 때문이다. 헤겔은 그것을 관찰될 수 있는 모든 것이 서로 대립하는 요인, 즉 플러스 과정과 마이너스 과정의 불안정한 통일이라고 말하고 있다.

한편, 이러한 요인들 중 어떤 것은 현재 형태로 대상을 보존하려하고, 다른 요인은 그것을 어떤 다른 새로운 것으로 변화시키려고 한다. 서로 대립하는 이러한 힘으로부터 양적인 수준에서 시작되어 질적인 수준에 도달하는 내부 운동이 일어난다.

이 법칙은 근본적으로 사물의 존재부터 새로운 존재 양식으로 옮겨 가는 과정으로 보는 방식과 결부되어 있다. 대립물 통일의 법칙은 양-질의 법칙처럼 확실히 상식적인 면을 가지고 있으며, 많은 과학적인 실례를 통해서 그것을 증명할 수 있다. 그 한 예로써 물리학적 세계가 전자의 극히 미세한 결합에 이르기까지 구조적으로 서로 대립되는 힘의 유동적 평형을 보여주고 있다는 사실을 들 수 있다. 육체의 생명 과정은 서로 반대되는 과정, 즉 동화 및 이화 과정에 기초하고 있다. 가장 단순한 육체 운동에도 굴근屈筋과 신근伸筋의 대립물이 관계된다.

변증법적 유물론이 특별한 관심을 끄는 것은 모순이라고 불리는 대립자가 발전적 변화에서 담당하는 역할을 강조하고 있기 때문이다. 그것은 대립물의 통일을 대립인자의 병존 이상의 것으로, 즉 운동과 변화를 가져오는 대립으로 보고 있다. 그것은 내부 모순의 결과로 일어나는 과정의 내부 운동에 관해 말하고 있다. 그것은 지구상에 생명을 출현시켰던 진화 과정을 증명해 주고 있다. 즉, 본래 태양계는 불타는 기체 덩어리였지만, 태양계 일부의 냉각 및 농축이라는 두 대립 과정이 생명체를 발생시키는 조건이 되었다. 그러나 대립물 통일의 법칙이 가장 잘 나타나는 것은 사회 발전에 있어서이다. 앞서 서술했던 것과 같이, 마르크스주의자는 역사를 생산력과 생산 관계의 모순으로부터 일어나는 하나의 점진적인 운동으로 간주하였다. 엥겔스는 이렇게 쓰고 있다.

모든 문화 민족은 토지의 공유에서 출발하였다. 그러나 일정한 원시적 단계를 거치면서 농업이 발달하게 되자, 이 공유는 생산을 방해하는 장애 요소로 변했다. 그리하여 공유 제도는 부정되고 폐지되어 얼마간의 중간 단계를 거친 뒤, 사유 제도가 형성되었다. 그러나 토지 사유에 의해 초래된, 농업의 보다 고도의 발전 단계에서는 역으로 자유가 생산을 방해하는 요인이 되었다. 이것은 오늘날 토지의 소유가 많고 적음과 상관 없이 나타나는 현상이다.

결국 필연적으로 "그것을 부정해야 할 것인가, 아니면 그것을 또 한 번 고유로 전환시켜야 할 것인가?"라는 문제가 제기된다. 그러나 이 요구는 원래 가졌던 이전의 소유권의 회복을 의미하는 것이 아니며, 공동 소유라는 훨씬 고도로 발달된 형태의 새로운 창출을 의미한다. 그것은 생산의 장애 요인이 되기는커녕 오히려 모든 속박에서 벗어나 현대 과학의 발견과 기계의 발명을 비로소 충분히 이용할 수 있게 해 준다.[2]

바꿔 말해서 원초적인 공유 상태는 사유에 의해 부정된다. 즉, 공유는 그 대립물인 사유로 전화한다. 그러나 이번에는 사유가 생산을 방해하는 요인이 되어 거꾸로 그 대립물인 공유로 전화한다. 즉, 원래 상태로 변하기는 하지만 더욱 높은 수준으로 변한다. 사유, 즉 부정은 다시 부정된다. 이 과정은 변증법의 제3법칙, 즉 부정의 부정 법칙의 실례이다. 그리고 이것은 단순히 이전의 상태를 취소하는 것이 아니라, 투쟁을 통해 발전의 보다 높은 단계를 실현하는 것, 즉 새로운 종합을 달성하는 것을 의미한다.

그리고 이 새로운 종합 속에서 새로운 모순이 나타나고 다시 발전이 일어난다. 물리학의 발전에서 예증된 이 과정이 잘 묘사되어 있는

---

2) 《Anti-Dühring》, pp.156~157

것은 1950년에 영J. Z. Young 교수가 행한 라이드Reith 기념 강연에서 이다. 그는 이렇게 말하고 있다.

동물의 종種은 각각의 발육하는 시기, 죽는 시기, 그리고 그에 연결되는 새로운 개체의 교체 시기가 교대로 나타남으로써 환경과의 균형을 유지하고 있다. 말하자면 이것은 생물계가 무생물계와 상호 교환을 함으로써 생명을 유지하는 수단이다.[3]

그러므로 이것이 변증법적인 발전 법칙이다. 만약 우리들이 헤겔의 용어를 사용하지 않고 변증법적인 관점을 고쳐 말한다면, 그것은 대체로 다음과 같은 것이 된다. 우리들의 외부에는 하나의 세계가 있고, 그것은 변화한다. 이 변화는 자연스럽게 계속되는 것도 있고, 돌발적인 것도 있다. 새로운 질이 양의 변화로부터 생성된다. 사회와 생명체는 내부의 긴장으로써 발전되며, 이 내부적 긴장은 새로운 어떤 균열 형태에 도달하게 되면 자연적으로 해소된다.

이것은 과학 연구의 전모는 아니지만, 많은 분야에서 인정을 받는 법칙이다. 그것을 잘 사용하면 과학 연구의 좋은 자료가 된다. 그리하여 연구자는 자기의 연구 분야가 다른 연구 분야와 완전히 별개의 것이라고 생각하지 않는다. 그는 변화하고 있는 과정을 고찰하면서 모순되는 요인을 찾아야 하며, 새로운 질의 출현에 대비해야 한다는 것을 생각해 낸다. 마르크스주의의 존재론적인 체계는 과학사상의 기질에 잘 적응되고 있다. 이제부터는 정신분석과 어떻게 이 변증법적인 사고에 적응하는가를 고찰해 보자.

----

3) 《과학에의 의혹과 확실성Doubt & Certainty in Science》J.Z. Yong, p.161

우선 정신분석은 정신 생활을 충동과 억압의 상호 작용으로서 갈등을 동적인 중심 요인으로 보는 사고 방식을 제창하고 있다. 그러므로 정신 생활은 대립하는 힘, 즉 의식과 무의식의 통일로 나타나며, 이 양자의 상호 작용으로부터 인간의 각양 각색의 풍부한 사고와 감정이 생겨난다. 이드·자아·초자아 및 외부 세계의 괸계에 대한 프로이트의 견해는 변증법적인 함축을 풍부하게 가지고 있다. 예를 들면 이드의 충동은 외부 현실과의 갈등의 결과, 그 대립물인 자아로 변한다. 이드는 비합리적·비논리적인 데 반해, 자아는 합리적·논리적이다.

이드는 쾌감 원리에 의거하여 만족을 구하는 데 반해, 자아는 현실 원리를 가지고 있다. 즉, 자아는 진정한 질적인 발견을 나타내고 있다. 더 나아가 이드는 두 개의 대립하는 본능군 — 삶의 본능과 죽음의 본능 — 이 결합된 것으로 간주된다. 그런데 이 결합은 모든 본능적 활동의 일부를 형성한다. 프로이트는 죽음의 본능이 무생물 생태의 회복을 추구하는 반면, 삶의 본능은 유기체를 만들고 보존하려 한다고 말했다. 생명은 창조 및 파괴 과정 사이의 투쟁을 포함하는 일련의 과정으로 드러나 있는 것이다. 엥겔스의 표현은 이러하다.

모든 유기체는 매순간마다 같으면서 동시에 같지 않다. 매순간마다 외부로부터 공급된 물질을 동화시키면서 동시에 다른 물질을 배설한다. 모든 순간마다 신체의 어떤 세포는 죽어가고 있으며, 어떤 세포는 새로 생긴다.[4]

---

4) 《Anti-Dühring》, p.29

세포의 탄생과 죽음이라는 이와 같은 순수한 생리학적인 설명은 삶의 본능과 죽음의 본능이라는 복합적인 관념을 발전시키는 기반이라고 해석할 수 있다. 변증법적인 함축을 현저하게 내포하고 있는 프로이트의 중요한 다른 개념은 억압이다. 이것은 이드의 요구와 현실 사이의 갈등이 마음 속에 나타나는 한 과정이다. 프로이트의 구조로는 무의식 충동을 사회적으로 보다 잘 용인될 수 있는 의식적인 행동 양식으로 변화시키도록 강요하는 것은 바로 억압이다. 프로이트는 갈등을 일으키는 힘들 사이의 양–질의 관계를 다음과 같이 쓰고 있다.

내가 병인론病因論이라는 사슬의 여러 고리에 하나의 새로운 요인, 즉 어떤 에너지의 크기인 양이라는 요인을 삽입시켰다는 사실을 주목해 왔을 것이다. 우리들은 언제나 이 요인을 고려해야만 한다. 왜냐 하면 병인론적 조건을 순전히 질적인 차원에서만 분석하는 것만으로는 충분치 못하기 때문이다……. 우리들은 서로 대립되는 두 가지 세력 사이의 갈등은 에너지의 충당이 어느 정도의 강도에 도달해야만 비로소 폭발한다는 점을 인지해야 한다. …… 이 양적인 요인은 신경증의 저항력이라는 측면에서 볼 때 대단히 중요하다. 이 저항력은 사람이 수용할 수 있을 정도의 방출되지 않은 리비도의 양에 의해 좌우되며, 또한 어느 정도의 리비도를 비성적인 목표로 돌릴 수 있는가에 의해 좌우된다.[5]

만약 우리들이 프로이트의 꿈 이론을 고찰해 보면, 프로이트 이론의 변증법적인 성격이 훨씬 더 잘 설명될 것이다. 프로이트에 의하면

---

5) 《정신분석학개론》, p.313

꿈 속에서는 억압된 욕망은 각성시에 거부되었던 표현 수단을 나타낸다. 이런 의미에서 꿈 생활은 낮의 생활의 대립물, 즉 헤겔이 말하는 소위 '타자'이다. 각성시에는 사고는 일반적이며, 관념은 구체적인 것의 추상화를 통해 형성된다. 구체적인 것은 추상의 과정을 거쳐 지각되는데, 반면에 꿈에서는 추상적인 관념이 구체적으로 형성화되어 나타난다.

일반적인 성질을 추상하여 경험을 다루는 방법은 실제로 동적인 것을 정적인 형태로 만드는 경향을 가지고 있다. 또 꿈의 생활은 그 내용을 고도로 극화시킨 행위의 형태로 표현한다. 각성시의 생활에서는 사물은 서로 분리되고 각기 다른 것으로 나타난다. 그러나 꿈의 생활은 사물간의 상호 관계를 더욱 밀접하게 ― 대개 기이한 방식으로 나타나는 경우가 많지만 ― 반영하고 있는 것처럼 느껴진다. 왜냐 하면 꿈은 하나의 사물을 상징하기 위하여, 각성시의 생활에서라면 그것과 아무런 관련이 없을 듯한 다른 사물을 채택해서 나타내기 때문이다. 그것은 완전히 모순적인 요소들을 하나로 통합시킬 수가 있다. 프로이트는 다음과 같이 묘사하고 있다.

우리들의 발견 가운데서 가장 놀랄 만한 것은 잠재적인 꿈 속에서 정반대가 되는 사물이 취급되는 방법이다. …… 그리고 '반대되는 것들'도 똑같은 현재적인 요소에 의한 표현을 선호하는 것을 특징으로 하는 '유사한 것들'과 동일한 방법으로 다루어진다. 반대적인 것을 허용하는 현재의 꿈 속의 어떤 요소는 단순히 그 자체이든가, 그와 정반대되는가, 아니면 양쪽을 다 상징할 수 있다는 것이다.[6]

---

6) Ibid., p.150

기이한 것이지만 꿈 속에서는 각성시에 비해 동적인 현실의 본성과 더욱 밀접하게 접촉하고 있는 것처럼 보인다. 왜냐 하면 의식은 외부 세계에서의 과정을 엄격하고 분명한 것으로 표현하려는 경향을 보여 주고 있기 때문이다. 이 점에 대해서는 엥겔스의 '자연 속에서 발견되는 구별의 상상된 엄격성 및 절대성은 우리의 오성에 의해서만 자연에 도입된 것'이라는 기술에 의해서도 인식되고 있다. 실제로 여기에서 변증법론자에게 하나의 난제가 제기된다. 왜냐 하면 현실의 의식에 반영되는 사고 과정은 현실의 변증법적인 성격을 고도의 비변증법적인 언어로 표현함으로써 그것을 왜곡시켜 버린다고 주장하고 있기 때문이다.

이러한 난제에 대해 프로이트 학파는 '자아는 이드의 요구에 직면하게 될 때, 이드에 대해 현실의 가혹함을 가장하는 경향을 갖고 있다'고 대답할 것이다. 자아에게는 부친의 모습이 초자아의 형태, 즉 가혹하고 비타협적인 모습으로 부각되는 경향이 있는 것과 마찬가지로, 현실도 '상상된 엄격성과 절대성'으로 생각되는 경향이 있으며, 그러한 이유로 이드의 충동에 대한 억압은 강해진다. 실제로 우리들은 이와 같은 프로이트 학파의 설명을 수긍할 수 있으며, 현실에 관한 진화론적·변증법적 견해를 인간이 자연 환경과의 관계에서 이루었던 정복에 연결시킬 수 있다. 자연이 이제 더 이상 장악될 수 없는 것으로 보이지는 않는 것과 같이 자아에 대한 앞서의 묘사도 이제는 훨씬 덜 엄격해지고 있다.

이제부터는 마르크스주의자와 프로이트 학파의 시각을 통해 본 외부 세계에 관한 우리 지식의 타당성 문제를 살펴보자. 철학적인 용어로 말하자면 존재론적 고찰로부터 인식론적 고찰로 옮겨 보자는 것이다. 만약 마르크스주의자와 프로이트 학파의 견해를 올바르게 고찰해 보고자 한다면, 외부 세계에 관한 지식을 둘러싼 철학상의 논쟁에 대한 지식이 개략적으로나마 기초되어 있어야 한다. 플라톤 이래의 철학자들은 일반적으로 감각 기관에 의해 주어지는 세계에 관한 정보에 의혹을 품어 왔다. 플라톤은 우리들의 감각 기관에 의해 제시되는 세계를 두 가지의 주요한 이유를 들어 이의를 제기했다. 그 첫째로, 우리들은 감상적 세계에 관한 명확한 지식의 습득이 불가능한데, 그것은 그 세계가 인지할 수 있는 특정 성질을 갖고 있지 않기 때문이라는 것이다. 우리들이 갖고 있는 것은 모두 관찰자의 관점에 따라 달라지는, 대립되는 신념이나 주장일 뿐이다. 예를 들면 꽁꽁 언 손을 따뜻한 물 속에 넣는다면, 그 물이 차갑게 느껴질 것이다. 그렇다면 그 물이 뜨거우면서도 동시에 차갑다는 것인가? 또한 파리에 비교한다면, 그것은 토끼보다 작다고 할 수 있을 것이다. 그런 경우에 파리는 큰 것인가, 아니면 작은 것인가.

이러한 점에 대해 플라톤은 하나의 사물이 모순된 여러 가지 성질을 동시에 가질 수 없다고 주장한다. 만약 그것이 크다면, 그것은 분명히 작은 것이 아니다. 그러므로 이러한 모순된 성질들은 그 객체 자체에 속한 것이라고 할 수는 없다. 오히려 대상은 관찰자의 관점에 따라 다양한 성질을 가진 것으로 나타나며, 그러한 성질들 사이에서 존재하고 있다.

이 점은 감성계의 모든 대상에 있어서 명백한 진리라고 주장한다. 그것들의 성질은 관찰자에 따라 상대적이며, 그 객체가 소유하고 있는 특정한 성질이라기보다는 오히려 관찰자의 의견이나 신념에서 나온 표현에 불과한 것이다.

그러나 만약 하나의 물질이 특정한 성질을 가지고 있지 않다면, 그것은 실제로 존재한다고 말할 수 없다. 왜냐 하면 그의 주장에 의하면, 실재적인 것은 또한 인식될 수 있어야 하기 때문이다. 그러므로 우리들의 주위에서 보이는 감성적인 대상 세계는 완전한 현실성을 가질 수 없다. 그것은 기껏해야 일종의 반현실성을 가지는 것에 불과하다. 더 나아가 플라톤은 감성계에서는, 확실한 인식의 대상이 될 수 있는 부동의 것은 아무것도 없다고 말한다. 왜냐 하면 잠시라도 그대로 있는 것은 없기 때문이다.

감성계는 생성되고 소멸하는 끊임없이 변화하는 세계이다. 만약 어떤 대상을 연구하고 있는 사이에 다른 어떤 것으로 변해 버리면, 어떻게 그것에 관한 고정 불변한 지식을 얻을 수 있을 것인가? 다시 말해서 플라톤은 실재를 영원히 변화하는 진리와 결부시켰다. 그에게 있어서 참된 세계는 그 자체의 권리로서 인간의 오성과 독립적으로 일상적인 감각의 세계를 초월하여 존재하는 영원한 이데아를 오늘날 우리들이 사용하고 있는 것과 동일한 의미로서가 아니라, 일상 세계의 대상이 그것으로부터 불완전하게 묘사되는 유형, 혹은 형식들이라는 의미로 사용되었다. 감각 기관에 지각된 현실을 부정하는 플라톤의 입장은 그 후의 철학에서도 계속되었다. 화이트헤드Whitehead는 플라톤 이래의 서구 철학을 그의 저서에 대한 일련의 주석에 불과한 것이라고 말함으로써 의미 심장한 시사를 해 주었다.

마르크스주의자가 더욱 극렬하게 비판을 가했던 현실에 대한 이러한 부정의 형식은 로크·버클리·흄의 이론에서 유래된 것이었다. 특히 흄의 저서는 현대 철학에 커다란 영향을 주고 있다. 실제로 그는 현대 철학자들로부터 '우리들의 가장 오래 된 동시대인'[7]이라고 지칭되고 있다. 여기에서 그들의 사고를 개괄하는 것은 마르크스주의와 그들이 어떤 관계에 있는가 하는 것을 이해하는 것뿐 아니라, 프로이트 이론의 관점에서 그들의 철학이 어떻게 해석되고 있는가를 아는 데도 유익할 것으로 여겨진다.

로크는 오성이 이전의 경험에 기초하지 않는 지식, 즉 선험적인 지식을 갖고 있다는 견해에 도전하였다. 그의 철학은 경험론이라고 일컬어지고 있는데, 그것은 그가 데카르트·스피노자·라이프니츠와 같은 합리론적 철학자들과는 달리 지식을 얻는 데 있어서 경험의 역할을 강조했기 때문이다. 그리고 데카르트·스피노자·라이프니츠는 합리론자라고 일컬어지고 있는데, 그것은 오늘날 사용되고 있는 의미와는 다른 것으로서, 그들은 선험적인 인식이 있다면 이성은 추론만으로도 진리에 도달할 수 있다고 믿었기 때문이다. 로크의 사상은 '최초의 감각들이 없는 이해란 있을 수 없다'라는 말로 요약될 수 있다. 즉, 경험이 먼저 이루어지고 나서 지식과 이해가 있다는 것이다.

로크는 객체가 갖고 있는 성질을 두 종류로 나누어 생각했다. 그것은 객체 자체가 갖는 성질과, 관찰자의 마음 속의 관념으로서만 존재하고 있는 성질, 즉 그 첫째는 기본적 성질제1성질, 둘째는 부차적 성질제2성질이라고 불렀다. 로크의 견해에서 볼 때, 제1성질은 공간 내의 대상의 넓이와 관계 있는 크기·위치·무게·형태 등의 성질이다. 로크는 그것들은 객체에 본래부터 구비되어 있다고 생각했다. 왜냐 하면 어떠한 상황에서도 객체는 그러한 성질들을 보여주기 때

---

7) 《세 번째 대화 계획Third Program, Talk》S. 햄프셔, pp.5, 13, 62

문이다. 그러나 객체는 항상 형태와 위치와 크기를 갖추고는 있지만, 그 색과 온도와 냄새는 상황에 따라 변한다.

따라서 어두울 때는 객체는 색을 잃는다. 또 냄새와 맛은 관찰자의 주관적인 조건에 좌우될 것이다. 예컨대 만약 어떤 사람이 심한 감기에 걸려 있을 경우, 그는 맛이나 냄새를 제대로 못 느낄 것이다. 그래서 후자의 성질은 객체 자체에 속한 것은 아니라고 주장한 것이다. 그것들은 관찰자의 마음 속에 관념으로서만 존재하는 것이다.

그것이 바로 제2성질이다. 그것은 객체가 감각 기관에 미친 결과에 의해 생겨나 관찰자가 객체에 존재한다고 생각하는 것이다. 특히 로크는 본래부터 제1성질을 갖추고 있다고 여겨지는 '실제'의 존재를 확인했다. 그는 우리들이 이러한 실체를 경험하지 못한다는 것을 인정하기는 하였으나, 그러한 실체를 가정해야만 한 객체의 갖가지 성질이 상호 결합될 수 있다고 생각했다. 실체는 객체에게 하나의 토대를 마련해 준다.

이와 같은 것이 로크의 견해였다. 버클리는 이러한 로크의 견해에 대립하였다. 그는 제2성질이 우리들의 마음 속에 관념으로서만 존재한다는 점에서는 로크의 견해에 찬성했지만, 그것은 제1성질에 관해서도 똑같이 적용된다는 점에서는 이의를 제기했다. 우리들은 맛·색·냄새를 인식하는 것과 같은 방법, 즉 감관 지각을 통하여 객체의 형태와 위치를 인식하기 때문에, 제1성질과 제2성질에 대한 구별은 무의미하다는 것이다. 결국 제1성질과 제2성질은 감관 지각이다. 이들 감관 지각의 배후에는 그것들이 본래적으로 갖고 있는 실체가 존재한다고 주장하는 것은 감각 기관의 직접성을 뛰어넘는 것이다.

그것은 로크 자신의 '최초의 감각 없는 이해는 있을 수 없다'라고 한 경험론의 원칙을 침범하는 것이다. 우리들은 실체의 감관 경험을 가질 수 없기 때문에 그 존재를 주장할 권리도 갖지 못한다. 그러므로 버클리에게 있어서는 모든 외부 현실은 우리들의 마음 속에 관념으로서만 존재한다. 버클리는 이렇게 말했다.

"존재하는 것은 지각된다……. 천상의 모든 천사와 지상의 실체들은 그들의 존재를 지각하고 인식하는 정신이 없다면 존재할 수 없다."

그렇다면 우리에 의해 객체가 지각되지 않았을 때에는 어떠한 일이 일어날 것인가? 그런 경우, 객체는 더 이상 존재하지 않는 것인가?

버클리는 모든 객체들은 신의 정신에 인지된다고 대답했다. 그러므로 우리가 그것들을 지각하지 않을 때일지라도 '신의 지각'으로 인해 여전히 존재한다. 그러나 버클리는 바로 그러한 대답 때문에 일관성이 없다는 비난을 받았다. 그 비난은 스코틀랜드의 철학자 흄에 의해 제기되었다. 흄은 현실이 감관 지각에서 유래되는 것이라고 주장한 버클리의 견해를 인정했다. 그러나 그는 신에 관한 직접적인 감관 경험을 갖지 못한다고 지적했다. 그런데 버클리에 의하면, 우리들은 감관 지각에 직접적으로 주어지지 않는 것을 믿을 만한 근거를 전혀 갖고 있지 않기 때문에 신의 존재에 호소할 수도 없다는 것이다.

그러므로 버클리가 로크에 반대하기 위하여 사용했던 논거, 즉 "우리들은 '실제'라는 직접적인 감관 경험을 갖지 못한다"고 했던 논거가 이번에는 자기 자신의 논리를 공박하는 것으로 쓰였다. 버클리는 로크가 말한 실체 대신에 신을 가정했다. 결국 두 사람의 견해는 우리들의 감관 지각에 주어지는 지식을 초월하고 있으며, 따라서 그들의 견해는 모두 타당성이 없는 것이라고 할 수 있다. 흄은 신의 지각에 관한 비판을 고수했다. 그의 논리적 정신은 일상의 인간적인 지각과, 지각하는 자아에 관한 개념으로 향했다. 다시 그는 직접 경험에 호소했다.

직접 경험 속에는 자아의 관념을 정당화하는 것은 아무것도 없다고 주장했다. 그는,

"내가 나 자신이라고 부르는 것으로 가장 가깝게 침잠할 때, 나는 한랭寒冷·명암·애증·고락苦樂 등의 특수한 지각들과 접하게 된다. 나는 지각 없이는 잠시도 나 자신을 붙들 수 없다……. 인간이라는 것은 상상할 수조차 없는 속도로 다음에서 다음으로 영속적으로 유동하고 있는 갖가지 지각의 덩어리나 다발에 지나지 않는다."

마르크스주의자는 흄의 이러한 비판에서 중요한 논리적 결론 — 관념론자도 피할 수 없었던 어떤 일관성 있는 결론 — 이 도출된다고 지적했다. 왜냐 하면 만약 외부 현실이 우리들의 마음 속에 관념이나 지각으로서만 존재하고 있다면, 또 만약 우리들이 직접 알 수 없는 관념만이 우리들 자신의 관념이라면, 외부 현실은 우리들의 관념일 뿐이라는 결론을 내리든지, 아니면 차라리 '나'의 관념이라고 말해야만 하기 때문이다.

여기에서 '나'라고 하는 것은 어떤 상상적인 대명사에 불과한 말인데, 그것이 의미하는 것은, 관념론자는 엄밀히 말해서 자기 자신의 존재조차도 주장할 논리적인 권리를 갖지 못하기 때문이라는 것이다. 자기 자신에 관한 그의 지식은 어쩌면 감관 인상에 기초되어 있으며, 그 자신의 이론에서 보면 그것은 감관 인상들을 초월하는 현실을 나타내고 있는 것이라고 생각할 수 없다. 만약 그가 자기는 감관

인상을 초월하는 현실에 대한 지식을 갖고 있다고 주장한다면, 관념론자의 주요한 강령, 즉 우리들은 감관 지각에서 주어지는 지식을 초월하는 지식을 가질 수 없다는 강령을 포기해 버리는 것이다.

다시 말해서 관념론자는 유아론唯我論의 입장, 즉 오로지 자기 자신만이 존재하며 나머지 세계는 자기 마음의 관념들이라고 하는 주장에 흡수되지 않을 수 없을 뿐 아니라, 자기 자신의 존재를 주장하는 것조차 용납되지 않는다.

그들의 주장에 의하면, 사람은 자기 자신이 존재하고 있다는 것을 알 수 없다. 그러나 유아론적 입장을 정식화하기 위해서는 감관 지각이 일어나는 자기 자신의 존재를 인정하지 않으면 안 된다. 그렇게 함으로써 그들이 관념론은 자기 모순에 빠지게 된다. 그리하여 칸트의 철학은 어떤 의미에서는 관념론의 유아론적 난관을 극복하기 위한 시도라고 볼 수 있다. 즉, 그는 인간의 사고의 외부에 존재하기는 하지만 그 실제의 성질을 알 수 없는 하나의 세계를 가정함으로써 그러한 난제를 풀어보려 했다. 칸트는 우리들의 감관 지각에 나타나는 세계와 그 자체로서 존재하는 세계를 구별하였다.

그는 감관 지각의 세계를 '현상계the phenomenal world'라고 하였으며, 우리들의 감관 지각을 초월하여 존재하는 세계, 또는 자체로서의 세계를 '본체계the noumenal world'라고 불렀다. 그리고 그는 이들 두 개의 세계 사이에는 해소시킬 수 없는 간격이 있다고 주장 했는데, 그 이유는 우리의 정신은 우리가 지각하는 모든 것에 정해진 일반적인 성질을 강요하게 되기 때문이다. 따라서 우리는 객체를 시간과 공간 속에서 지각하고 원인과 결과로써 연관시킨다. 이것은 객체가 실제로 시간과 공간 속에 존재하고 원인과 결과로써 관련되어 있기 때문이 아니라, 모든 지각된 것에 대해 언제나 그와 같은 성질을 부여하려는 것이 정신의 속성이기 때문이다. 이러한 칸트의 견해는, 정신은 선험적인 지식을 갖고 있어서 이것이 감각 경험을 통해 획득된 지식과 결부된다고 하는 가설에 입각하고 있다. 선험적인 인식이 존재하고 있다고 하는 그의 논거를 요약해 보면 다음과 같다.

어린아이는 거리나 광경에 대한 정확한 지식을 갖고 있지 않지만, 어떤 것이 자기 앞에 있고 어떤 것이 뒤에 있으며, 어떤 것이 옆에 있다는 것은 구별할 수 있다. 어린아이는 자기를 즐겁게 하는 것들에 대해서는 손을 내밀어 잡으려 하지만, 그 반대의 것에 대해서는 외면해 버린다. 이렇게 전후·좌우·공간에 대한 지식은 이전의 경험을 필요로 하지 않는다. 그렇지 않아도 어린이는 분명히 그것을 알고 있다. 이런 점에서 칸트는 공간의 관념이란 선험적인 관념이라고 주장한 것이다.

그것은 모든 종류의 경험에 앞서서 존재한다. 만약 어린아이가 이 공간 관념에서 시작하지 않는다면, 그의 감관 지각은 무질서하고 혼란스럽게 될 것이다. 그러나 이미 갖고 있는 공간 관념에 의해, 그는 자신의 경험을 질서 있게 결합시킬 수가 있다. 그는 자기의 공간 관념을 사물의 경험과 결부시켜, 그 사물을 공간에 존재하고 있는 것으로서 지각할 수 있다. 시간에 관해서도 마찬가지 논리가 성립된다. 어린아이는 앞뒤 및 현재와 과거 등과 같은 관념을 가지고 있는 것처럼 행동한다. 그리고 그것은 이전의 경험에서 나오는 것이 아니다. 그러므로 그는 공간 질서를 확립하는 것과 똑같은 방식으로, 자기 앞에 일어나는 여러 사건들에 시간적인 질서를 부여한다.

칸트는 수학에서부터 선험적인 인식이 존재한다고 강력히 주장했다. 2 더하기 2는 4라든가, 삼각형의 세 각의 합은 180도라고 하는 정리는 어떤 경우에도 진리이다. 우리들은 경험과는 별도로 존재하는 것들의 진리성에 대한 일종의 확신을 갖게 된다. 왜냐 하면 우리들은 그러한 정리가 진리로서 나타나는 극히 한정된 경우만을 경험하게 되기 때문이다. 그리고 비록 경험이 결정적인 요인이라고 할지라도, 우리들은 이러한 몇몇 경우에만 판단을 내릴 수 있을 뿐이다. 그런데 우리들은 망설이지 않고, 이러한 정리는 모든 경우에 있어서 진리라고 확신하고 그것을 명백한 진리로서 받아들인다.

이것은 그러한 정리가 어떠한 경우에 있어서도 진리라는 것을 직관적으로 알고 있기 때문이라고 칸트는 주장한다. 그 결과, 우리들은 선험적인 지식을 갖게 된다. 그리고 수학이 주로 시간과 공간의 관계에 대해 언급하고 있는 것처럼, 그것은 시간과 공간의 선험적인 성질도 입증해 준다. 칸트 철학은 우리들 앞에 드러나는 세계와 실제로 존재하는 세계 사이의 간격을 강조했는데, 현대 물리학은 어느 정도 이 점을 입증해 주고 있는 것 같다. 현대 물리학은 외부 세계의 객체에 대한 감관 지각이 우리들의 마음 속에서 일어나는 복잡한 과정을 증명하고 있기 때문이다.

예를 들어 광파光波의 형태로서 객체로부터 출발했던 자극은 눈의 말초신경에 와닿아, 거기에서 일련의 복잡한 전기적·화학적 변화를 일으킨다. 이것이 시신경을 따라 뇌에 전달되어 뇌의 시각중추에 교란을 일으킨다. 이 때가 바로 우리들이 사물을 본다고 말하는 상태이다. 그러므로 외부 세계의 객체와 그것에 관한 우리들의 지각을 구성하고 있는 중추신경의 교란 사이에는 몇 단계의 변화 과정이 있다. 따라서 이 복잡한 신경 과정의 최종적 산물은 발단이 되었던 외부 세계의 객체와는 차이가 있다고 할 수 있다. 그러므로 여기에서 말할 수 있는 것은 기껏해야 그것이 객체와 어느 정도의 상징 관계에 있다는 것과, 그리고 상징을 잘 처리하면 상징되었던 객체에게 오히려 영향을 미칠 수도 있다는 것뿐이다. 적어도 현대 물리학에서는 그런 입장을 취하고 있다.

오늘날 커다란 영향력을 발휘하고 있는 이러한 논의에 대해 마르크스주의는 상식적인 리얼리즘의 입장에서 강력하게 반대적 입장을 취한다. 마르크스주의적 태도는 외부 세계가 부분적 또는 전면적으로 정신 과정에 의존하여 존재한다고 하는 견해를 관념론으로 분류하고, 그러한 견해는 어쩔 수 없이 유아론에 빠지고 말 것이라는 점을 보여주는 것이다. 마르크스주의자들은 외부 세계에 관한 우리들의 지식의 정확성을 현실에서 시험해야 하며, 외부 세계에 대한 지배의 정도가 그에 관한 우리의 견해의 정확성을 나타낼 것이라고 보고 있다. 이러한 견해는 프로이트에 의해서도 주창되었다. 그는 이렇게 말하고 있다.

만약 현실에 대한 대응이라는 사실로 인해 우리들의 의견으로부터 구별되는 지식이 없다면, 우리들은 돌다리 대신 판자로 다리를 만들어도 좋을 것이며, 한 환자에게 1밀리그램의 모르핀이 아니라 100밀리그램의 모르핀 주사를 놓아도 좋고, 에테르 대신 최면 가스를 마취약으로 사용해도 좋을 것이다.[8]

관념론적 주장을 면밀히 검토하는 데 있어서 마르크스주의자들은

---

8)《신 정신분석 입문》, p.226

그다지 많은 시간을 낭비하지 않는다. 즉, 그들은 어떤 형태의 관념론을 막론하고 모두 유아론적인 함축성을 갖고 있다고 주장한다. 그리하여 그들은 자신들의 사고에 있어서 가장 동적인 측면과 모순되는 것처럼 보이는 외부 세계에 대한 지식의 관계를 설명하기 위해 관념론 대신 모사설模寫說 또는 반영론反映論을 제시하였다. 레닌과 엥겔스는 거울이 객체를 비추는 것과 같이 우리들의 관념은 외부 세계를 반영하고 있다는 견해를 중시했다. 레닌은 다음과 같이 주장하고 있다.

물질이라는 것은 인간의 감각 속에서 그에게 주어진 객관적인 현실, 즉 우리들의 감각에 의해 묘사되고 비추어지고 반영된다. 그러나 그것은 감각으로부터 독립적으로 존재하고 있는 현실을 표현하기 위해 사용되는 철학적인 한 범주이다.[9]

이것은 지각을 주로 시각 기능으로 간주하는 경향에서 유래되는 견해로 생각된다. 세계 그 자체는 실제로 우리에게 나타나는 모습 그대로를 '지니고' 있는가? 이런 질문에 대해 우리들은 무의식적으로 사진과 찍혀진 대상 및 거울과 비추어진 대상 사이의 관계를 유추하게 된다. 그러나 우리들은 대개 어떤 객체에서 냄새를 맡고 소리를 듣는 것처럼, 그 자체가 실제로 냄새를 맡고 소리를 듣는 것처럼, 그 자체가 실제로 냄새를 풍기고 소리를 내는지는 물을 수 없다. 결국 우리는 시각 이외의 다른 감각에 대해서는 유추할 수 없는 것이다.

우리들의 지각은 세계의 반영이 아니라, 세계에 대한 반응이라고 생각하는 것이 좀더 유익하다고 생각된다. 세계를 보고 있다고 말하는 것은 눈을 통해 세계에 대해 반응하고 있다는 의미이다. 만약 그

---

9) 《유물론과 경험적 비판주의Materialism & Empirio-Criticism》V. I. 레닌, 1927년, pp.101~102

런 관념이 성립된다면, 세계는 우리들이 보고 있는 그대로인가, 아니면 우리들의 관념이 세계를 올바로 반영하고 있는가 하는 의문이 이처럼 곡해된 형태로 제기될 필요가 없다. 세계와 인간의 관계를 반응의 관계로 본다고 해서 외부 세계의 실재성을 부정하는 것은 아니다. 결국 우리들은 세계 속에 존재해 있으며, 세계의 일부를 이루고 있어서 세계로부터 떨어져서는 존재할 수 없다.

인간의 역사는 전 우주 역사의 일부이다. 마르크스주의는 이 점을 일관성 있게 강조하였다. 그러나 우리가 세계의 다른 부분들에 대해 갖는 관계의 성격은 마르크스주의자가 보여주는 것보다 훨씬 복잡하다. 마르크스주의는 관념론을 완강하게 거부하기 위해 인간 사고의 능동적인 본성에 관한 그들 자신의 주장과, 인간을 단지 환경의 억압에 수동적으로 희롱당하기만 하는 존재라고 보는 기계론적 유물론에 대한 비판을 잊어버렸다. 관념론자들은 정신 생활의 능동적인 성격을 이해하고는 있었지만, 그것을 현실 사회에 결합시키기는 불가능했다.

그들은 세계로부터 정신의 능동적 성격을 고립시킴으로써 그것의 시정을 위해 심리학의 발전이 요구되는 하나의 과정이라고 추상화시켜 생각했던 것이다. 이것은 마르크스 자신이 강조했던 점이다. 즉, 그는 "능동적인 면은 유물론과는 반대인 관념론에서 발달하게 되었다. 그러나 그것은 추상적으로 이루어진 것에 지나지 않는다"라고 말했던 것이다. 그런데 마르크스주의자들은 이 말 속에 있는 함축된 의미를 거의 주목하지 못했다. 그 말은 유물론이 발전시켜야 할 방향에 대한 시사였다.

과학적인 방법을 사용하고 있는 유물론은 이 때까지 관념론자의 추상적인 신비화에 맡겨져 왔던 주관적인 생활의 영역을 정복해야만 한다. 따라서 관념론이 사회적 현실로부터 유리된 직관적·사변적인 고찰에 머물고 있는 한, 그 하나의 과제로서 관념론적 방법을 거부하는 것이 요구된다. 그러나 관념론이 사변하고 있는 정신 활동의 존재를 부정하는 것은 그와는 완전히 별개의 문제이다. 심리학, 특히 정신분석에 대한 관심은 인류가 당면하고 있는 문제를 반영해 주는 중대한 지표의 역할을 한다. 마르크스가 말한 바에 의하면, 인간은 해결 가능한 미래의 진보와 관계 있는 문제에 전념하게 된다.

지금까지의 과학은 외부의 자연 세계를 정복하는 데 몰두했기 때문에, 인간의 내적 성질에 관해 제기된 문제들에는 그다지 많은 시간을 할애할 수가 없었다. 그러나 사실은 이러한 문제들이 우선적으로 고찰되어야 한다. 그것들은 철학적인 사변의 범주에서 벗어나 정밀 과학의 대상이 되어야 한다. 러셀은 철학적인 문제들은 과학이 미처 취급할 준비를 하지 못하는 문제들이라고 말했다. 과학은 이제 지각·관념·개념에 단순히 반영된 세계보다 더 많은 일을 하는 정신 과정의 본질을 다룰 준비가 되어 있다.

과학은 인간의 희망·공포·의혹이 인간이 생각하는 현실의 구조에 어떠한 방식으로 적극적인 영향을 주는가를 밝히려 하고 있다. 마르크스주의자는 사회적 현실은 인간과 자연적·지리적 환경 사이에 인간이 개입하는 것을 말하는 것이라고 주장하고 있다. 그러나 이 사회적 현실은 불합리성·관습 및 인간의 미성숙된 감정 상태가 지속되고 있음을 나타내 주는 사고 방식들로 뒤섞여 있다.

이러한 성숙되지 않은 것의 근원과 본질을 이해할 수 있는 첫걸음은 바로 정신분석이다. 과학적인 사고의 범주를 벗어나고자 하는 모든 철학과 세계관은 프로이트 이론의 공헌을 무시해서는 안 되며, 또한 그 이론을 소화해 내지 못하면 아무것도 이룩할 수 없다. 이것은 특히 마르크스주의에도 해당된다. 왜냐 하면 그것은 우주와 인간의 관계가 가장 기본적인 형태라고 생각하는 세계관을 확립하기 위한, 가장 진지한 형태의 현대적인 시도이기 때문이다.

5

이론의 적용

　나는 지금까지 정신분석과 마르크스주의가 인간에 관한 연구 방법을 서로 보완하고 풍부하게 해 준다는 것을 제시하고자 했다. 그래서 어느 정도 자세하게 그 두 이론의 연구 방법을 서술할 필요가 있었지만, 나의 설명에서 나타난 전반적인 형태를 방해하지 않기 위해서 관련 있는 많은 문제들을 제쳐두었다. 그래서 마지막으로 이번 장에서는 그런 문제들을 중심적으로 살펴보고자 한다.

　그전에 먼저 프로이트와 마르크스주의의 접근 방식이 전문적 연구를 대신해 주지 않는다는 점을 강조해 두고 싶다. 그들의 이론은 우리들의 문제에 대한 답을 제시해 주지는 않는다. 그들의 이론은 문제를 고찰하고 연구 방향을 결정하는 데 필요한 전망과 방향 및 일반적인 틀을 제시해 주는 일이다. 따라서 만약 우리들이 이 연구 방법으로 현대의 주요 분쟁들을 연구한다면, 이 분쟁의 원인이 되는 객관적인 정치적·사회적 요소뿐 아니라, 그것을 강화시키거나 약화시켜 합리적인 토론을 하는 데 장해가 되는 개인적·주관적인 요인을 찾을 수 있게 될 것이다. 예를 들어 동서양 긴장의 직접적인 원인은 서로 다른 사회 체제 속에서 구체적으로 서로 다르게 나타나는 경제적·정치적·국가적 목표 때문이라는 점은 분명하다.

그러나 그 원인들은 시기·오해·불안 등에 의해 격렬해진다. 따라서 인간의 생명이 지구상에서 보존되어야 한다면, 합리적으로 설명할 수 없는 이러한 원인을 이해할 필요가 있다. 심리학 방면에서 지도적인 연구자들의 국제 회의가 정기적으로 개최되고 이해를 방해하는 비합리적인 요인이 연구된다면, 세계의 평화를 위협하는 문제를 토의하는 정치가의 임무도 얼마간 덜어질 수 있을 것이다.

마르크스주의와 정신분석은 서로 방식은 다르지만 인간 생활 속의 불합리한 것을 연구한다는 점에서 일치한다. 마르크스주의는 과학이 가져다준 기술상의 발견을 이용하는 데 있어서, 그것을 방해하는 사회 질서의 불합리성을 연구한다. 반면에 정신분석은, 인간이 자신의 행복을 위하여 과학을 이용할 수 있는 합리적이고 성숙한 존재로서의 발달을 저해하는 인간 심성 가운데 비합리적인 힘을 연구한다. 세계의 불합리한 상황 때문에 그 불합리성 — 주관적이건 또는 객관적이건 — 을 과학적으로 연구하는 것이 필요하게 되었다. 이 점이 프로이트 학파와 마르크스주의자의 연구의 필요성이 정당화되는 이유이다.

현대 세계의 상황을 볼 때, 이러한 비합리성의 원인을 철저하게 연구할 필요가 있다는 점에 대해서는 의견이 일치하지만, 거기에는 '이러한 연구를 함에 있어서 정신분석과 마르크스주의는 실제로 과학적으로 타당한 형식이라고 볼 수 있는가?'라는 의문이 제기된다. 자주 말해지는 것이지만, 과학 이론은 예언력을 갖고 있지 않으면 안 된다. 그것은 사건의 대세를 예견하여 합리적이고 정확한 예상을 할 수 있지 않으면 안 된다.

이 비판의 중요성은 마르크스주의에 관해서는 대단히 중요한 것이다. 마르크스주의의 신봉자는 마르크스주의를 역사적·경제적·철학적 체계로 짜여진 하나의 세계관으로서의 과학 이론으로 받아들인다. 이 세계관은 그들에게 사회적 현실에 대한 하나의 지침으로 간주되고 있다. 그러나 마르크스주의의 비판자는 마르크스가 사회의 성장에 관해 예언한 것은 잘못된 것이라고 지적하고 있다. 즉, 자본주의의 발전과 함께 대중의 빈곤도 증대한다는 예언은 일어나지 않았다는 것이다. 따라서 마르크스주의는 논파되었다고 주장한다.

이러한 종류의 비판이 부적합한 것이라는 점은 과학 이론이 무엇을 목표로 하고 있는가를 생각한다면 보다 분명해질 것이다. 과학 연구의 차원은 설명과 예언이라는 두 가지이다. 설명의 차원에서 과학은 겉으로 보기에는 별다른 의미가 없어 보이는 많은 요인을 문제삼아, 그러한 요인의 의미를 규명하고 그것을 의미 있는 형식에 결부시켜서 하나의 법칙을 제시한다. 그리고 예언의 차원에서는 과학은 이러한 의미 있는 형식의 입장에서 장차 어떠한 일이 일어날 것인가 하는 것을 우리들에게 가르쳐 준다. 이것은 어떤 의미에서는 아직 관찰되지 않은 요인들까지 포함시켜 그 이론을 확대시킨다.

마르크스주의에 대한 비판이 잘못된 것도 바로 이 점에 있으므로, 이것은 매우 중요한 사실이다. 예언과 예언이 근거하고 있는 이론 사이의 관계는 논리적으로 필연적인 것은 아니다. 과학 이론이 할 수 있는 최대한의 일은 가능한 발전을 시사하는 데 있는데, 그것은 실제로 일어날 수도 있고 그렇지 않을 수도 있다. 그렇다고 해서 그 이론을 확정시키거나 무효화시킬 수는 없다. 어떤 과학 이론은 놀라운 예언적 가치를 가지고 있다. 물리학의 경우는 특히 그러하다. 반면에 인간학적인 성격을 지닌 과학 이론은 예언적 가치가 낮을 수도 있다. 후자의 경우에는 더 많은 변수들이 있기 때문에 고도로 정확한 예언은 불가능하다. 인간과학의 분야에서 예언적 가치가 낮은 것은 과학 이론으로서 예외라기보다는 오히려 보편적인 것이다.

인간과학에 대하여 과학적인 것이 요청되는 것은 예언적 가치보다 설명적 가치에 관해서이다. 그 설명적 가치는 사후적 시각의 영역, 즉 현재의 상태를 과거와 의미 있게 결부시키는 능력에서 더욱 중요하다고 말해질지도 모른다. 이것은 사건이 발생한 후의 현명한 형태라고 조소받을 수도 있다. 그러나 이것은 정말로 현명한 조소일까? 이것은 결국 미래를 예견할 수 있도록 경험을 통해 배우고, 사건을 통해 교훈을 갖게 된다는 의미이다. 오늘날 인간과학의 연구를 통해 끌어낸 예언은 불확실하며, 지극히 일반적인 형식으로 서술될 수밖에 없다.

예를 들면 마르크스가 자본주의의 발전에 따라 대중의 빈곤이 증대한다고 예상했을 때, 그는 매우 특수한 사실을 지적한 데 불과하다. 그런데도 사람들은 그러한 일이 실제로 일어나지 않았기 때문에 그의 주장은 논파되었다고 주장한다. 그러나 그 대신 만약 그가 자본주의의 불안정성의 증대와 불안감의 증대 및 불합리성을 예견했다면, 그것은 잘못된 것일까? 그의 예언은 사소한 점에서는 몇 가지 잘못을 범했다는 것이 밝혀지기도 했지만, 원칙적으로는 실현되었다고 하는 유력한 증거를 제시할 수 있다.[1]

----
1) 자동화의 발명으로 인해서 자연에 대한 인간의 지배와 자연으로부터의 인간의 독립은 마르크스가 예견하지 못할 정도로 확대되었다. 그러나 이러한 지배는 이윤을 위한 생산에 적합한 경제적인 범주에 한정되었다. 따라서 여가 활용의 시간이 증대되었다는 축복은 자동화가 초래한 실업失業이라는 위험 때문에 대부분의 사람들에게는 실현 불가능한 이야기였다.

마르크스주의에 대한 비판과 마찬가지로, 프로이트 이론에 대한 비판도 일반적으로 과학의 기능에 관한 좁은 사고 방식과 과학 이론의 역할에 관한 혼란에 기초하고 있다. 어떤 의미에서 보면 이론이라는 용어는 과학에서도 추리 소설에서 사용되는 의미와 유사한 의미로 사용된다. 탐정이 하나의 이론에서 근거를 삼으려는 증거의 사슬 중에는 빠진 고리가 있다. 그러나 계속해서 취조해 감에 따라, 이론은 사실이 되고 빠뜨린 증거의 단편이 발견된다. 예컨대 이와 같은 방식으로, 혈액 순환이나 나일 강의 수원水源에 관한 예언도 그에 적절한 사실이 발견될 때까지는 하나의 이론에 불과했던 것이다.

이러한 의미에서 이론은 아직 발견되지 않은 사실과 관계가 있다. 이것은 미국의 행동주의자 스키너B. F. Skinner 교수에 의해 주창되었다. 다시 말하면 과학은 자연 현상을 기술하고 분류하려는 노력이라고 간주될 수도 있다. 그러나 다른 의미로 과학은 통합의 역할을 한다. 과학은 일반적으로 볼 때 산발적으로 흩어져 있는 사실들을 결부시켜 그것들의 상호 관계를 경제적으로도, 또 의미 있는 것으로도 표현할 수 있는 가설을 제시하는 것이다. 또한 이러한 가설은 보다 큰 연구 범위를 시사하든가, 또는 장차 닥칠 상황을 예견하는 데 유

그럼에도 불구하고 노동조합의 압력으로 그 여가의 일부는 사회 전체로 확산되었다. 이 과정에는 노동 절약 장치가 커다란 공헌을 했다. 오늘날과 같은 사회적 틀 안에서는 이러한 여가의 증가는 해결 불능한 심각한 심리적 문제를 야기시켰다. 그리고 확실히 개인의 활동·가정 손질·정원 가꾸기 등의 시간이 증가되었다. 이것은 바람직한 현상이다.

그러나 여전히 많은 사람들에게 해당되는, 종종 감정적 불안정을 건드리는 경제적 불안정은 가족 관계에서 파생되며, 많은 사람들로 하여금 그들의 불안정에서 불러 일으켜진 환상을 추구하게 만든다. 그러한 의식의 실례는 승마나 축구에 대한 투기 같은 것에서 볼 수 있다. 더욱이 성과 폭력이 위주인 오락은 그들의 욕구 불만의 배출구로 되고 있다.

마르크스가 강조한 사회의 개조는 단지 경제적인 장해를 제거하는 데서 그치지 않는다. 문화 생활이 증가된 여가에 의해 주어진 기회와 조화를 이루기 위해서는, 우리들은 여가의 이용에서 나타나는 심리적 욕구에 대해 좀더 자세하게 알아야만 할 것이다.

용한 것일 수 있다.

그러나 사건에 관한 인간의 예견은 제약을 받을 수밖에 없다. 그렇다고 해서 양적·통계적으로 나타낼 수 있는 인간 활동의 측면에 반드시 관심을 가져야 한다고 말할 수는 없다. 이것은 프로이트의 순수함과 과학의 결핍을 비난했던 비판가들이 제시한 견해인 것 같다. 과학적인 태도란 끈기 있고 주의 깊게 사물을 관찰하고, 개인적인 편견을 떠나 이론을 구성하여, 그 이론을 시험해 본 후에 그 이론이 새로운 사실에 적합치 않으면 과감히 버릴 수 있는 행동 양식을 말한다.

만약 어떤 과학자가 측정과 양적인 표현이 가능한 주제를 다루고 있다면, 그는 측정을 할 수 있을 것이다. 그러나 그 주제가 측정되지 않는다고 해서 그 주제를 포기하지는 않을 것이다. 그는 얼핏 보기에는 아무런 관계가 없는 듯한 사실 사이의 관계를 될 수 있는 대로 경제적으로 표현하여, 폭넓게 설명할 수 있는 공식을 세우는 것으로 만족해할 것이다. 이것이 프로이트가 추구하고자 했던 것이다. 프로이트의 업적을 충분히 인정하고 있는 현대 비평가들은 이렇게 묘사하고 있다.

프로이트 학파의 혁명은 다음과 같은 점에 입각해 있다. 첫째로 신경증·성도착 및 '정상인'으로부터의 이탈이 일종의 미성숙을 의미하는 점을 확정한 데 있으며, 둘째로 이 분야에 인과율과 결정론의 개념을 도입한 것이다. 외부적 적대감과 내부적 비난, 그리고 비판으로부터 자신을 보호하는 자아 방어 기제에 대한 기술은 날카로운 경험적 관찰에 기초하고 있다. 이것이 인간에 관한 지식에 프로이트가 이룩한 영원한 공헌이다.[2]

----

2) 《행동의 과학The Science of Behaviour》John Mcleish, 1963년, p.157

여기에서 반反프로이트적인 연구 방법의 한계와 설명 개념의 중요성을 분명하게 보여주는 예를 들어 보자. 아이젠크 교수는 《불안과 신경증의 역학》[3]에서 그가 비역사적인 연구 방법이라고 부르고 있는 것에 대해 논하고 있다. 그가 거기에서 나타내고자 했던 바는 다음과 같은 것으로 여겨진다.

프로이트 학파라면 이면에 숨어 있는 원인과 인자를 찾아내는 데 초점을 맞추었을 증상에 직면했을 때, 우리들은 그러한 요인들에 대한 탐구는 필요 없는 것이라고 생각한다. 그 증상은 어쨌든 획득되어진 좋지 않은 습관에 지나지 않으며, 그러한 것은 배우지 말아야 한다. '증상은 학습된 S-R$^{자극-반응}$ 결합이다. 즉, 증상이 일단 사라지고 탈조건화되면 치료는 완성된다. 이러한 치료는 주로 현재 요인에 기초하고 있다.' 그는 이에 대한 유력한 증거를, 그리고 조건을 조작함으로써 치료할 수 있는 야뇨증에서 끌어내고 있다.

어린아이에게 있어서 야뇨증은 일반적으로 불안과 자신감의 상실에 의해 나타나는 것이다. 내가 아동 상담소에서 직접 경험한 바로는, 야뇨증이라는 조건이 제거되면 불안이 감소되고 자신감도 증가하는 경우가 많은 것은 확실하다. 야뇨증의 치료에는 어떤 형태의 경보기가 사용된다. 이것은 일반적으로 두 장의 철사망으로 되어 있는데, 하나는 침대의 이불 사이에, 또 하나는 다른 이불에 얹어 놓는다. 망에는 전기가 연결되어 있다.

어린아이가 배뇨를 하면, 오줌은 그 망에 배어들어 두 개의 철망 사이에 전기적 연결이 이루어진다. 이 때문에 경보기가 울리고 어린

---

3) 《불안과 신경증의 역학The Dynamics of Anxiety & Hysteria》Routledge & Kegan Paul, 1957년, p.268

아이는 눈을 뜬다. 그리고 침대에서 일어나 경보기를 멈추게 한 후 화장실에 가서 충분히 배뇨하려고 생각한다. 그리하여 머지않아 어린아이는 방광이 차면 경보기를 건드리지 않고도 벨이 울리기 전에 일어나게 된다. 최초에는 경보기로부터 일어났던 자각 반응은 이제 방광이 차게 됨으로써 일어나는 것, 즉 하나의 조건이 붙여진다. 그리고 많은 경우에 이것은 어린아이에게 심리적으로 유익한 영향을 미친다.

그러나 이 영향이 모든 조건 반응의 장치에 적용되는가는 명확하지 않다. 왜냐 하면 이 치료에는 정신과 의사들까지 포함한 성인들의 관심과 주의가 따르기 때문이다. 그들은 치료를 하는 중에는 계속 나무라지 않고 동정적인 태도를 취한다. 이것은 오히려 이상한 방식으로 나의 이해를 도왔다. 그 기구를 샀던 동료들 중에는 충분한 설명을 듣지 않았던지, 또는 잊어버렸는지는 모르겠으나, 그 사용법을 모르고 있는 사람들이 많았다. 그래서 경보기는 어떤 경우에도 멈추지 않고 계속 울렸다. 그럼에도 불구하고 어린아이의 야뇨증은 치료되었다.

또 최면과 단순한 암시로도 이러한 증세를 치료한 경우가 있다. 그러므로 정신과 의사 중에는 어린아이에게 기록 카드를 주어, 거기에 배뇨하지 않은 날을 기록해 두라고 하는 방법을 써서 효과를 거둔 이도 있다. 이러한 경우를 종합해 볼 때, 정신과 의사·심리학자·사회사업가들의 격려와 동정적인 관심이 어린아이의 자아를 지지하고 강화했기 때문에, 어린아이는 더욱 효과적으로 그 문제를 해결할 수 있었다고 생각된다. 조건화 이론에 입각한 설명은 너무 한정된 것이다. 일어나고 있는 사태의 의미를 이해하는 데에는 프로이트 이론에 대한 좀더 포괄적인 연구가 요구된다.

그러나 왜 프로이트의 역사적 접근 방법이 필요하며, 현재의 증상 이외의 요인을 고려하지 않는 비역사적인 접근 방법이 왜 해로운가 하는 점에 대한 또 다른 이유를 들 수 있다. 왜냐 하면 그런 견해는 현재 불행의 원인인 심리적·사회적인 조건에 대한 관심을 왜곡시키기 때문이다. 버트와 스토트의 논문[4]에서 보면, 가족 내의 미묘한 인간 관계나 사랑과 미움이 어린 시절의 적응 장애를 조장하는만큼, 사회적 입장에서는 빈민가나 가정 몰락도 그것을 조장하는 중요한 요인이 된다. 현재 나타나는 증상만을 문제삼는 것은 도움을 필요로 하는 특별한 어린아이에게도 참기 어려울 뿐 아니라, 일반적인 적응 장애를 미연에 방지할 수 있는 조건에 대한 연구도 방해한다. 결국 예방이 치료보다 낫다는 것은 영원한 진리이다.

이상의 내용을 요약해 보자. 프로이트와 마르크스에 대한 비판자들은 과학의 역할에 관하여 편협한 견해를 가지는 경향이 있다. 프로이트와 마르크스는 연구의 폭을 한층 더 풍부하게 하는 포괄적·통합적 이론을 제공한 역사상의 천재에 속한다. 과학은 외부의 자연과 자기 자신을 이해하려고 하는 인간의 노력을 보여준다. 그의 지식은 어떤 분야에서는 그에게 통제력을 부여할지도 모른다. 그러나 그가 알고자 하는 바는 지배라는 목적 때문만은 아니다. 이것은 프로이트와 마르크스의 업적을 비판하는 사람들의 편협한 경험주의적 오류이다.

---

4) 《범죄와 인간성Delinqueney & Human Nature》D. H. 스토트, 1950년.
　《어린 범죄자The Young Delinquent》C. 버트, 1944년 참조.

우리들은 지식이 지배를 야기시키든가, 또는 그렇지 않든가에 상관없이 알기를 원한다. 왜냐 하면 안다는 것은 인간의 중요한 욕구를 만족시켜 주기 때문이다. 나는 이 장의 서두에서 프로이트 학파와 마르크스주의자의 이론은 현대 생활의 문제에 대한 상세한 답을 제공한다기보다는 오히려 그것을 통찰할 수 있는 폭넓은 관점을 부여해준다는 점을 강조했다. 이제부터는 그의 밀접하게 관련된 사회적·정치적인 몇 가지 주요한 점을 고찰해 봄으로써 그러한 접근 방법을 실증하고자 한다.

먼저 정치계부터 살펴보자. 정치는 행정부 및 공동체의 경제적·사회적인 생활을 조정하는 기술이다. 그것은 권력의 행사를 요구하며, 최소한의 마찰로 사회 생활이 조화롭게 이루어질 수 있도록 인간의 사회 관계를 조정하는 법과 관습이라는 제도를 요구한다. 마르크스주의가 정치 이론면에 기여한 공헌은, 계급 사회에서는 정치가 지배 계급의 권력을 영속시키려는 수단으로 쓰이는 경향이 있다는 것을 강조했다는 점에 있다. 따라서 마르크스주의에 따르면, 계급 간의 조화는 교육과 선전 매체를 통해 지배 계급의 이익이 전 사회적인 이익인 것처럼 보여주는 과정과, 그들의 지배에 대한 저항이 한계선에 다다랐을 때 그것에 대해 억압하는 과정이라는 두 과정이 복합적으로 이루어진다.

마르크스주의자의 정치 개념 가운데 흥미로운 것은 국가라는 개념인데, 그것은 정부 또는 의회의 입법 기관보다 훨씬 광범한 것이다. 국가라고 하는 것은 사회 생활을 지도하고 지배 계급의 의지를 직·간접적으로 사회의 나머지에 부과하는 모든 수단, 즉 사법제도·군대·학교·경찰·신문 등을 의미한다. 이러한 국가관은 너무나 편협하면서도 동시에 너무나 포괄적이라는 비난을 받는다. 편협하다는 것은 정부의 정책과 분파적인 이해를 동일시하고 있기 때문이며, 포괄적이라는 것은 지배력 속에 신문과 사법제도와 같은 비교적 독립된 기관을 포함하고 있기 때문이다.

이러한 비판은 의회 민주주의가 발전하면, 패기 있는 강력한 정당이 다수의 의석을 차지함으로써 사회를 비교적 순조롭게 변화시킬 수 있다는 비전이 보일 때, 비로소 그 타당성을 인정받을 수 있을 것 같다. 오늘날 이러한 비판은 국가적인 사건의 과정을 지배하고 결정하는 권력이 전적으로 정부의 손에만 달려 있는 것이 아니라는 사실이 점점 명확해져 감에 따라 그 가치를 상실해 버렸다. 마르크스주의적 국가관은 기성 체계라는 개념 — 아직은 애매 모호한 개념이지만, 점차 명확한 모습을 갖춰 가고 있는 개념 — 속에 재현된다.

그것은 진보적인 정부가 급격한 사회 변혁을 시도했을 때, 의회의 반대 이상의 어떤 것에 부딪친다는 것에 대한 인식이 점점 더 증대된다는 것을 제시해 준다. 마르크스주의적 견해는 적어도 정치적 현실의 복잡성에 대한 안목을 갖고 있었다. 이것은 단순히 정당의 소수나 다수의 관계로 귀착시킬 수 없다. 어떤 의미에서 마르크스주의자의 국가론은, 국가에 대한 복종은 물리적인 강제력의 사용에 의거한다기보다 심리적으로 관습·전통·지배 계급을 받아들이는 것에 의존하는 경우가 많다고 주장하고 있다.

다시 말해서 국가는 대중에게 복종적인 태도를 길러 국가의 권위를 받아들이도록 설득하는 데 의존하고 있다. 오로지 억압과 강제에 의지하는 국가는 오래 존속할 수 없다. 국가의 힘은 대중들의 자발적인 지지 여하에 따라 좌우된다. 그리고 이것은 사람들의 마음 속에 영향력을 행사할 수 있는 힘을 국가에 부여하는 심리적인 요인이 무엇인가 하는 중대한 문제를 시사해 준다. 이 문제에 대해 정치의 심리학적인 측면을 도외시하는 정치 이론가는 공리주의적, 또는 합리적 동기에 의거해서 대답한다.

예를 들면 라스키Laski 교수는, 사람들이 국가에 복종하는 것은 합리적으로 생각해서 결국 복종하지 않는 것보다 복종하는 것이 이롭기 때문이라고 말했다. 그들은 인생에서 추구하고 있는 만족의 여하에 따라서 국가의 명령을 준수한다. 그리고 종종 그러한 만족을 주지 않는다는 이유를 들어 그것을 거부한다.[5] 그러나 불행하게도 국가에 대한 복종은 이처럼 합리적인 형태를 취하지 않는다.

어떤 의미에서 사람들은 분명 복종함으로써 얻어지는 만족 때문에 복종하지만, 그것도 합리적으로 계산될 수 있는 것은 아니다. 실제로 사람들은 합리적으로 계산해 볼 때 어떤 종류의 만족도 이룰 수 없다는 것을 알고 있기 때문에 오히려 망설이지 않고 국가에 복종하는 경우가 많다. 사람들은 빈곤, 주거의 악조건, 식품의 부족 등에 대해서도 아무런 내색 없이 잘 참아낸다. 그들의 복종에 대한 관습은 뿌리 깊은 비합리적인 근원을 가지고 있다. 그들이 구하고 있는 만족은 생활 조건이 우선적인 것은 아니다.

바로 이 점에 대해 프로이트 학파의 이론이 주목하고 있다. 마르크스주의자는 국가의 권력이란 강제뿐 아니라, 전통과 관습 등 여러 가지 눈에 보이지 않는 굴레에 의거하고 있다고 주장하지만, 이 주장은 프로이트적 이론의 심리학적 내용에 의해 보충된다. 왜냐 하면 국가는 그 심리적인 힘의 대부분을 초자아의 역할로부터 끌어내기 때문

---

5) 《이론과 실행에 있어서의 상태The State in Theory & Practice》Allen & Unwin, 1935년, p.17

이다. 국가는 우리들이 어린 시절부터 계속적으로 지녀온 지도와 권위에 대한 욕구에 대해 외부에서 지지한다. 다시 말해서 국가는 어린이의 마음에 반영된 아버지의 권위로부터 심리적인 힘을 얻고 있다. 이것이 사람들이 기본적인 경제적 욕구가 무시될 때조차 국가에게 비합리적인 충성과 복종을 하는 이유이다.

국가가 강력하고 신뢰할 만한 모습을 보이면, 사람들은 의심치 않고 국가에 복종하는 경향을 보인다. 그들은 강력한 아버지의 권위에 반응하는 것과 똑같이 국가에 대해서도 반응할 것이다. 그렇지만 지배 계급이 미약성이 드러나거나, 우유 부단하여 갈등 속에 분열되거나, 패전하여 사람들이 기아에 허덕이게 되면, 국가가 미치는 심리적인 영향력은 극심하게 증대된다. 패전이 혁명의 커다란 자극이 되는 것은 우연이 아니다. 그에 대해 레닌은 혁명의 성공 조건을 연구하면서, 지배 계급에 대한 대중의 믿음이 상실되는 것을 첫째로 꼽았다.

프로이트 학파의 이론은 국가의 지배를 받아들이는 무비판적인 측면을 해명해 주며, 또한 국가에 대한 반란이 지닌 '가라앉힐 수 없는' 극렬함을 설명해 준다. 왜냐 하면 그것은 억압된 적대감과 어린아이들이 종종 부모에 대해서 무의식적인, 또는 그때 그때 짜증과 파괴의 폭발이 되었던 증오가 방출된 것이기 때문이다. 정치 생활은 강한 자신감을 갖고 있는 권력 추구자들에게 막대한 활동 범위를 제공해 주지만, 동시에 많은 위험도 가져다 준다. 그 이유는 동지에게 헌신하고 싶어하는 감정과 사회악을 바로잡고 싶다는 욕망으로 정치계에 들어가고자 하는 사람도, 하나의 권력을 구하는 공격적이고 무자비한 다른 지망자들에게 밀려날 수 있기 때문이다.

이 점이 바로 플라톤이 《국가론》을 저술할 때 부딪쳤던 문제였다.

어떻게 하면 합리적이며 공공 복리에 공헌하고 정치적인 지도력을 발휘할 사람을 얻을 수 있는가? 플라톤은 그러한 성질이 정치적 권모술수에 대한 신중함과 혐오감을 동시에 불러일으킨다는 사실을 알고 있었다. 그런데 그것은 오늘날에도 부합되는 말이다. 정치는 험한 직업으로 간주되고 있다. 우리들은 정치적 음모와 기만에 열중해 있는 사람들에게 우리들의 일을 처리하라고 위임하고 있다.

과학이 우리들이 가진 힘보다 더욱 큰 힘을 발휘하게 되면서, 사람들에 의한 위험성이 증대되었다. 세계의 운명은 소수의 정치 집단에 의한 '국가적 명예'라는 해석을 근거로 하여 위태로운 균형을 유지하고 있다. 다른 사람보다 강력한 인격과 정력과 야심이라는 중대한 지배적 자질을 갖추고 있는 정치가는 동료의 생명과 안전을 좌우하는 결단을 내릴 수 있다. 현대 국가에서는 한 개인이 각료들과 의논도 없이 중대한 결정을 내릴 수 있을 정도로 권력이 소수에게 집중되고 말았다. 이러한 권력의 집중 과정은 G. 바라클로흐Geoffrey Barraclough 교수에 의해 도식적으로 설명되고 있다.

그는 국회의원들이 거수기擧手機가 되었다고 말한다. "그들은 자기 당에 반대 투표를 할 수 없고, 투표를 기권할 수도 없으며, 중대한 문제에 대해 나름대로의 비판을 할 권리도 갖고 있지 않다. 그들은 자기가 당의 노선에 따르지 않으면, 재선될 희망이 없어진다는 것을 알고 있다. 다시 말해서 그들에게 필연적으로 요구되는 것은 소속 당에 대한 충성이다. 투표하는 사람은 후보자를 능력과 인격에 따라 선택해야 한다는 고전적 대의 민주주의 이론을 믿을 수 없게 되었다."[6] 당에 대한 충성은 결국 당내 지도자에 대한 충성을 의미하기 때문

---

6) 《현대 역사 입문》G. Barraclough, 1964년.

에, 우리들은 오늘날 정치 세계에 관한 프로이트 학파의 분석과 놀라울 정도로 일치하는 상황에 놓여 있다.

우리들은 특히 타인의 생활에 권력을 발휘한다는 목표에 매력을 느끼고 있는 사람으로 하여금 정치를 지향하게 하는 동기를 좀더 연구할 필요가 있다. 정치는 모든 사람 또는 대다수의 사람들에게는 적극적으로 참가하는 분야가 아니다. 정당에 가입한 사람, 특히 그 중에서 적극적인 역할을 하는 사람은 대중의 극히 일부분에 불과하다. 대다수의 사람들에게 있어서 정치란 읽는 것, 또는 선거 때나 커다란 문제에 직면했을 때 가끔 열중하는 것이다. 1년 내내 정치적인 것에 관심을 쏟는 사람은 매우 특수한 사람이다.

심리학자에게 중요한 문제는 사람들이 왜 정치 활동에 내몰리게 되는가를 발견하는 것이 아니라, 그들이 왜 보수주의가 아니면 진보주의로 향하는가, 왜 그러한 형태를 취하는가 하는 것을 발견하는 것이다. 나는 보수주의라든가 진보주의라는 말은, 정치적인 의미보다는 오히려 문자상의 의미로 사용한다. 따라서 보수당·노동당·공산당 중에는 다른 사람보다 좀더 신중한 사람이 있는가 하면 좀더 모험적인 사람도 있다. 좌파·중간파·우파라는 유형이 모든 정당 속에서 나타난다. 마르크스주의는 사람이 보수당이나 노동당이나 자유당이나 공산당에 입당하는 이유를 경제적인 이익이라는 관점에서 설명한다. 그리고 넓은 의미에서 말한다면 사람들의 경제적인 지위와 정당의 선택 사이에 있는 상관 관계를 볼 수 있다. 그러나 그가 왜 좌파나 중간파나 우파의 경향을 나타내는가 하는 것은 아직도 알 수 없다.

이 문제에 관한 흥미로운 연구 결과가 있다. 아이젠크 교수는 《정치심리학》이란 저서에서 과격과 보수의 차이를 퍼스낼리티의 구조라는 차원에서 논하고 있다.[7] 그는 설문지를 사용하여 주요 정당을 지지하는 여러 계층의 사람들에게 어떠한 관념이 나타나는가를 연구하였다. 그는 이러한 연구를 토대로 다음과 같은 결과를 얻었다. 즉, 과격한 사람은 좀더 쉬운 이혼법, 좀더 온건한 죄인 취급, 좀더 많은 교육의 자유 등을 지지하는 반면에, 보수적인 사람은 범죄의 예방 수단으로써 채찍 사용, 유색 인종의 열등성, 전쟁의 자연성 등을 믿는 경향이 있는 것으로 나타났다. 이러한 관념은 하나의 정당을 다른 정당과 비교해 보면 보다 뚜렷하게 나타나지만, 모든 정당에서도 약간씩 나타나는 현상이다.

다른 연구자 — M. H. 크루트와 R. 스태그너 — 들은, 정치에서 활동적이고 중요한 역할을 맡고 있는 사람은 그렇지 않은 사람보다 더 불행한 어린 시절을 보냈으며, 부모에게 거부당했다는 느낌을 좀더 많이 가지고 있는 경향을 보인다고 시사했다. 그들은 프로이트 학파가 초자아의 반란이라고 부르고 있는 것을 발전시키는 경향이 있으며, 정치 생활에서 억압된 적대감을 발산시킨다. 이런 상황에서 우리들은 과연 무엇을 할 수 있는가? 나는 안이한 대답으로써 만족할 수는 없다. 내가 알고 있는 것은 단지 핵파괴의 위협이 있는 현대에 우리의 정치 지도자를 선출하는 다른 방법을 찾아야 한다는 사실뿐이다. 결국 오늘날 우리들이 해야 하는 것은 바로 그것이다.

우리들은 대개 우리들 앞에 자기를 현시하는 사람들 중에서 정치 지도자를 선택한다. 우리들은 권력을 사랑하고 있는 사람들에게 권력을 준다. 플라톤은 이런 경향을 위험시했지만, 우리들은 아직까지

---

7) 《정치학의 심리학The Psychology of Politics》Eysenck, 1954년.

이 위험성을 깨닫지 못하고 있다. 우리들의 사회는 종종 가장 부적합한 사람들이 가장 중대한 일을 맡겠다고 자발적으로 나서고, 그러한 사람에게 실제로 그런 일이 맡겨지는 사회이다. 단지 정치적 지도자가 간혹 우리들을 위험한 상황으로 몰고가면, 그것에 자극받아서 우리들 가운데 보다 성숙하고 합리적인 사람들이 정치에 대한 혐오감을 극복하고 공동체 생활에서 좀더 적극적인 역할을 맡을 것이라는 소박한 희망에 기댈 수밖에 없다.[8]

그런데 아직도 문제가 남아 있다. 즉, 왜 정치가는 자기들의 지도권에 대한 요구에 지지를 받을 수 있는가? 그 하나의 이유는 우리들이 흔히 보는 바와 같이, 그들이 다른 동료보다 동기가 많다는 것이다. 즉, 권력을 얻는 것이 그들에게는 보다 더 중요하다. 그러나 그들은 자신들의 동료가 가지는 마음까지 지배할 수는 없을 것이다. 그들이 노력하는 선전도 그 선전이 겨누고 있는 일정한 형태의 무비판적 사고가 없다면 불모지에 파종하는 것과 다름이 없을 것이다. 정치적 주장은 최소한의 비판만을 필요로 하는 사고 형태인 상투적인 문구를 이용한다. 여기서 상투적인 문구라고 한 말은 월터 리프만Walter Lippman이 최초로 사용한 용어인데, 이것은 사람들의 전체 집단에 대한 경직화된 표현법을 일컫는 말로써 그들을 기묘하게 형상화시킨 것이다.

---

8) 이것은 지역 사회에 봉사하려는 의욕을 갖고 일하는 지혜로운 지도자를 가질 수 없다는 뜻이 아니다. 예를 들면 고故 케네디 대통령과 같은 사람은 다른 권력자들에 비해 보다 성숙된 판단력을 보여주었다. 권력에의 지향은 자기 자신을 위한 것과 타인을 위한 선을 실행하기 위한 것이 반드시 양립하기가 불가능한 것은 아니다.
그러나 예컨대 그들은 개인적인 특권이 위태로울 때는 충돌한다. 지도적인 정치가들이 자기의 체면 손상을 무릅쓰고 판단의 실수를 인정하기란 그리 쉬운 일이 아니다. 이러한 것은 많은 사람들의 생명이 위험에 직면해 있을 때도 마찬가지이다.

예를 들면 이탈리아인 전체에 대해, 고상하지 못하다고 하는 함축적인 뜻인 웝wops이라는 상투적 문구를 붙인 것이다. 이와 똑같은 방법으로 유색 인종은 니그로nigger로, 유대인은 샤일록shylock으로 풍자된다. 이런 종류의 사고 방식에 젖어 있는 사람은 강한 편견을 갖고 있다. 그리고 이 편견 속에는 사실상의 근거와는 무관한, 강렬한 감정적인 신념이 깔려 있다. 상투적인 문구의 사용에서 오는 편견을 갖고 있는 사람들은 일반적으로 합리적인 논의에는 무감각하다.

그러한 사람은 그의 심리적 욕구를 만족시켜 준다. 그것은 유아적인 근원을 가진 두려움과 불안에 대한 방어 본능이다. 이것은 인종적 편견의 심리적 근원에 관한 연구에 의해 확인되었다. 경제적인 원인도 어느 정도 연관이 있긴 하지만, 그것은 반유색인·반유대인의 태도로 표출되는 적대감에의 직접적 동기라기보다 오히려 원인의 하나에 지나지 않는 것이다. 캘리포니아에서 행해진 광범위한 연구에 따르면, 소수 집단에 대한 뿌리 깊은 편견을 가지고 있는 사람의 부모는 엄격한 가정 교육과 무조건적인 복종을 요구하는 지배적인 유형의 사람임이 나타났다. 이 연구에서는 태도 척도법이 사용되었다.[9] 즉, 피험자는 여러 가지 질문에 찬성 또는 반대의 정도를 말하도록 지시받는다. 유대인에 대한 반감의 정도를 측정하는 질문의 한 예는 '깨끗한 주거 환경을 유지하기 위해서 유대인은 거주하지 않게 하는 것이 가장 좋다'라는 것이 있다. 강한 편견을 가진 피험자를 좀 더 깊이 연구해 보면, 부모에 대해 억압된 적대감이 크고, 이 적대감을 손쉬운 대상에서 투사하는 경향이 있는 것을 알 수 있다. 오늘날

---

9) 《권위주의적인 인격The Authoritarian Personality》T. W. 아도노, E. F. 브런스윅, D. J. 레빈슨, R. N. 샌포드, 1950년.

소신 없는 정치가에게 있어서 손쉬운 적이란 물론 유색 인종이다.

유아적인 형태의 사고에 호소하는 것과, 정당에 가입시키기 위하여 두려움과 불안을 이용하는 것은 조작의 형태를 띠는 의도적 계획이 되었다. 인간 심리의 심층에 관해서 어느 정도 프로이트의 영향을 받은 선전 기관과 홍보 조직은 정당원들을 매수하는 데 그 지식을 악용하고 있다. 이 신기술은 사람들의 공포·희망·불안 등을 간파해 내어 그것을 상품 판매에 이용하면서부터 발달되었는데, 이제는 정당과 정당원들로부터 지지를 획득하는 데 이용하게 되었다. 이것도 미국에서 발달된 동기의 연구 기술로서, 그 주요한 지도자는 E. 디히터Emest Dichter 박사이다.

사람들의 나약함·불안·불확실·무의식적 소망 등을 알아내기 위해서, 또 이러한 요인들을 이용한 판매 전략을 세우기 위해서 심리학자들이 동원되었다. 교묘하게 만들어진 면접 기술에 의하여 훈련된 연구자, 특히 심리학자는 정상적인 의식의 외부에 있는 심리 과정을 연구할 수 있게 되었다. 개인은 자신의 개인적인 의구심과 불안을 조사자에게 털어놓게 된다. 그리고 조사자는 이러한 의구심과 불안을 이용하여, 시장에서 제품을 판매하기 위한 방법을 이끌어낼 수 있다. 디히터 박사는 그의 저서 《욕망의 전략》[10] 속에서, 소비자에게 접근할 때 프로이트 학파의 견해를 교묘히 사용하는 방법을 설명하고 있다. 그는 이렇게 말하고 있다.

어느 해, 자동차의 신형 중에 엔진 뚜껑을 평평하게 만든 것이 나왔다. 그런데 이 특이한 모델은 완전히 실패로 끝나 버렸다. 그 실

---

10) 《욕망의 전략The Strategy of Desire》E. Dichter, 1961년.

패의 원인은 오랫동안 순전히 기술적인 이유인 것으로만 생각되어졌다. 그러나 실제의 이유는 그 자동차의 제조자가 인간 심리의 내부에 움직이고 있는 비합리적인 요인 중의 하나를 고려하지 않았기 때문이다. 대부분 차의 형태는 관통하는 도구라는 상징적인 의미와 관계를 맺고 있다.

그것은 속력과 힘을 상징한다. 그것은 특히 심리학적인 의미에서 볼 때 페니스를 상징한다는 커다란 의미를 갖고 있다. 따라서 평평한 뚜껑을 가진 차가 시장에 나왔을 때, 어떤 의미에서 그것은 차의 형태가 가지는 이러한 상징적인 의미를 어그러뜨린 것이다. 그래서 사람들은 자기도 모르는 사이에 본능적으로 그것을 거부했던 것이다. 다시 말해서 그러한 모습의 차이는 정력과 관통력이라는 의미가 배제되어 있는 것이다.

디히터 박사는 결론으로서 "타인을 설득하는 일을 맡아 하는 사람은 인간성에 내포된 이러한 특수성을 깨닫는 것이 매우 중요하다. 만약 그가 이 사실을 깨닫지 못한다면 반드시 커다란 실패에 직면하게 될 것이다"라고 말하고 있다. 인간의 희망과 두려움을 이용하는 것은 프로이트의 통찰과 발견을 사용한 하나의 기술이지만, 이 기술은 정치 분야에도 도입되었다. 투표하는 대중은 상품의 판도를 넓히기 위한 전망 있는 시장처럼 취급된다.

어떤 신문에서 논술되어 있는 바와 같이, 정당의 선택은 경쟁 중인 회사들의 청량 음료를 선택하고 있는 것처럼 표현되고 있다. 최우선으로 중시되는 것은 정당의 정책이 아니라, 정당 지도자가 사람들의 감정에 호소하는 힘이다. 텔레비전 시청의 습관이 보편화됨으로써 이런 과정이 더욱 조장되었다. 지도적 위치에 있는 정치가는 텔레비전에 잘 받도록 얼굴을 다듬는다. 그들의 정책은 판매 작전의 기교처럼 교묘하게 전개된다.[11] 가능한 한 매력적으로 정책을 제시하거나 지도자가 텔레비전에 잘 비치기 위해 얼굴을 손질하는 것도 좋은 방법이라고 말할 수 있을지도 모른다. 이것은 커뮤니케이션의 한 형식이며, 한 정당을 심층의 감정적인 욕구와 결합시키는 하나의 형식이다.

어떤 정책이 올바르고 대중으로부터 지적·감정적으로 지지를 받는 것이라면, 그것은 전혀 해로운 것이 아니다. 물론 선전을 위한 수단을 지도자의 선택이나 정치 목표의 선택에 앞서 고려하는 유혹이 언제나 도사리고 있다는 점은 위험하다. 그러므로 만약 B씨가 A씨보다 텔레비전을 통해 보다 널리 알려져 있다면 지도자를 선출할 때에는 B씨 쪽이 유리할 것이고, 따라서 어떤 정책의 특수한 면이 알려져서 좋지 않은 것이라면 그것도 삭제되든가 비판적이며 기본적인 정치 문제에 대한 안목을 키워 주는 것이다. 그리고 이것은 교육 문제와도 관련되어 있다.

교육의 목적은 두 가지 측면이 있다. 그 첫째는 청소년들에게 폭넓은 지식과 어떤 문제에 대한 다양한 정보 제공이라는 점이다. 이러한 지식과 정보는 실용적인 의미에서 유익한 것이거나, 아니면 미래 생활을 위한 문화적 환경을 제공한다는 의미에서 유익한 것이어야 한

---

11) 1963년 1월 20일자 《옵서버Observer》지誌의 논설은 이러한 지도의 새로운 문제에 대해 유례없는 날카로운 통찰을 하고 있다. 가이트스켈Gaitskell 씨의 서거로 맞게 된 노동당 지도자 선거에 관해 다음과 같이 논평하고 있다. "당수대행 경쟁에서 윌슨 씨가 패배한 것은, 그 자체로는 그가 당수 선거에서도 패배하리라는 전조를 의미하는 것은 아니다. 노동당은 국가적인 명성과 함께, TV 공개 토론에서 현 수상과 그리몬드Grimond 씨와 맞설 수 있는 능력을 겸비한 경험 있고 대중의 인기를 끌 수 있는 인물을 찾고 있다. 그런데 지난해 가을 브라운 씨가 승리한 사실은, 의회 관계자에게는 그가 이런 사실을 모두 겸비했다는 것을 의미하는 것으로 받아들여지지 않는다. 이러한 조건은 당수로서는 본질적인 것이지만, 당수대행으로서는 본질적인 것은 아니다."

다는 것이 요구되고 있다. 둘째는 교육은 어린아이가 비판적·구조적으로 생각하는 능력을 가질 수 있도록 자극하기도 하고, 다른 사람들과 협동하는 방법 및 책임을 완수하는 방법 — 한 마디로 말해서 성숙하고 교양 있는 성인의 수준으로 행동하는 것 — 을 가르치는 것이다.

내가 여기에서 문제시하는 것은 교육의 둘째 의미에 관한 것이다. 교육의 첫째 의미도 이것과 전혀 상관 없는 것은 아니지만, 비판적으로 생각하고 책임을 완수하도록 교육을 받은 어린아이는 일반적으로 교육의 일반적인 면을 보다 잘 수행할 수 있게 된다. 우리의 교육 제도는 이러한 임무를 다 하고 있다고 말할 수 있을까? 만약 그들이 학교를 졸업했을 때 관심을 나타내는 사물의 종류, 즉 ① 정치·종교 및 다른 사회 생활 면에서 그들을 승복시키는 논리 ② 대중 신문의 성공 ③ 대중 선전 ④ TV 프로그램들의 수준을 어떤 기준을 토대로 살펴볼 때 비판적·구성적 사고의 수준이 실제로 매우 낮다는 것을 인정하지 않을 수 없다.

이렇게 된 중요한 이유 중의 하나는 오늘날 교육이 이루어지고 있는 물리적 조건 때문에 교사의 지배와 어린이의 복종 관계 이외의 다른 관계를 만드는 것이 매우 곤란하다는 데 있다고 생각된다. 교실의 설비 상태는 매우 열악한 수준이어서 어린이가 자유롭게 움직일 수 없을 정도로 비좁다. 교사와 어린이의 관계는 환경의 압력을 받아, 어린이는 부모가 말을 걸 때만 대화할 수 있다. 마치 부모의 말이라면 절대적이었던 빅토리아 시대의 부자 관계와 같다. 많은 교사들이 교실의 협소함이나 지나치게 많은 학생수를 할당하고 있다는 제약을 극복하고 학생을 좀더 적극적으로 수업에 참여시키기 위해 노력하고 있다.

그렇지만 현재의 환경에서는 좋은 학습이란 교사의 목소리와 교사의 질문에 대한 학생의 대답만이 교실의 정적을 깨뜨리는 침묵의 학습인 경우가 지극히 많다. 대부분의 교사는 멍청하게 앉아 있는 30~40명의 살아 있는 동물을 지배하고 있는 감시원 이상의 존재가 될 수 없다. 교육 환경의 이러한 어려움은 학생의 행동에 대한 교사의 평가에 지대한 영향을 미친다. 교사는 권위에 대해 반항하는 행동을 가장 중대한 문제로 간주하여 심리학적인 관점에서 더욱 가치 있다고 생각되는 행동이 교사의 평가 기준에서는 저급하게 판단될 수도 있다.

이것은 교사의 평가와 미국 아동 상담소 평가 간의 흥미로운 비교 연구에서 나타나고 있다. 뉴욕·뉴저지·오하이오·미네소타의 13개 공립 학교에 재직 중인 전체 교사 중 5백 명이 50가지 문제 행동의 상대적인 심각성을 평가한 후, 그 결과가 30명의 정신과 의사·심리학자·정신의학적 사회사업가의 평가와 비교되었다. 그 보고서에서 밝힌 결과는 다음과 같다.

교사와 정신위생학자 사이에 나타난 가장 현저한 차이는 역행적인 퍼스낼리티와 퇴행적인 행동 특성을 기술하는 문제에 대한 상대적 평가에서도 나타난다. 교사들은 모든 문제 중에서 수줍음·민감성·비사교성·두려움·악몽 등을 가장 경시했지만, 정신위생학자들은 그것들을 불행·압박·소심함·신경질·겁·우유 부단·비판적 등의 성격 특성과 마찬가지로 가장 중대한 문제로 생각했다. …… 교사가 가장 중대한 문제로 꼽은 권위에 대한 반항 — 건방짐·뻔뻔스러움·불복종 등 — 을 나타내는 항목은 정신위생학자의 리스트에서는 최하위

로 나타났다.[12]

   연구 결과가 이처럼 완전히 대조적인 이유는, 심리학적으로 교사
는 부모의 역할을 이어받고 있지만, 그가 바라는 것보다 더욱 엄격하
게 이 역할을 수행하지 않을 수 없는 경우가 많기 때문이다. 일반적
으로 어린이는 가정에 있을 때보다 학교에서 더욱 자유롭게 뛰어놀
며 자유롭게 이야기할 수 있다. 이 때가 그에게는 억눌렸던 활동을
발산시키는 기회이다. 학교에서 쉬는 시간에 놀고 있는 어린이와 휴
일에 집에서 노는 어린이를 비교해 보자.

   우선 학교에서는 비좁고 쾌적하지 않은 우리에서 나온 동물처럼
마음껏 소리 지르면서 뛰어논다. 그러나 휴일에 집에서는 학교에서
보다 더욱 생기가 넘치고 활발하지만, 노는 과정은 좀더 자제되고 평
정된 상태이다. 보통 어린이는 학교에서 자유롭고 민주적인 생활 방
식에 자기를 맞추는 방법을 배운다고 하지만, 학교 자체는 교장 이하
위계 질서를 갖춘 엄격한 독재 체제로 이루어지는 경향이 있다. 이러
한 상황은 대다수의 교사가 피하고 싶어해도, 학교의 설비 부족으로
어쩔 수 없는 상황이다. 그 결과, 어린이는 권위에 대한 무비판적 승
인과 복종적 태도를 배우게 된다. 그는 학교를 졸업하고 사회에 진출
해서도 그런 제도를 계속적으로 지니게 된다. 그는 거의 비판 없이
수용하고 복종하도록 요구된다.

   프로이트 학파의 이론은 어떠한 심리적인 요인이 이런 비굴하고 무
비판적 사고를 형성하는 데 영향을 끼치는가를 우리에게 시사해 준
다. 프로이트 이론은 성숙하고 비판적이며, 자발적으로 행동하는 성

---

12) 《교사와 행동 문제Teachers & Behaviour Problems》E. W. 위그맨, 1954년.

인으로 발전시키기 위한 어떤 지침을 주고 있는가? 모든 나라의 교육 제도는 그것으로부터 어떠한 이득을 얻을 수 있을까? 여기에서 프로이트 학파의 이론에 대한 나의 견해는 학습 과정에 대한 일반적인 연구와 협력해야 한다는 것이다.

실제로 교육 과정에 대한 정신분석적 사고의 상당 부분이 심리학자뿐 아니라, 어린이의 발달에 관심을 갖는 대부분의 과학자들로부터도 인정을 받고 있다. 1956년 제네바에서 개최된 세계보건기구 WHO 연구팀이 한 어린이의 발달에 관한 토론을 보면[13] 이것이 어느 정도 진실인가를 알 수 있다. 이 토론의 주제는, 어린이는 작은 성인이 아니며 — 반대로 성인 역시 큰 어린이가 아니다 — 그들도 자신의 욕구를 가지고 있다는 점을 이해해야 한다는 것이었다. 그러므로 어린이의 건강하고 완전한 성장을 위해서는 그들의 욕구가 무엇인가 하는 것을 이해하지 않으면 안 된다. 어린이의 욕구는 발달의 수준과 관계가 있고, 또 교육은 지성적인 면뿐 아니라 감정적인 면에서 이러한 수준에 부합되도록 가르치는 것이어야 한다.

학습 과정을 연구한 경험이 있는 심리학자는, 교육은 주로 어린이의 자연스러운 학습 능력이 계발될 수 있는 좋은 환경을 부여하는 것이라고 주장한다. 다시 말해서 교사는 학습 활동을 촉진시켜 주는 상황의 일부이다. 이러한 견해는 학습의 준비에 관한 문제를 연구하기에 이르렀다. 심리학자들은 최소한의 외부적 자극만을 필요로 하는 성장 과정이 어린이의 마음 속에서 진행되고 있다는 점을 지적했다. 이 과정은 성숙이라는 측면으로 알려져 있다. 학습 능력은 성숙도에 따라 좌우된다는 것이 많은 연구에 의해 판명되었다. 이 점은

---

13) 《어린이의 발달에 관한 토론Discussions on Child Development》, 1960년.

'걷기'와 연관된 복잡한 운동에서 명백히 알 수 있다.

아이를 맹목적으로 사랑하는 부모는 어린이에게 일찍부터 걸음마를 가르치려 한다. 그러나 그렇게 일찍이 걸음마를 가르치지 않아도 어린이는 일정한 연령, 즉 대개 15개월경부터는 걸을 수 있게 된다. 이것은 어린이가 보통 아장아장 걸을 수 있을 때까지 어머니가 그 아이를 업고 있는 사회에서도 마찬가지 현상인 것이다. 어린이는 관절의 발달과 협동 운동이 알맞게 성숙되면 걷게 된다. 실제적인 준비가 되어 있기 전에 어린이에게 걸음마를 시킬 경우는 오히려 해가 될 수도 있다. 이 점은 어린이의 다른 여러 문제에 대해서도 적용된다는 것이 충분히 증명되었다고 주장되고 있다.

그러므로 어린이에게 수학적인 사고를 지나치게 일찍부터 가르치려 한다면 오히려 어린이는 그에 대해 결코 지워지지 않는 태도, 즉 혐오와 불안의 태도를 갖게 된다. 그가 어린 시절부터 수학 문제와 씨름하면서 겪은 어려움은 일생 동안 내내 그를 따라다닌다. 그래서 교육자는 그 문제와 어린이의 성숙도 — 물론 성숙도의 수준을 결정하기란 쉽지 않고, 또 각각의 어린이에 따라 다른 것이지만 — 가 일치했을 때 그것을 가르쳐야 한다고 제안한다.

예를 들어 교육 기재와 같은, 교사의 활동을 보충하는 현대적인 교육 방식은 학습 과정에 어린이를 적극적으로 참여시킬 것을 목적으로 하고 있다. 이러한 기재는 학습 기재라고 하는 것이 좋을 것 같다. 왜냐 하면 이 기재는 어린이의 학습 속도를 조절하고, 어린이로 하여금 스스로 잘못을 교정하도록 하기 때문이다. 이와 같이 자기 교정 능력은 어린이가 많은 행위를 익히게 되는 자연스러운 과정과 병행하여 발달한다. 즉, 어린이가 걷는 것을 배울 때는 적응과 재적응의 과정이 계속 반복된다. 이것은 생명체가 최초의 잘못과 좌절을 교정하는 것과 같다.

이와 같이 학습 상황에 입각하여 교육을 관찰하는 방식, 즉 어린이를 적극적으로 학습 활동에 참여하도록 고무하고, 학습 상황을 개선하려고 하는 것은 마르크스주의자의 일반적인 이론과 모순되지 않는다. 물론 마르크스주의자는 교육이란 계급 사회에 맞도록 이루어지는 경향을 갖고 있기 때문에, 이러한 사회의 가정假定이 무비판적으로 인정되고 있다고 주장하고 있다. 따라서 그들은 교육의 개선은 일반적인 사회 조건의 개선을 포함한다고 주장하고 있다. 넓은 의미에서 이 점은 진리라고 생각된다. 그러나 개선된 사회 조건과 학습 기술은 어린이의 생활을 지적인 면에서나 정서적인 면에서 완전한 것으로 발달시키는 데 적합한 환경을 제공할 뿐이다.

특히 우리들은 지적인 면에서 아직 준비가 되어 있지 않은 상황에 어린이를 방치하는 일이 없도록 주의해야 한다는 것을 알고 있다. 그리고 이것은 정서의 발달에도 똑같이 적용된다. 왜냐 하면 자기 자신이 미처 준비되어 있지 않았을 때 지적인 문제에 부딪친 어린이는 계속적으로 이 부분에 대한 곤란을 느끼는 것과 같이, 너무 일찍이 정서적인 문제에 부딪친 어린이 또한 계속 곤란을 느끼기 때문이다. 이러한 연구에 있어서 프로이트 이론은 탁월한 틀을 제공해 준다. 피아제의 이론[14]이 어린이의 지적 생활의 발달 단계를 보여주는 것처

----

14) 《어린이의 언어와 사고The Language & Thought of the Child》, 1949년, 《어린이의 세계에 대한 개념The Child's Conception of the World》Jean Piaget, 1951년을 참조하라.
피아제는 어린이의 발달에는 주요한 세 단계가 있음을 보여주고 있다. 첫째 단계는 약 2세까지의 감각 운동기로서, 이 시기에 세계의 대상에 대한 협동 반응이 성장하게 된다. 둘째 단계는 2~11세경까지의 시기로, 이 시기에는 어린이의 사고가 구체적으로 제시되는 것에 얽매여 있다. 셋째 단계는 추상적·반사적인 사고의 수준을 나타낸다.

럼, 프로이트의 이론은 정서 생활의 발달 단계를 보여준다.

프로이트적 관점에서 보면, 교육이란 주로 자아의 요구와 현실의 요구를 균형 있게 조화시키는 작업이다. 프로이트는 지나치게 엄격한 초자아로부터 빚어지는 불안을 감소시킬 필요가 있다는 것과, 자아의 합리적인 사고 기능을 강화시킬 필요가 있다는 것을 지적하고 있다. 프로이트 이론을 일상적인 표현으로 바꾸어 본다면, 그는 교실 내에서의 지나치게 엄격한 규율 및 어린이의 운동과 말에 대한 과도한 제약에 반대한다. 왜냐 하면 그러한 제재는 어린이의 합리적·비판적인 성격이 성장을 방해하는 수단이기 때문이다.

그러나 이것은 프로이트 이론이 완전히 자유로운 표현을 요구하고 있다든가, 아니면 모든 억압에 대한 완전 폐지를 요구하고 있음을 의미하는 것은 아니다. 그의 이론은 정서적인 욕구가 사회적으로 효과적으로 인정될 수 있는 방향으로 표출될 수 있도록 범위를 더욱 확대시킬 것을 요구하고 있다. 오늘날 학교 규율의 주요 형식은 대부분 교사에 의해 만들어진다. 초급 학교에서 외면적으로 적용된 규율은 거의 문제가 없다. 어린이는 작고 교사는 너무 크다. 학급 안에서 다루기 힘든 학생은 소외된다.

그러나 어린이가 성장함에 따라 규율을 적용하기가 어려워진다. 이상적인 의미에서 말하면 어린이가 커감에 따라 규율의 필요성이 감소된다고 생각할 수도 있다. 그러나 11세 이후의 어린이를 가르쳐 본 경험이 있는 사람은 그렇지가 않다는 것을 알 것이다.

어릴 때 부족한 것은 자유로운 분위기 속에서 활동하는 것을 배우는 것이다. 만약 어린이가 어릴 때에 구속을 최소한으로 하여 활동하는 습관을 발달시킨다면 자기 스스로 훈련하는 습관을 얻을 것이며, 시간이 지남에 따라 규율의 문제를 거론하지 않게 될 것이다. 프로이트 이론은, 자아가 성장할 수 있는 영역이 주어져서 스스로 강화시킬 수 있도록 해 주어야 하며, 너무 어릴 때부터 엄격한 규율을 부과하면 자기 훈련의 성장 과정이 침해를 받는다는 것이다. 복종의 덕을 쌓는 것은 독립심의 토대를 침식하는 것이 된다. 교육의 중요한 기능은 어린이의 정신 속에 가치 판단 능력을 길러주는 것이다. 그리고 이것은 사회에서 인정되는 규범과 목표에 준한 과정이다. 실제로 어린이에게 바람직한 것이라고 가르치는 가치는 일반적으로 행해지고 있는 사회적 가치와는 매우 다르다.

예를 들어 어린이는, 협동 작업은 좋고 이기주의는 사회의 복지에 위반되기 때문에 나쁘며, 지역 사회에의 봉사는 자기의 부를 축적하는 것보다 좋은 일이라고 배운다. 그런데 이와는 달리 일반 사회에서는 그릇되고 모순된 가치가 횡행하고 있는 것을 목격한다. 사회 안에서는 경쟁이 강조된다. 다시 말해서 부의 추구가 강조된다. 지위와 성공은 돈에 의해 평가된다. 성공했다고 평가되는 작가와 화가는, 돈을 많이 번 작가나 화가를 말한다. 인생에 있어서 돈은 강박적인 성격을 띤다. 백만 장자는 보다 많은 돈을 벌기 위해 애쓴다.

돈에 대한 프로이트적 상징은 배설물에 대한 관념이다. 그리고 사람들은 그가 자본주의를 사회 발전의 학문 — 사디슴적 국면으로 묘사하는 것은 아주 적절하다고 느낄 수밖에 없다. 교육 문제는 자연스럽게 유아기에서 성인으로서의 이행의 문제종종 10대들의 문제라고도 불리어진다에 연결된다. 나는 프로이트 학파와 마르크스주의자의 이론이 이 문제를 고찰하는 데 도움이 되고, 또 이 문제와 중요한 관계가 있는 경제적·심리적인 요인을 환기시키는 데 도움이 된다고 생각한다.

10대는 유년기와 성인기 사이에 있는 어떤 구역이 아니다. 이 시기는 성인 — 특히 부모와 교사 — 에 의존되어 있는 상태에서 사회 속에 독립적으로 행동하는 성인으로서 자리하지 않으면 안 되는 상태에로 이동하는 시기이다. 이러한 이행기는 비록 현대 사회의 문제뿐 아니라 서구 문명 사회에서도 문제가 된다. 어떤 사회나 문화 집단도 유아기에서 성인기로의 이행 문제를 다루지 않으면 안 된다. 어린이가 지역 사회 안에서 하나의 역할을 담당할 수 있는 성인으로 되어야 한다는 것은 모든 인간 집단에 공통되는 것이다.

그러나 우리가 살고 있는 복잡한 경제적·사회적인 공동체에서 성인이 된다는 것은 특별한 의미를 가지는 것이기 때문에 그 자연스러운 이행을 더욱 어렵게 만든다. 비교적 단순한 사회에서는, 소년과 소녀는 육체적으로 지역 사회에서 역할을 담당할 수 있게 됨과 동시에 그렇게 하도록 기대된다. 소년이 집단의 수렵 생활·어로 생활·농경 생활에 참가할 수 있을 정도로 육체적으로 강해지고, 소녀가 육체적으로 아이를 키울 수 있을 만한 준비가 갖춰지면, 그들은 성인식을 통해 지역 사회의 완전한 생활에 들어간다.

그것은 대부분의 경우 어린이가 성인 생활에 참가할 수 있는 육체적인 능력이 갖추어지는 시기와 일치한다. 즉, 어린이가 생물학적으로 성인 생활을 할 능력이 갖추어지면, 그는 사회적으로도 자동적으로 성인 생활을 할 능력이 갖추어진다. 그러나 우리 사회에서는 생물학적으로 성인의 지위를 차지할 능력이 갖추어져 있다 해도, 젊은이가 독립적으로 성인으로서의 지위를 차지할 충분한 자격을 인정받지는 못한다. 예를 들어 소녀는 13세 정도나 혹은 그 이하의 나이에서도 육체적으로는 아이를 낳을 준비가 되어 있지만, 우리 사회의 일반적인 개념으로는 일정한 연령에 이르기까지는 가정을 이룰 만한 사회적 기능을 떠맡을 준비가 되어 있지 않은 것으로 간주된다.

그와 동시에 생계를 이끌어나간다고 하는 것은 매우 복잡한 문제이기 때문에 상당 수준의 교육과 훈련이 요구되는 경우가 많다. 그래서 젊은이가 그러한 수준에 도달하려면 그들의 생물학적인 성숙점을 훨씬 넘어서까지도 교육과 훈련을 받지 않으면 안 된다. 따라서 생물학적으로 성인의 기능을 갖추는 시기와 사회적으로 성인의 능력을 발휘할 수 있는 시기 사이에는 상당한 시간적 간격이 있는 셈이다. 또한 이 시간적 간격은 더욱더 길어진다. 우리의 복잡한 사회에서 10대 문제의 근본적인 원인은, 생물학적으로 성인으로 행동할 수 있는 능력을 갖추고 있지만, 사회적으로는 그것을 인정받지 못하고 있다는 매우 단순한 사실이다.

이러한 사실은 그 자체로서도 매우 중대한 문제이지만, 대부분의 어른이 청년 문제의 본질을 분명히 이해하고 있지 못하기 때문에 더욱 악화된다. 인간은 사춘기에 절실한 욕구가 불러일으켜지는 미묘한 생리학적 변화를 경험한다. 호르몬의 변화가 일어나서 성장이 빨라지고, 호르몬의 변화는 육체에 충만된다. 청년들의 육체는 생물학적으로 사회가 부정하고 있는 것을 요구하고 있다. 특히 사회는 성적 욕구의 절제를 요구하고 있다.

사회는 절제와 금기라는 망으로 성문제를 에워싸고 있다. 그래서 새로운 육체적 욕구 — 10대들은 그러한 욕구를 이해하지 못하며, 그래서 억누르려고 한다 — 를 의식하게 된 사춘기의 인간은 침착하지 못하며, 또한 성인의 지배에 분개하게 된다. 중요한 생리학적 변화는 이 육체적인 변화와 결부되어 있다. 인간은 사춘기에 더욱 심하게 자기 자신과 육체를 의식하게 되며 더욱 내성적으로 된다. 성인과의 충돌이 강해지는 것은 이 때문이다. 부모는 성장 중인 사춘기 소년이 자기 자신의 요구를 가지고 있다는 것을 부인하려는 경향이 많다. 부모는 그를 계속 의존적인 어린이로서 다루려고 하는데, 그것은 그에게서 어린이의 비굴함을 바라고 있기 때문이다.

부모는 사춘기 소년의 성장에 수반되는 감수성과 젊은이의 자존심이 훼손되기 쉽다는 것을 알려 하지 않는다. 그래서 사춘기의 소년 및 소녀는 자기를 표현하는 길이 단절되어 있다는 생각에 고통스러워 하며, 자기에 대한 연민과 복수의 공상에 잠기게 된다. 성인은 자신이 청년기에 경험했던 일을 망각해 버린 것처럼 보인다. 프로이트 학파는 성인이 자신의 고통스러웠던 기억을 억압하고, 자기들 자신의 부친의 죄 때문에 젊은이를 벌한다고 말한다. 10대들은 안정감을 얻기 위하여 자기와 또래의 친구들에게 주목한다.

그들은 집단이나 패거리를 이룬다. 이 집단이나 패거리는 가족의 유대감을 대신하여 그들에게 소속감을 준다. 이러한 집단은 옷이나 헤어스타일 및 기타 일반적인 행동에 관한 자체의 규칙을 갖는다. 성인에게는 불합리하고 무의미하다고 생각될 때가 있는 이러한 행위가 10대의 생활에서는 커다란 안정감을 주는 것이다. 그러한 행위들은 하나의 의식儀式과 같은 요소를 가지며, 사춘기의 정서적 불안정에서 야기되는 불안을 해소시켜 준다. 미국 《라이프》지誌의 청년들 사이의 규칙에 관한 조사에 따르면, 그들의 세계는 여러 가지 법칙을 가지고 있다. 거기에는 이렇게 씌어 있다.

"그것은 변덕스러운 법으로서, 대개는 갑자기 변하거나 뒤집혀진다. 그러나 그것이 시행되고 있는 동안에는 변하지 않는다. 그 법을 위반하는 데 대한 벌은 추방이다."

10대 문제는 일반적으로 비행非行의 발달과 함께 연상되고 있다. 어느 누구도 비행에 관해 만족스러운 정의를 내릴 수 없다. 넓은 의미에서 비행이란 말은 사회 규칙을 정한 사람들이 받아들일 수 없는 젊은이의 모든 형태의 행동을 포함하고 있다고 할 수 있다. S. 루빈은 범죄와 비행에 관한 그의 연구[15]에서 비행에 대해서 "법률이 비행이라고 단정하는 것"이라고 말했다. 또한 그것은 장기적인 무단 결석·도둑질·파괴성, 차를 몰고 다니거나 몰고 간 차를 버리는 것, 외설적 언어, 폭행과 같은 행위를 포함하고 있다. 비행의 양태는 위반의 종류와 정도가 가지각색이기 때문에 평가하기가 어렵다. 어쨌든 비행은 소수의 젊은이들에게만 관계된다.[16]

연구는 주로 비행 청소년의 가정 환경과 이웃 등 사회적 요인에 관해 이루어졌다. 특히 부모의 사망·이혼·별거·투옥 등 가정 불화의 영향에 대해 많은 관심이 집중되었다. 그러나 이러한 연구의 결과가 결정적인 것이라고는 할 수 없다. 쇼와 맥케이가 파탄 가정과 관련하여 비행 청소년과 그렇지 않은 청소년을 비교해 본 결과, 파탄 가정 출신은 전자의 약 43%, 후자의 약 36%로 나타났다.[17] 그러나 그들은 가정이 파탄되기 전의 긴장과 갈등이 현실적인 파탄보다 어린이를 더욱 혼란케 한다고 지적했다.

---

15) 《범죄와 어린 범죄자Crime & Juvenile Delinquency》S. 루빈, 1961년.

16) 내무성의 통계에 의하면, 1962년에 기소된 범죄자 가운데 20세 이하가 약 40만 명이었다. 그런데 이 연령대의 총 인구는 1,400만 명이었다.

17) 《범죄 원인에 대한 보고서에 나타난 어린 범죄자에 있어서의 사회적 요인들Social Factors in Juvenile Delinquency in Report on the Causes of Crime》C. R. Shaw & H. P. Mckay, 제2권, 1931년.

또 스토트의 연구[18]는 어린이가 가정 내의 분쟁에 의해 야기되는 불안을 피하기 위해 일련의 탈선 행위로 몸을 던진다는 것을 입증해 준다. 어린이는 가정에서 도망치기 위해 비행에 열중하는 것이다. 그래서 스스로 가정에서 멀어졌다는 것을 보증하기 위한 안타까운 시도로써 범죄를 저지르고도 굳이 발각되는 것을 피하려 하지 않는다. H. 윌슨Harriett Wilson 여사는 비행과 어린이에 대한 무관심에 관한 연구에서, 무관심에 의한 비행과 다른 형태의 비행을 구별하고 있다. 이런 종류의 비행을 저지른 10대는 보통 부모가 적극적인 교육을 시키지 않거나, 어린이와의 관계가 매우 불안정한 상태에 있는 불행한 가정에서 살아가고 있다. 그들은 "트럭 위에서만 살기도 하고, 토요일 아침에 슈퍼마켓에서 물건을 사는 체하고 훔치는 것을 생계의 한 수단으로 삼고 있는 지역에 거주하며, 그들도 직접 이런 일에 참가한다."[19]

어린이의 비행은 불완전한 가정에 대한 반발이다. 그리고 자기 자신에게 변명을 잘 하던 어렸을 때의 욕구가 그에게 누구의 것이든 닥치는 대로 훔치라고 명령한다. 그러나 사회적 요인이 무엇이건 대부분의 비행에서 나타나는 중요한 심리적인 요인이 있다고 생각된다. 그것은 부모로부터 필요성을 인정받지 못했다는 느낌과 부모에게 거부되고 있다는 느낌이다. 최근의 연구는 이 점에 관한 가장 중요한 원인으로서 부친에게 주의를 집중하고 있다. M. 아르자일Michael Argyle 은 《심리학과 사회 문제》라는 저서[20]에서, 다음과 같이 쓰고 있다.

"거부는 비행의 주요한 원인 중의 하나이다. 남자 아이가 아버지로

---

18) 《범죄와 인간성》D. H. 스토트
19) 《범죄와 어린이에 대한 무관심Delinquency & Child Neglect》H. Wilson, 1962년.
20) 《심리학과 사회 문제Psychology & Social Problems》M. 아르자일, 1964년.

부터 거부되면, 그 아이는 비행 소년이 된다고 말해도 좋다. 비행 소년의 60%는 그렇게 해서 발생되는 것이다."

바로 이 점에 있어서 정신분석적 방법에 의한 연구가 필요하다고 생각된다. 왜냐 하면 비행자의 대부분이 소년[21]이기 때문이며, 소년과 부친과의 관계 또한 오이디푸스 상황의 형태에 따라 상호 불신·질투 및 부친에게 거부될 가능성이 딸과 부친의 경우보다 많기 때문이다. 그러나 10대의 일차적인 사회 문제는, 비행에 빠져들지는 않지만, 자기들이 살아가고 있는 사회의 문화를 발전시키기보다 이질적인 것, 또는 패배적인 것으로 간주하는 많은 젊은이들의 문제에 관한 것이다.

오늘날에는 흔히 10대의 문제는 특수한 것이라고 주장되고 있다. 자기 자신의 젊은 시절의 엉뚱한 행위를 망각하는 성인의 경향을 고려할 때조차 특별한 것이라고 주장된다. 그것이 무엇이건 그것은 전후戰後의 불안정과 불안이라는 배경에서 고려될 필요가 있다. 왜냐 하면 현대의 젊은이는 사상 최대의 파괴적인 전쟁과, 다른 세대의 젊은이가 이와 유사한 경험을 가진 적이 없는 혼란과 변동 속에서 가까스로 태어난 세대에 미친 충격을 정확하게 평가할 수 없다. 이것은 너무나 쉽게 간과되는 무서운 전쟁의 결과이다.

간혹 보다 확대된 청소년의 자활 능력이 10대 문제를 조장한다고 주장된다. 돈을 벌 수 있는 능력은 오늘날에는 우리 사회의 경제에서 실업의 증대가 재현되고 있기 때문에 2, 3년 전만큼 현저하지는 않다. 그러나 그러한 것이 이미 존재하고 있는 한, 그 속에는 기묘한 진리가 포함되어 있다. 왜냐 하면 성인의 수입에 견줄 만한 돈을 버는

---

21) 소년 대 소녀의 비율은 8:1이다.

젊은이는 경제적으로 독립했다는 새로운 느낌을 가지기 때문이다. 그러나 이 새로운 느낌과 함께 성인이 지배하고 있는 사회의 오래 된 약속이 있다. 따라서 젊은이는 독립할 정도로 충분한 돈을 벌고는 있지만, 사회의 전통과 규칙에 의해 부모의 지배에 좌우되는 역설적인 지위에 처해 있다.

그리고 그로 인해서 젊은이와 노인 간의 갈등을 심화시키게 되는 경향이 발생되기도 한다. 왜냐 하면 경제적인 독립이 이루어질수록 속박이 부담스럽게 느껴지기 때문이다. 동시에 젊은이와 노인과의 구별은 강화된다. 10대는 성인 세계로부터 자신들을 구별할 수 있게 하는 특수한 옷차림과 언행을 구사한다. 물론 이것은 이전에도 나타났던 경향이었지만, 오늘날에 더욱 두드러지게 된 현상이다. 따라서 10대의 생활 양식은 이제 그 자체로서 하나의 하위 문화를 구성하고 있다.

오늘날의 젊은이의 비극은 도무지 적극적인 반항감을 갖지 않는다는 점이다. 젊은이는 결정적인 도전이 아닌 갖가지 방식으로 성인의 지배에 대한 분노를 표출한다. 젊은이는 그들의 자유 분방하고 안이한 도덕적 기준으로 성인 세계를 부당하다고 말하며, 이상한 옷차림과 폭발적인 음악으로 성인 세계에 충격을 준다. 그래도 변하는 것은 아무것도 없다. 왜냐 하면 이러한 행위는 반항 에너지를 발산시키는 것에 불과하기 때문이다. 그런데 사실 젊은이의 반항에는 좀더 적극적인 징후가 있기 때문에, 이것은 아마 과장된 표현일지도 모르겠다.

대부분의 사람들이 반핵 운동의 목적에 찬성하지 않을지도 모르겠지만, 그것이 젊은이들 사이에 전폭적으로 지지받고 있는 이유가 반항의 적극적인 표현을 열심히 찾고 있다는 조짐이라는 면에서는 환영할지도 모른다. 역설적으로 말하면 오히려 부정적인 방식으로 그 목적을 정식화하지 않을 수 없는 운동이 많은 젊은이의 지지를 받고 있다는 것은 적극적인 표현을 이모저모에서 찾고 있다는 데 대한 입증을 해 주는 것이다. 젊은 지식인·작가·예술가·배우들 사이에서의 반항은, 우리들이 가장 존경하는 제도와 인물을 무례하게 풍자하는 것으로 나타난다.

프로이트 학파와 마르크스주의자의 이론은 현대 젊은이의 상황을 이해하는 데 어떤 도움을 주는가? 프로이트 이론은 가족 관계에서는 안정감이 중요하다는 것을 강조하고 있다. 또 성인과 사춘기의 소년·소녀가 충돌을 일으키는 원인은 압력과 경쟁 및 가족 관계가 감정면에서 뒤얽히기 때문이라고 지적하고 있다. 사춘기의 인간은 가족 내에서 얻을 수 없는 편안한 마음과 안정감을 얻기 위하여 또래의 친구를 찾는다. 일반적으로 그는 가족과 사회가 제공해 주지 않는 지위·동일성·소속감 등을 자기 친구에게서 얻게 된다.

우리들은 마르크스 이론이 가족과 사회 구조의 결합에 주의를 돌렸다고 말할 수 있다. 자본주의 사회에 있어서 경제적인 불안정은 수많은 가정에 끊임없이 존재하는 요인이다. 확실히 어떤 부모들은 어린아이를 집안일에 전혀 불필요한 부담스런 존재라거나, 또는 부양해야 할 쓸데없는 입으로 생각하는 경향이 있다. 성공을 금전 가치에 의해 평가하고, 협동적인 노력에 반대하여 개인의 노력을 찬양하는 사회 풍조는 반드시 가족에게 악영향을 미친다. 적어도 이런 사회는 젊은이와 노인 간의 이해를 증진시키는 데 좋은 환경을 제공하지 못하며, 사회 내의 갈등은 가족 내의 갈등을 악화시키는 경향이 있다고 말할 수 있다.

이상적으로 말하면 우리들은 유년기에서 성인기로 보다 순조롭게 이행시키는 수단, 즉 성장 중인 사춘기의 욕구를 동정적으로 처리할 수 있는 수단을 강구해야 한다. 또한 우리들은 젊은이들에게 점진적이지만 지속적으로 책임감을 고취시켜 성인의 역할을 수행할 수 있는 적절한 준비 수단을 강구해 두어야 한다. 우리들이 항상 그들 곁에 있다는 것을 보여주어야 한다.

그러나 나의 견해로는 이러한 보다 진전된 태도는 전반적인 교육 및 사회관의 혁명, 그리고 기존의 가치와의 단절을 요구한다.

이제 결론을 내려야 할 시점이다. 우리들은 이제까지 우리 시대에 미친 프로이트 철학과 마르크스주의의 영향은 상호 보완적이라는 점을 고찰해 보았다. 프로이트 이론은 주관적 생활의 복잡성을 깨닫게 해 주지만, 사회적 배경과는 고립된 것으로 보는 경향이 있다.

마르크스주의는 인간 행동의 사회적인 결정 요인에 대해 주의를 환기시켜 주지만, 인간으로 하여금 사회적 환경과 실제적인 관계를 맺게 하는 주관적 압력을 무시하는 경향이 있다.

프로이트 이론의 통찰력이 없다면, 마르크스주의는 그 접근 방법에 있어서 천박하고 조잡스런 것이 된다. 이 점에 관해서는 소련에서 스탈린 시대에 보여준 예보다 더 좋은 예는 없을 것 같다. 스탈린이 어떻게 그토록 장기 집권을 장악할 수 있었는가 하는 점은 어느 한 사람으로 하여금 정당, 그것도 혁명 정당을 지배하도록 이끌어가는 퍼스낼리티에 관한 심리학적인 안목의 결여로 설명될 수 있다. 내가 초기의 저서에서 마르크스주의자들에게 프로이트 학파의 관점에서 생각할 것을 강조한[22] 이유는 바로 이 점 때문이었다.

---

22) 《반발의 심리학The Psychology of Reaction》R. 오스본, 1938년.

나는 혁명적 행동을 강조한 마르크스주의가 특정한 역사적 상황에서 아무리 타당하다 할지라도, 가학적 성향의 동물적 강박을 위장하기 위한 합리화로 될 수 있다고 주장했었다. 마르크스주의자는 심리학적 안목이 결여되었기 때문에, 스탈린의 지도권이 점점 더 확고해져 가도 아무런 손을 쓸 도리가 없었다. 그들은 지도자가 객관적인 사회적 힘을 반영한다는 지도력의 사회적인 통념에 매혹되어 다른 것에 주의를 돌릴 여유가 없었다. 그들은 국민들을 단지 계급과 사회적 제약이라는 견지에서만 취급했다.

따라서 그들은 인간 심리의 미묘함과 다양성을 고려하지 않았다. 마르크스주의적인 사고에서는 많은 사람들이 잔인함·비정·사디슴적인 성향을 가질 수 있다는 것을 생각지 않았다. 그들은 자신들의 계급 의식에 대한 동조를 더욱 중시하였다. 따라서 영국의 탁월한 마르크스주의자인 버날 교수는 《프로이트와 마르크스》의 서평에서 이렇게 쓰고 있다.

개인은 중요하다. 그러나 그들이 당과 계급을 결정화結晶化시키는 한에 있어서만 그러하다. …… 스탈린과 히틀러의 연설을 비교하는 것은 두 지도자의 관념 사이에 있는 커다란 차이를 살펴보아야 할 경우에만 필요하다.[23]

---

23) 《정신분석과 마르크시즘Psychoanalysis & Marxism》J. D. 버날, 1937년 참조. 버날 교수는 정신분석의 공헌의 중요성을 충분히 인정했던 철저한 과학자이다. 그러나 그는 그 때 공식적으로 인정되고 있던, 정신분석에 대한 불신적 경향을 스스로 떨쳐 버리지 못했던 것 같다. 그래서 그는 그로 인해 묘한 모순에 빠지게 되었다. 즉, 그는 프로이트 이론은 그 영향력이 적기 때문에 중요하지 않다는 것이고, 또 한편으로는 그 영향이 확대되고 있기 때문에 위험스럽다고 말했다. 그는 "프로이트 학파의 영향은 객관적인 사실이며, 그것이 처음 출발한 부르주아 집단에서부터 점차적으로 확산되고 있다"라고 말했다.

실제로 지도의 관념은 다르다. 그러나 지도자들은 모두 심리적으로도 차이가 있는 것일까? 오늘날의 소련의 경우를 보면 그렇지 않다. 스탈린은 분명 여러 가지 측면에서 소련의 노동자·농민의 결정을 대변하고, 그들의 투쟁을 이끌어 방향을 제시해 줄 수 있다. 그러나 프로이트로부터 배운다는 자세를 갖추고 있는 마르크스주의자는 투쟁의 합법적인 욕구보다 오히려 내면의 사디슴적인 강박 충동의 발로인 난폭성·잔인성·무자비함 등을 노동자의 투쟁에 개입시키는 혁명 지도자의 위험성을 깨달을 수 있었을 것이다.

제2부
환상의 사슬을 넘어서

Beyond the Chained Illusion

E. 프롬

1

공통적인 근거

마르크스와 프로이트의 이론에 대해서 세부적인 것을 논의하기 전에, 나는 먼저 이 두 사상가에게 공통된 사상적 기반에 대해 기술하고자 한다. 그들에 대한 근본적인 사상은 세 가지 특징적인 말로 표현될 수 있는데, 그 첫째는 모든 것에 대해서 우리는 의구심을 가져야 한다는 것이다. 둘째는 어떤 것이든 인간적인 것으로서 인간에게 생소한 것은 하나도 없다고 하는 것이며, 셋째는 '진리가 너희를 자유케 하리라〈요한복음〉제8장 32절'는 말이다.[1]

첫번째 말은 이른바 비판적인 성향을 잘 나타내 주는 말이다. 이 성향이란 현대 과학의 특징이다. 하지만 자연과학에서 의심이라는 말은 주로 감각이나 전통적인 의견에 대한 증거를 뜻하는 것인데, 마르크스와 프로이트 사상에 있어서는 특별히 자기 자신과 다른 사람들에 대한 인간의 사고를 말한다. 마르크스는 우리가 자기 자신과

[1) 이 두 가지 상황은 마르크스에 의해 주목되었다. E. 프롬의 《마르크스의 인간 개념Marx's Concept of Man》1961년 참조.

다른 사람들에 대하여 생각하는 대부분이 순수한 환상, 곧 '사상적 이념'이라고 믿었다.

그는 우리의 개인적 사고는 어느 주어진 사회가 발전시켜 나가는 이념을 좇아 형태를 갖추게 되는 것이며, 이런 이념들은 그 사회의 특수한 구조나 기능 양식에 의해 결정되는 것이라고 믿었다. 모든 이데올로기와 이념 또는 이상을 향한 주의 깊고도 회의적인 의심의 태도는 마르크스 사상의 특징이다. 그는 그런 것들을 경제적·사회적인 이익의 베일에 숨겨져 있는 것으로 의심을 가졌고, 그의 회의심은 매우 강한 것이어서 자유·진리·정의와 같은 용어를 좀처럼 사용하지 않았다. 다시 말해서 이러한 용어들은 자유나 정의나 진리가 그에게 가치 없다는 뜻이 아니라, 오용될 수 있기 때문이다.

프로이트도 역시 그와 같은 것을 '비판적 성향'으로 생각하였다. 그의 전체적 정신분석학의 방법 자체가 하나의 '의구심을 갖는 기법'이라고 말할 수 있다. 그는 최면 실험에 깊은 인상을 받았는데, 그것은 최면 상태에 있는 인간이 어느 정도까지 명백히 현실이 아닌 것을 현실이라고 믿는가에 대한 것이었다. 그는 최면 상태가 아닌 현실 속에 있는 개인들의 대부분의 사고가 현실과 일치하지 않으며, 또 한편으로는 현실적으로 존재하는 대부분의 것들도 의식하지 못한다는 것을 발견했다.

한편, 마르크스는 기본적인 현실이 사회에 대한 사회·경제적 구조라 여겼다. 반면에 프로이트는 개인의 생명력 조직체libidinal organization가 곧 기본적 현실이라고 믿었다. 그러나 이 두 사람은 둘 다 인간의 마음을 채워주거나 인간들이 현실이라고 착각하고 있는 기초를 형성해 주는 상투어·관념·합리화·이데올로기 등은 완전히 불신하였다.

공통적 사고에 대한 이러한 회의는 진리가 해방시켜 주는 힘을 믿는 것과 불가분의 관계가 있다. 마르크스는 의존심이라는 사슬로부터, 소외로부터, 경제적 노예 상태로부터 인간을 해방시키고 싶어했다. 그는 어떤 방법을 썼는가? 그의 방법은 널리 알려진 바와 같은 강제적인 힘은 아니었다. 그는 많은 사람들의 마음을 사로잡고 싶어했다. 그는 강제적인 힘이란 소수가 다수의 뜻에 대항할 때 이용될 수 있는 것이라고 말했다.

　마르크스에게 있어서 주된 문제는 국가의 권력을 어떻게 잡느냐 하는 메커니즘이 아니라, 사람들의 마음을 어떻게 사로잡느냐 하는 것이었다. 정치 선전을 할 때, 마르크스와 그의 정통적인 후계자들은 부르주아이든 파시스트이든 공산주의자이든 간에 다른 정치가가 사용한 정반대의 방법을 사용했다. 그는 대중을 설득함에 있어서 테러라는 공포에 의해서 생기는 반半최면 상태를 만들어 내서 선동적 설득을 하는 것이 아니고, 현실 감각에 호소함으로써 진실에 의해서 설득하고자 했다.

　마르크스가 주장한 '진실이라는 무기'의 기본 관념은 프로이트에게도 마찬가지였다. 즉, 환상이 인간의 현실 생활을 참을 수 있게 해 주기 때문에, 인간은 환상을 지니고 살아가고 있다는 것이다. 만일 인간이 환상의 본체를 인식할 수 있다면, 바꿔 말해서 인간이 절반 정도의 꿈을 꾸는 상태에서 깨어날 수만 있다면 그 때에 인간은 제정신으로 돌아올 수 있으며, 인간 본연의 힘과 능력을 알게 되고 더 이상 환상이 필요치 않은 방법으로 현실을 변화시킬 수 있게 되는 것이다.

　'거짓 의식', 즉 현실에 대한 왜곡된 모습은 사람을 약화시킨다. 다시 말해서 현실과 접촉하며 현실에 대해 적절한 모습을 파악하면 인간은 강해진다는 것이다. 그래서 마르크스는 인간의 가장 중요한 무기는 진실이며, 진실을 가지고 있는 환상이나 이데올로기의 배후에 숨어 있는 현실을 발견하는 것이 더없이 중요하다고 믿었던 것이다. 이것이 바로 마르크스주의 선전의 독특성이 인정되는 이유이기도 하다. 즉, 이러한 선전은 사회적·역사적 현상에 대한 과학적 분석과 어떤 정치적 목적을 가진 정서적 호소를 혼합한 것이라 할 수 있다.

이러한 혼합물의 가장 잘 알려진 예는 물론 《공산당 선언서》이다. 이 《공산당 선언서》는 간단한 형식으로 역사적·경제적 요인의 영향 및 계급 관계에 대한 밝고 명료한 분석을 내포하고 있다. 그와 동시에 이 《공산당 선언서》는 노동 계급에게 감정적으로 열렬히 호소하는 정치적 소책자이기도 하다. 정치적 지도자는 동시에 사회과학자일 수도 있어야 하며, 또 작가일 수도 있어야 한다는 사실이 마르크스에 의해서만 논증된 것은 아니다. 엥겔스·베벨Bebel·주레스Jaurés·로자 룩셈부르크Rosa Luxemburg·레닌과 그 밖의 많은 사회주의 운동의 지도자들도 사회과학 정치학에 관한 작가요, 학도였던 것이다문화적·과학적 재능이 거의 없는 스탈린조차도 마르크스와 레닌의 후계자로서 자신의 정통성을 입증해 보이기 위해 자기 자신의 이름으로 책을 쓸 수밖에 없었다.

그러나 사회주의의 이런 양상은 사실상 스탈린 통치하에서 완전히 변해 버렸다. 소련의 체제가 과학적 분석의 주제물이 되지 말아야 했기 때문에 소련의 사회과학자들은 그들의 체제에 대한 옹호자들이 되었으며, 생산·분배·조직 등을 다루는 기술적 문제만에 국한된 과학적 기능을 갖게 되었다. 마르크스에 있어서 진실이란 사회적 변화를 유도하는 무기였던 반면에, 프로이트에게 있어서 진실이란 개인적인 변화를 유도하는 무기였다. 다시 말해서 프로이트식 치료법의 주요 행위자는 '인식'이었다.

프로이트는 만일 환자가 자기의 의식적 사고에 대한 허구적인 통찰을 얻을 수 있으며, 그 사고의 이면에 놓인 현실을 파악할 수 있다면, 즉 환자가 무의식을 의식화할 수만 있다면 그 환자는 자기의 비합리성을 자신에게서 제거할 수 있고 자기 자신을 변혁시킬 수 있다는 사실을 발견했던 것이다. "이드가 있는 곳에는 자아도 있다"고 말한 프로이트의 목적은 허구를 파악하는 이성의 노력과 현실을 인식하는 데 도달하는 이성의 노력에 의해서만 이루어질 수 있다는 말이다.

모든 치료법 중에서 정신분석 요법에 그 독특한 성질을 부여하는 것은 이성과 현실에 대한 이런 기능이다. 환자에 대한 각각의 분석은 전혀 새로운 것이며, 독창적인 탐구의 모험인 것이다. 일반적으로 적용될 수 있는 이론이나 원리가 있는 것은 물론이거니와, 각각의 환자에게 적용될 수 있고 도움이 될 수 있는 모형이나 공식은 있을 수 없는 것이다. 마르크스에게 있어서 정치적 지도자는 사회과학자가 될 수 있어야 함과 마찬가지로, 프로이트에게 있어 임상의사therapist는 이러한 탐구를 할 수 있는 과학자이어야만 한다는 것이다. 이 두 사람 모두에게 있어 진리란 각각 사회와 개인을 변혁시키기 위한 필수적인 수단이다. 즉, 인식이란 사회적으로 또는 개인적으로 병을 치료해 주는 열쇠이다.

마르크스가 "어떤 상황에 대한 환상을 포기하고자 하는 욕구는 그 환상을 필요로 하는 상황 자체를 포기해야 하는 욕구이다"라고 한 말은 프로이트도 그렇게 말할 수 있을 법한 말이다. 두 사람 모두 인간으로 하여금 자각하게 할 수 있게도 하며, 자유인으로 행동하도록 하기 위하여 인간이 지닌 환상의 사슬로부터 인간을 해방시키고 싶어했기 때문이다.

두 사람의 체계에 공통되는 세 번째의 기본 요소는 휴머니즘이다. 휴머니즘이란 한 사람 한 사람이 모든 인간을 대표한다는 뜻이다. 그래서 인간적인 것으로서 인간에게 전혀 관련이 없는 것은 하나도 없다. 마르크스는 이런 전통에 뿌리 박고 있으며, 거기에는 볼테르·레싱·헤더Herder·헤겔·괴테 등과 같은 사람들이 가장 탁월한 대표자로 꼽힌다. 프로이트는 그의 휴머니즘을 일차적으로 무의식의 개념 속에 표현하였다. 그는 모든 인간은 모두 똑같은 무의식인 충동을 공유하고 있으며, 인간들은 일단 그 무의식의 내면 세계를 찾아보기만 하면 서로 이해할 수 있는 것이라고 생각하였다.

프로이트는 자기 환자의 무의식적인 공상에 대해 분개한다든지, 비판한다든지 또 놀란다든지 하는 감정을 느끼지 않고 조사할 수가 있었다. 꿈의 형성물이 모든 무의식 세계와 함께 조사의 대상이 되었는데, 그 이유는 프로이트가 매우 인간적이고 보편적인 성질을 인식하고 있었기 때문이다. 그리고 그것은 사물에 대한 의구심이나 진리의 힘, 또는 휴머니즘이나 마르크스와 프로이트의 연구를 인도해 주고 촉진시켜 주는 원리이다.

여기서는 이 두 사람의 견해가 자라난 공통적인 토양을 다루고 있지만, 두 체계에 공통된 최소한의 한 가지의 성질을 취급하지 않으면 안 되겠다. 그 한 가지 공통된 성질이란 현실에 대한 그 두 사람의 역동적이고도 변증법적인 접근 방법을 말한다.

앵글로색슨 국가에서는 헤겔 철학이 오랫동안 논의되지 않았으므로, 마르크스와 프로이트의 역동적인 접근 방법이 쉽게 이해되지 않아서 이 문제에 대한 논의가 더욱 중요성을 띤다. 심리학과 사회학의 영역이라는 두 가지 측면에서 한두 가지 예를 들어 보기로 하자.

세 번 결혼을 한 남자가 있다고 가정해 보자. 그 패턴은 언제나 같다. 그는 예쁜 소녀와 사랑을 하고, 그녀와 결혼을 해서 한동안 황홀할 정도로 행복해진다. 그러고 나서 그는 자기 아내가 횡포가 심하다거나, 또는 자기의 자유를 속박한다고 불평하기 시작한다. 언쟁과 화해가 반복적으로 나타나면서부터 다른 여자와 사랑에 빠진다. 이 여자는 사실상 자기의 아내와 매우 비슷하게 닮은 여자이다. 그는 이혼을 하고 두 번째의 '굉장한 연인'과 결혼을 한다.

그러나 약간의 변화가 있기는 하지만 비슷한 경로가 발생하여, 다시 그는 또 비슷한 여자와 사랑에 빠진다. 그러고는 다시 이혼하고 세 번째 '굉장한 여인'과 결혼을 한다. 다시 같은 경로가 발생하여 그는 네 번째 여인과 사랑에 빠지고, 이번에는 진짜 진정한 연인이라고 믿고서 과거에도 매번 그렇게 믿었던 것을 깜박 잊은 채 그녀와 결혼하고 싶어 한다. 그런데 이 마지막 여자가 우리에게 그 남자와 결혼하면 행복할 것인가 하는 가능성에 대해 물어온다면 우리는 무어라고 대답해 주어야 할까?

이 문제에 접근하는 방법에는 몇 가지가 있다. 첫번째는 순전히 행동적인 접근 방법이다. 이 접근 방법은 과거의 행동으로부터 미래의 행동에 대해 결론을 내리는 방법이다. 이 논법은 다음과 같이 전개된다. 즉, 그는 이미 세 번씩이나 이혼했으므로 네 번째도 그럴 가능성이 크다. 그러므로 그와 결혼하는 것은 모험적이다. 그러나 그녀의 어머니는 이러한 접근 방법을 이용해서는 자기 딸의 주장에 대해 대답하기가 어려울 것이다.

즉, 그 주장이란 그 남자가 세 번이나 똑같은 방식으로 행동한 것이

틀림없는 사실이기는 하나 이번에도 똑같이 그러리라는 법은 없다는 것이다. 그래서 반론은 그 남자가 변했다고 말할 것이다. 사람이 변하지 않는다고 말할 수 있을 것인가? 또 다른 주장으로서 앞서의 여인들은 모두 그가 진정 깊이 사랑할 만한 여자가 아니었지만, 이 마지막 여인은 그와 마음이 맞는 여인이라고 말할는지도 모른다. 이런 추리에 대하여 그녀의 어머니가 내세울 수 있는 설득할 만한 주장은 없다.

사실상 그 어머니가 일단 그 남자를 만나본 후 그가 자기 딸에게 깊이 빠져 있으며, 또 대단히 진실성을 가지고 대하고 있다는 것을 알고 나면, 그 어머니는 마음을 바꿔서 자기 딸의 입장이 될 수도 있을 것이다. 그 여자나 그녀의 어머니의 접근 방법은 둘 다 비역동적인 방법이다. 그들은 과거의 행위 및 현재의 말이나 행동을 근거로 해서 예측을 하지만, 그들의 예측이 막연한 추측보다 더 낫다는 것을 입증해 보일 방법은 없는 것이다.

이와 대조가 되는 역동적인 접근 방법이란 무엇일까? 이 접근 방법의 필수적인 요점은 과거나 현재의 행동 표면을 뚫고 침투하는 것이며, 과거의 행동 모형을 만들어 낸 '힘'을 이해하는 것이다. 이러한 힘이 여전히 존재한다면 네 번째 결혼도 역시 이전의 몇 차례의 결혼과 별로 다를 바 없을 것이라고 가정할 수 있다. 다른 한편으로, 만일 그의 행동 속에 깔려 있는 힘에 변화가 일어났다면 과거의 행동에 관계 없이 과거와는 전혀 다른 결과를 가져올 수 있다는 가능성이나 개연성을 우리는 인정해야만 할지도 모른다.

우리가 여기서 말하고 있는 힘이란 무엇인가? 그것은 결코 신비롭거나 이상한 것이 아니며, 추상적인 사색도 아니다. 이 힘이란 만일 우리가 적당한 방법으로 인간의 행동을 연구하면 경험적으로 인식될 수 있는 것이다. 예를 들어 우리는 다음과 같이 추측할 수가 있다. 즉, 그 남자는 자기 어머니와의 관계를 완전히 끊지 못했으며, 또한 그는 자기 자신의 남성다움에 대해서 깊은 의구심을 가진 매우 자기 도취적인 사람이다. 그는 칭찬과 애정을 끊임없이 필요로 하는 젊은이어서 일단 그의 그런 필요를 충족시켜 주는 여인을 만나면 사랑에 빠지고, 그녀를 정복하고 나서는 이내 싫증을 느끼는 것이다.

그는 새로이 자기의 매력을 입증해 보이고 싶어하기 때문에, 다시 그 자신을 재확인해 줄 수 있는 또 다른 연인을 찾아야만 하는 것이다. 동시에 그는 여인들에게 의존적이며, 여인을 두려워할 수도 있다. 그래서 친근감이 얼마간 지속되면 그는 자신이 감금되고 쇠사슬로 묶인 것으로 느낀다. 여기에서 작용하는 힘이란 그 남자의 자기 도취·의존성, 그리고 자기 회의와 같은 것으로서, 이런 것들은 지금까지 우리가 설명해 온 그런 종류의 행동에 이르게 하는 욕구를 야기시키는 것이다.

앞서 이미 말했듯이 이런 힘은 절대로 추상적인 사색의 결과는 아니다. 우리는 여러 가지 방법으로 그 힘을 관찰할 수가 있다. 즉, 꿈이나 자유로운 연상이나 공상 등을 면밀히 조사해 보거나, 또는 그의 얼굴 표정이나 몸짓, 그의 말하는 방식 등을 지켜봄으로써 알 수가 있다. 그러나 그 힘은 직접 눈에 보이는 것이 아니라서 종종 추론되어야 할 때도 있다. 더욱이 그 힘은 논리적인 의미를 지니는 이론적인 윤곽 안에서만 볼 수 있는 것일 수도 있다. 가장 중요한 사실은 이런 힘이 그 자체만으로 인식되지 않는 것은 물론이고, 그 힘이 관련된 사람의 의식적인 생각과 모순 관계에 있을 수도 있다는 사실이다.

그는 자신이 그 여인을 영원히 사랑할 수 있고, 또한 자신은 의존심을 갖고 있지 않으며, 강하고 스스로 만족하고 있다고 진지하게 확신하는 것이다. 이렇게 해서 보통 사람은 다음과 같이 생각한다. 만일 어떤 사람이 진정으로 어떤 여성을 사랑하고 있다고 느낀다면 이런 신화적인 실체를 단지 어머니에 대한 고착 관념이나 자기 도취의 탓으로 돌리면서, 어떻게 그 남자는 얼마 후에 그 여자를 버리고 떠날 것이라고 예견할 수 있겠는가? 우리 인간의 눈이나 귀가 이러한 추리보다 더 나은 심판자가 아닐까?

마르크스주의 사회학에 있어서의 문제점도 정확하게 이와 같은 것이다. 여기에서 한 가지 예를 들어 보자. 독일은 두 번의 전쟁을 일으켰는데, 한 번은 1914년, 또 한 번은 1939년이었다. 이 두 전쟁에서 독일은 서부 여러 이웃 국가를 정복하고 소련을 물리쳐 이기는 데 거의 성공했었다. 그러나 전쟁 초기에 성공을 거둔 후 독일은 주로 미국의 압도적인 힘에 의해서 두 번이나 패배했다.

패전한 독일의 경제는 심한 손실을 입었으나 두 번 모두 빠른 속도로 회복되어, 전후 5년 내지 10년 후에는 전쟁 전에 독일이 소유했던 경제적·군사적 힘을 되찾았던 것이다. 오늘날의 독일은 민주 제도를 취하고 있으며, 적은 규모의 육·해·공군을 보유하고 있다. 독일은 잃어버린 영토에 대한 권리 주장을 포기하지는 않겠지만, 잃어버린 영토를 무력으로 재공격하지는 않겠노라고 공표한 바 있다.

이 새로운 독일은 소련이나 서방의 몇몇 나라들로부터 두려운 존재로 간주되고 있다. 왜냐 하면 이 지역 국가들은 독일이 이미 이웃 나라를 두 번 공격하여 두 번 패배했음에도 불구하고 재무장을 하고 있으며, 또한 '새로운' 독일의 장관들은 히틀러를 받들던 동일 인물들이라는 이유 때문이다. 독일은 제3의 공격을 시도할 것이며, 이번에는 잃어버린 옛 영토를 회복하기 위하여 소련 연방을 공격할 수도 있다고 여기고 있다.

이런 논쟁에 대해서 나토^{NATO : 북대서양 조약기구} 국가들의 지도자들과 대다수의 여론은 그런 의심은 용인되지 않는 것이며, 사실상 매우 공상적인 것이라고 대답하고 있다. 즉, 그 나라는 새로운 민주 체제의 독일이 아닌가? 독일의 지도자들은 평화를 원한다고 선포하지 않았던가? 독일 군대는 너무 규모가 적어서 어떤 나라에 대해서도 위협적이 될 수 없지 않은가 하는 논거를 들고 있다. 만일 우리가 독일 정부의 말과^{독일 정부가 진실을 말하고 있다고 믿지만} 현재 독일의 힘을 볼 때 나토의 입장은 설득력이 있는 것 같다.

만일 어떤 사람이 독일 사람들이 전에 공격을 한 일이 있으므로 다시 공격해 올 것이라고 주장한다면, 그것은 독일이 완전히 변했다고 부정할 때만 좋은 논쟁이 된다. 위에서 말한 심리학적 실례에서처럼 만일 우리가 독일 발전의 배후에 있는 힘에 대한 분석을 시작하기만 하면, 우리는 즉각적으로 추측이라는 영역을 벗어나는 것이다. 서구의 공업 강대국 중 가장 늦게 출발한 독일은 1871년 이후로 놀라울 정도로 부상하기 시작하였다. 1895년에 독일의 강철 생산은 이미 영국의 수준에 이르고 있었고, 1914년에는 영국과 프랑스를 훨씬 앞지르고 있었다.

독일은 매우 효율적인 산업 기계를 소유하고 있었지만^{착실하고 근면하며 교육을 받은 노동자 계급에 크게 지원을 받아서,} 원료가 충분치 않았고, 식민지도 거의 가지고 있지 않았다. 독일은 자기 나라의 경제적인 잠재력을 최대한으로 활용하기 위해서는 풍부한 자원을 가진 유럽과 아프리카의 지역을 점령할 필요가 있었다. 그와 동시에 프러시아의 전통은 규율과 충성과 군대에 대한 헌신이라는 오랜 전통을 가진 장교의 계급 세습 제도caste를 독일에 마련해 주었다. 원래 영토 확장의 경향을 지니고 있는 공업적 잠재력은 장교 계급 세습 제도의 힘과 야망에 혼합되어, 이것이 1914년 독일로 하여금 첫번째 모험으로 이끈 폭발적인 유인이 되었다.

베트만-홀베그Bethmann-Hollweg 치하에 있던 독일이 전쟁을 추구한 것은 아니지만 군인들에 의해 전쟁을 강요당했다. 즉, 전쟁 발발 후 3개월이 되었을 때 독일의 중공업 분야와 은행의 대표자들이 전쟁의 목적을 정부에 제시했고, 독일 정부는 그것을 받아들였던 것이다. 이러한 전쟁의 목적은 1890년대 이래로 산업 분야의 정치적 선봉이었던 전독일협회全獨逸協會가 요구했던 것과 다소 일치하는 것이었다. 다시 말해서 프랑스·벨기에·룩셈부르크의 석탄과 철자원과 아프리카의 식민지特히 카탕가, 그리고 동양의 약간의 영토에 대한 욕심이 전쟁의 목적이었던 것이다.

그 전쟁에서 패배한 독일의 산업 역군들과 군인들은 한동안 그들의 세력을 위협할 것 같은 혁명을 겪었지만, 그럼에도 불구하고 그들의 세력을 여전히 보유하고 있었다. 1930년대에 이르자 독일은 1914년 이전에 지녔던 그들의 우월한 위치를 다시 회복하게 되었다. 그러나 600만 명의 실업자가 생긴 경제 대공황이 발생했고, 이것이 자본주의 체계 전체를 위협하였다. 사회주의자나 공산주의자가 인기 투표의 반 가까이를 차지하게 될 형편이었으며, 게다가 나치스는 반자본주의의 강령 아래 수백만의 사람들을 동원하고 있었다. 산업가와 은행가 및 군 장성들은 좌익 정당과 노동조합을 쳐부수고, 새롭고 강력한 군대와 더불어 국가주의적 정신을 확립하자는 히틀러의 제안을 받아들였던 것이다.

히틀러는 자기 자신의 계획안을 실시할 수 있도록 허가를 받았으며, 이 계획안에 대해서 공업 관계의 동맹자나 군부의 동맹자들이 특별히 좋아한 것은 아니었지만 크게 반대하지도 않았다. 공업 관계 종사자들이나 군대에 위협적인 존재였던, 나치의 유일한 힘이었던 특수 부대SA 군단는 1934년 그 지휘관들이 대규모로 학살됨으로써 파멸되었던 것이다. 히틀러의 목표는 1914년 루덴돌프Ludendorf가 계획했던 것과 같은 계획안을 실행하는 것이었다.

이번에는 장성들도 전쟁 계획에 대해서 마지못해 응하는 입장이었다. 하지만 서방의 몇몇 정부들이 공감해 주는 데 힘입어 히틀러는 그의 장성들에게 자기의 탁월한 재능과 자신의 군사 계획의 정확성을 확신하도록 설득할 수 있었다. 드디어 히틀러는 1939년의 전쟁에 대한 장성들의 지지를 얻는 데 성공했으며, 이 전쟁은 1914년 카이저 Kaiser 황제의 전쟁 목적과 같은 것이었다. 서구 국가들이 1938년까지는 히틀러에게 동정적이었고, 그의 인종적·정치적 박해에 대해서도 거의 반대하지 않았으나, 히틀러가 신중함을 잃고 영국과 프랑스를 전쟁에 동참하도록 강요했을 때 상황은 크게 변하고 있었다.

그 때부터 히틀러에 대항한 전쟁은 독재에 항거하는 전쟁이었고, 이 전쟁은 1914년의 전쟁이 그러하였듯이 서방 세력의 경제적·정치적 지위에 대한 항거한 전쟁이었다. 패전한 독일은 잘 알려진 나치 지도자를 제거함으로써 제2차 세계 대전이 나치 독재에 항거한 전쟁이었다는 것을 합리화시키려 했고또 유대인과 이스라엘 정부에 대해 상당한 액수의 배상금을 지불했다, 새로운 독일은 카이저 황제의 독일이나 히틀러의 독일과는 전혀 다른 것이라고 주장했던 것이다.

그러나 실제로 기본적인 상황은 변화된 것이 없었다. 독일의 공업은 영토가 다소 줄어든 것 외에는 제2차 세계 대전 이전만큼 막강해졌다. 독일 귀족인 융커the Junkers 일당이 동프러시아에서 그들의 경제적 기반을 잃기는 했으나, 독일의 군대 계급은 거의 전과 마찬가지였다. 1914년과 1939년에 있었던 독일의 영토 팽창주의의 세력은 지금도 전과 다름이 없으며, 이번에는 좀더 강력한 감정적인 역동성이 조성되어 있다. 즉, '빼앗긴' 영토를 반환해 달라는 끈질긴 요구가 바로 그것이다.

독일의 지도자들은 많이 각성되어 있었다. 그들은 이번에는 가장 강력한 서방 세력을 적국으로 보는 것이 아니라, 미국과 동맹을 맺어 일을 추진하고 있었다. 또 독일은 이미 경제적·군사적으로 가장 막강한 세력이 되었으므로, 새로 연합한 유럽의 지도적 세력으로 등장하는 좋은 기회를 얻기 위해 서구의 모든 나라와 동맹하는 데 합류했던 것이다. 독일이 이끌고 있는 새로운 유럽은 과거의 독일이 그랬듯이 영토 팽창주의자가 될 것이며, 또한 독일의 옛 영토를 회복하기를 열망해서 평화를 크게 위협하는 존재가 될 수도 있을 것이다.

내가 이 말을 하는 것은 독일이 전쟁을 원하고 있다거나 열핵전쟁 thermo-nuclear war을 원하고 있다는 말을 하고자 함은 아니다. 내가 말하고자 하는 것은, 새로운 독일은 전쟁을 일으키지 않고도 이런 목표를 달성하고 싶어하며, 한때 막강했던 압도적인 힘이라는 위협의 수단을 통해서 목표를 이루고 싶어한다는 것이다.[2] 그러나 1914

---

2) 아데나워는 1952년 3월 6일 라디오 인터뷰에서 다음과 같이 말했다. "한때 서구 세계가 강대했을 때, 소련뿐 아니라 철의 장막으로 묶여 버린 동유럽의 모든 국가들은 자유와 평화를 위한 협상이 시작될 것으로 기대했었다."

년과 1939년에 영국과 프랑스가 독일의 강력화를 방관하지 않았던 것처럼 점점 더 막강해지는 독일의 양태를 소련이 조용히 좌시하지만은 않을 것이기 때문이다.

여기서 다시 환기시키고 싶은 요점은, 25년 동안에 두 번의 전쟁을 일으켰던 독일은 다시 경제적·사회적·정서적 세력이 작용 중에 있으며, 이 세력은 또 다른 전쟁을 일으킬 가능성이 농후하다는 사실이다. 이 말은 어떤 특정인이 전쟁을 원하고 있다는 뜻이 아니라, 이런 힘이 사람의 배후에서 작용을 해서 전쟁을 일으킬 수 있는 상태로까지 발전해 갈 수 있다는 뜻이다. 이러한 힘을 분석함으로써만 우리는 과거를 이해할 수 있고 미래를 예견할 수가 있는 것이다. 다시 말해서 그 세력이 존재하는 그대로의 현상을 관찰하는 데서 그치는 관점만으로는 안 된다는 것을 뜻한다.

마르크스에게는 프로이트와 마찬가지로 그들보다 앞서 달리고 있는 선두 주자들이 있었다. 그러나 이 두 사람은 각각 자신의 주제를 과학적 이해 정신으로 접근한 최초의 인물이었다. 그들은 사회와 개인에 대해서 각각 엄청난 일을 이룩한 사람들로서, 이것은 심리학이 살아 있는 세포에 대하여, 또 이론 물리학이 원자에 대하여 이룩한 것과 같은 업적이다. 마르크스는 사회를 여러 가지 모순이 있지만 확신할 수 있는 힘을 지닌 복잡한 구조로 보았다.

우리가 이러한 힘을 이해하면 과거를 이해할 수 있고, 또 어느 정도까지는 미래를 예견할 수도 있다. 이 말은 필연적으로 일어날 사건들의 입장에서가 아니라, 인간이 선택해야 하는 제한된 양자 택일이 존재한다는 입장에서이다. 반면에 프로이트는 정신적 실체로서의 인간은 여러 가지 힘으로 이루어진 구조물인데, 이 힘의 대부분은 서로 모순된 상태로 에너지가 충전되어 있다는 것을 발견하였다.

여기에서 중요한 것은 과거를 이해하고 미래에 대한 양자 택일을 예언하기 위해서는 이러한 힘의 질이나 강도 및 방향을 이해해야 하는 과학적 과제라 하겠다. 여기에서도 변화는 주어진 힘의 구조가 허용되는 범위 내에서만 가능하다. 더구나 주어진 구조 안에서의 에너지 변화라는 측면에서의 진정한 변화는 이러한 힘과 이 힘을 움직이는 법칙에 대하여 깊이 이해하는 것뿐만 아니라, 부단한 노력과 의지를 필요로 하는 것이다.

마르크스와 프로이트의 사상이 성장한 공통적인 토양은 휴머니즘과 인간성의 개념으로써 유대교 및 그리스도교의 전통과 그리스·로마의 전통으로 거슬러 올라가며, 르네상스와 함께 유럽의 역사에로 새로 진입하게 된 것이고, 18세기와 19세기에 이르러 활짝 꽃피게 된 것이다. 문예 부흥에 대한 인간적인 이상은 전체적·본편적인 인간을 꽃피게 하는 것이었으며, 이러한 인간은 자연계 발전의 최고의 꽃으로 여겨졌다.

프로이트는 사회적 인습이 지니고 있는 힘에 항거하는 인간의 자연스런 충동에 대한 권리를 옹호했으며, 이성이 이런 충동을 통제하고 고상하게 한다고 믿었는데, 이것은 휴머니즘적 전통의 소산이다. 마르크스는 인간이 경제에 예속되어서 절름발이가 된 그런 사회적 질서에 항거하고 있으며, 전체적이고 소외되지 않은 인간의 완전한 개화를 이상적으로 여겼다. 그리고 이것 역시 휴머니즘적 전통의 일부인 것이다.

프로이트의 시각은 인간의 욕구란 본질적으로 성적인 욕구라고 해석하는, 기계적·물질적 철학에 의해서 범위가 한정되고 있다. 그러나 마르크스의 시각은 시야가 훨씬 더 넓다. 그 이유는 그는 계급 사회가 인간을 절름발이로 만드는 것을 알고 있었기 때문이다. 따라서 일단 사회가 완전히 인간적으로 되기만 하면, 절름발이가 된 인간이나 인간이 발전할 수 있는 가능성에 대해서도 시야를 넓힐 수가 있었을 것이다. 프로이트는 자유주의적 개혁자이고, 마르크스는 과격한 혁명가였다.

과거에는 그들이 서로 다른 점도 있었지만, 이 두 사람은 인간을 자유롭게 하려는 의지와, 자유라는 도구로서의 진리에 대해 똑같이 타협을 모르는 신념을 갖고 있었다는 공통적 요소를 지니고 있다. 또한 이러한 해방에 대한 조건을 환상의 사슬을 끊을 수 있는 인간의 능력에 달려 있다는 신념에 있어서도 두 사람의 견해가 공통되고 있는 것이다.

2

인간의 개념과 본질

모든 사람들은 기본적으로 해부학적으로 생리학적으로 똑같은 특성을 공유하고 있다는 것은 매우 일반적인 말이다. 모든 의사는 자기 자신과 같은 인종人種에게 적용했던 것과 같은 치료 방법으로, 인종이나 피부색에 관계 없이 모든 사람들을 치료할 수 있다고 생각하는 법이다. 그러나 모든 인간들이 모두 같은 정신 조직을 지니고 있다고 할 수 있을까?

또한 인간이 모두 같은 인간성을 지니고 있다고 할 수 있으며, 과연 이러한 인간적인 실체가 존재하는 것일까? 이런 질문은 결코 순수 문학의 성격을 띠고 있다고는 할 수 없다. 만일 인간마다 기본적인 정신 구조가 다르다고 하면 어떻게 우리는 생리학적, 또는 해부학적 의미 이상의 뜻을 지닌 인간성을 말할 수 있을까? 만일 '낯선 사람'이 우리와 근본적으로 다른 사람이라면 어떻게 우리는 그를 이해할 수가 있을까? 또 우리 모두가 똑같은 인간적 본성을 가지고 있다는 사실이 거짓이라면, 우리는 어떻게 전혀 다른 문화·신화·조각의 예술을 이해할 수가 있을까?

　인간성의 개념이나 휴머니즘의 개념은 모든 사람들이 인간적 본성을 공유하고 있다는 생각 위에 기초하고 있다. 이것은 유대교나 기독교 사상의 대전제大前提일 뿐 아니라, 불교의 대전제이기도 한 것이다. 불교는 실존주의적·인류학적 용어로 인간의 모습을 전개해 나가고 있으며, 똑같은 심리 법칙이 모든 인간들에게 적용되는 것으로 본다. 왜냐 하면 '인간적 상황'이 우리 모두에게 똑같다고 간주하기 때문이다. 우리는 각 개인의 자아가 서로 다르며 불멸성을 지니고 있다는 환상 속에 살고 있다. 우리는 '나'라고 하는 독특한 존재를 포함한 여러 가지 사물에 집착하는 탐욕스런 욕구에 의해서 존재에 대한 모든 문제들의 답을 찾고자 애쓰고 있다.

　우리는 삶에 대한 이런 식의 대답이 거짓이므로 고통스러워 하고 있는 것이다. 따라서 우리는 올바른 답을 제공함으로써만이 고통을 제거할 수 있다. 별개別個 또는 탐욕이라는 환상을 극복하고 우리들의 존재를 지배하는 근본적인 진리에 눈을 뜨는 것이 필요한 것이다. 최고의 창조자이며 지배자인 하느님과 관련하여, 뚜렷이 형상화된 유대교와 그리스도교의 전통은 다른 종교와는 다른 방법으로 인간을 정의하고 있다. 한 남자와 한 여자가 전인류의 조상이며, 이 조상들도 앞으로 다가올 모든 세대와 마찬가지로 하느님의 형상으로 창조되었다.

　이들은 모두 그들이 인간이 되게 하는 기본적 특성을 공유하고 있다. 이 사실이 그들로 하여금 서로를 알고 서로를 사랑하게 하는 것이다. 이것이 메시아가 재림하는 날을 예언적으로 묘사하는 대전제요, 모든 인류에 대한 평화적 통일체이다. 현대 역동심리학의 아버지로 불리는 스피노자는 인간 본성의 모습을 '인간 본성의 모형'이란 말로 설명했다. 그는 인간 본성의 모형이란 확인할 수도 있고 정의를 내릴 수도 있는 것으로 보았으며, 여기에서부터 인간 행동과 반응의 법칙이 뒤따라 나오는 것으로 보았다.

어떤 특정한 문화를 지닌 인간이 아니라, 모든 인간들은 하나이기 때문에 자연에 존재하는 다른 존재와 같이 이해될 수 있는 것이다. 따라서 항상 똑같은 법칙이 우리 모두에게 효력을 발생하는 것이다. 18세기와 19세기의 철학자들특히 괴테와 헤르더은 인간이 타고나는 본성은 인간을 더 높은 발전 단계로 이끌어주는 것으로 믿었다. 그들은 또한 모든 개인이 자신의 개성뿐 아니라 잠재력을 지닌 인간성을 지니고 있다고 믿었다. 그들은 삶이라는 과제를 개성을 통해서 전체를 향해 발전해 나가는 것으로 여겼다.

그들은 인간성의 법칙은 누구에게나 주어지는 것이며, 모든 인간들에 의해서 이해될 수 있는 것으로 믿었던 것이다.[1] 오늘날에는 인간 본성 및 인간 본질에 대한 개념에 대해서 나쁜 평판이 나오게 되었다. 그 부분적인 이유로는 인간 본질이라는 형이상학적이고도 추상적인 개념에 대해 사람들이 갖고 있는 회의적인 생각 때문이고, 또 다른 이유는 인간이 불교 신자·유대교 및 기독교 신자·스피노자 추종자, 그리고 계몽주의 개념 등의 기초를 이루고 있는 인간성에 대한 체험을 잃어버렸기 때문이다. 현대 심리학자나 사회주의자들은 인간을 한 장의 백지로 보고, 그 백지 위에 각각의 문화가 그 자체의 과제를 써내려가는 것으로 여기는 경향이 있다.

---

1) H. A. Korff의 《괴테 시대의 정신Geist der Goethezeit》1958년과 Chapel Hill의 《독일의 비교문학적 소고Essays in German Comparative》1961년를 참조.

그들은 인류가 하나임을 부인하지 않는 반면에, 이 인간성의 개념에 대한 내용이나 본체에 대해서는 언급하고 있지 않다. 이러한 현대적인 경향과는 대조적으로 마르크스와 프로이트는, 인간의 행동은 정확히 이해할 수 있는 것으로 보고 있다. 그 이유는 그것이 인간의 행동이라는 심리적·정신적 성격이라는 측면에서 정의될 수 있는 한 종족의 행동이기 때문이다. 인간 본성의 존재를 가정하는 데 있어서 마르크스는 그것을 인간의 특정한 현시顯示와 혼동하는 실수는 범하지 않았다. 마르크스는 '일반적인 인간의 본성'과 '각각 역사적 시기에 형성된 인간의 본성'[2]은 다른 것으로 보고 있다.

일반적인 인간의 본성은 물론 우리가 직접 볼 수 없는 것인데, 그 이유는 우리가 관찰하는 것은 언제나 여러 가지 문화 속에 들어 있는 인간 본성의 특정한 현시이기 때문이다. 그러나 우리는 이상에서 말한 여러 가지 표명으로부터 이 '일반적인 인간의 본성'은 무엇이며, 또 그것을 지배하는 법칙은 무엇이며, 인간이 인간으로서 지니고 있는 필요물은 무엇인가 하는 문제를 추론할 수가 있는 것이다.

마르크스는 그의 초기 작품 속에서 이미 '일반적 인간의 본성'이라든가, '인간 본질'이라는 말을 사용하고 있다. 그는 후에 각 개인에게 있어서 인간의 본질이 타고난 추상 개념이 아니라는 것을 명백히 하기 위하여 이 인간의 본질이라는 용어를 사용하지 않았다.[3] 마르크스는 또한 인간의 본질을 비역사적인 본체로 간주한다는 인상을 주게 될 것을 우려해 이 용어를 피하고 싶어했다. 마르크스는 인간의

---

2) 《자본론 I》K. 마르크스, 1906년, p.668
3) 《독일 이데올로기German Ideology》K. Marx & F. Engels, 1939년, p.198. 《마르크스의 인간 개념》E. 프롬, p.69. 《K. 마르크스의 철학과 신화Philosophy & Myth in Karl Marx》R. Tucker, 1961년.

본성이란 하나의 주어진 잠재력인 동시에 일련의 상황이고 인간적인 원료로 보았다. 이를 테면 문명이 시작된 이래로 인간 두뇌의 크기나 구조가 항상 불변하였듯이 인간의 본성 역시 변화할 수 없다는 것이었다.

하지만 역사의 과정 속에서 인간은 반드시 변한다. 인간은 역사의 산물로서, 역사가 전개되는 동안 스스로 변화한다.

인간은 그가 잠재적으로 타고난 존재를 실현하게 된다. 역사란 인간이 태어나면서 부여받은 이러한 잠재력을 — 일이라는 과정에서 — 개발함으로써 인간 스스로 창조해 나가는 과정이다. 마르크스는 이른바 "전체의 세계 역사는 인간이 일을 함으로써 인간 자신이 창조한 것에 불과한 것이며, 또한 이것은 인간 자신에 대한 본성의 표출이다. 따라서 인간은 자신의 근원을 스스로 창조한다고 하는 명백하고도 반박할 수 없는 증거를 지니고 있다"[4]고 하였다.

마르크스는 두 가지 측면에서 비판하고 있다. 즉, 인간의 본성이 역사의 시작 이래 존재하는 실체라는 비역사적인 면과, 인간의 본성이 타고난 자질이 아니라 사회적 상황의 반영에 불과하다는 상대론적인 면이 또 다른 하나의 비판의 대상이다. 하지만 마르크스는 비역사적인 입장과 상대론적인 입장을 초월해서 인간 본성에 관한 그의 논리를 완전히 전개하는 단계에까지 이르지 못했다. 그래서 그는 여러 가지 모순된 해석을 용납한 셈이 된다. 그럼에도 불구하고 우리는 그의 인간에 대한 개념으로부터 인간의 병증세와 건강에 대한 어떤 개념을 발견할 수가 있다.

----

4) 《마르크스의 인간 개념》 중 T. B. Bottomore가 번역한 마르크스의 〈경제적·철학적 소고〉, p.139

마르크스는 신경증적 증세에 대한 주요 표현으로서 '불구의' 인간과 '소외된' 인간에 대해 말하고 있으며, 정신적 건강에 대한 주요 표현으로서 능동적이고 생산적이며 자립적인 인간을 얘기하고 있다. 이러한 개념들에 대해서는 마르크스와 프로이트의 인간 동기 유발의 개념에 대해 토론하고 난 다음에 고려해 보기로 한다.

이 시점에서 우리는 먼저 프로이트의 사고 속에 들어 있는 인간 본성의 개념을 살펴보아야 한다. 이러한 인간 본성의 개념은 프로이트의 연구의 주제가 인간됨, 즉 스피노자의 말을 빌려 표현하면 '인간 본성의 모형'을 형성했다는 프로이트의 논리 체계를 알고 있는 사람에게는 설명할 필요도 없는 것이다. 이러한 모형은 19세기 물질주의적 사상에서 비롯된 것이다. 인간은 성적 충동리비도이라고 불리는 비교적 일정한 성적 에너지에 의하여 움직여 나가는 기계와 같은 것으로 본다.

이 성적 충동은 고통스런 긴장 상태를 불러일으키며, 이 고통스런 긴장 상태는 육체적 해방이라는 행위에 의해서만 해소될 수 있다. 프로이트는 이런 고통스러운 긴장 상태로부터의 해방에 대해 '쾌락'이라는 이름을 부여하고 있다. 긴장이 줄어들고 난 후에, 성적 충동에 의한 긴장은 신체의 화학적 작용에 의해 다시 상승되고 이 새로운 긴장의 감소, 즉 쾌락적 욕구가 일어나게 된다고 본다. 긴장으로부터 긴장의 완화에 이르고, 또다시 새로운 긴장에 이르며, 고통에서 쾌락을 거쳐 다시 고통에 이르는 이런 역동적인 힘을 프로이트는 '쾌락 원리'라고 불렀다. 그는 이것을 '현실 원리'와 대비시켰는데, 이 현실 원리란 인간이 생존하기 위해 인간이 살고 있는 현실 세계에서 찾을 것과 피할 것을 인간에게 말해 주는 것을 뜻한다.

이 현실 원리는 쾌락 원리와 종종 상충되기도 하며, 이 두 가지 원리 사이에 어떤 평행을 유지하는 것이 정신 건강의 조건인 것이다. 이 두 가지 원리 중에 어느 한편이 균형을 잃으면 신경성 내지는 정신 질환의 증후가 나타나는 것으로 본다.

3

인간의 진화

프로이트는 마르크스처럼 인간의 발달을 진화론적인 입장에서 보고 있다. 개인의 계발에 관해 프로이트는 인간의 주된 추진력, 곧 성적 에너지가 태어나면서부터 사춘기까지 각 개인의 생애에 있어 진화를 겪게 되는 것으로 본다.

그것은 첫째 어린아이가 빨거나 물어뜯는 행위에 집중되어 있는데, 그 다음에는 항문과 요도를 통한 배설 작용으로 진행되고, 궁극적으로는 생식기 주변으로 집중된다고 본다. 이 성적 충동은 동일하지만 개인이 겪는 역사에 따라서 달라진다는 것이다. 다시 말해서 성적 충동이 지니고 있는 잠재력은 동일하나 개인이 진화하는 과정을 통해 그 표현은 달라진다고 하는 것이다. 인류 발달에 대한 프로이트의 표현은 개인 발달의 몇 가지 양상과 유사한 점이 있는 반면 다른 점도 있다.

프로이트는 원시인을 자기의 본능에 완전한 만족을 부여하는 사람으로 보고 있으며, 이들은 원시적 성욕의 일부가 되는 성도착 본능에 대해서도 완전한 만족을 부여하는 것으로 보는 것이다. 그러나 이런 원시인은 본능적으로는 완전히 만족할 수 있으나 문화와 역사의 창조자는 아니라는 것이다. 인간은 프로이트가 명확히 밝히지 못하고 있는 몇 가지 이유로 인해서 문명을 창조하기 시작하게 된다.

인간이 지닌 이 창조하는 힘은 인간으로 하여금 본능에 대한 즉각적이고도 완벽한 만족을 포기하도록 강요하고 있다. 이 좌절된 본능은 비성적인 정신적·심리적 에너지로 변화하였으며, 이 사실이 문명의 초석이 된 것으로 본다. 이렇게 성적 에너지가 비성적 에너지로 변하는 용어를 프로이트는 '승화'란 말로 부르고 있다. 문명이 발전하면 할수록 인간은 점점 더 승화 작용을 하게 마련이지만, 이것은 인간이 본래 타고난 성적 충동에 대해 더욱 좌절감을 느끼게 된다고 보는 것이다.

인간은 점점 더 현명해지고 점점 더 교양을 쌓아 가지만, 그는 어떤 의미에서는 원시인들보다도 덜 행복하게 되었으며, 점차적으로 본능적 좌절의 결과인 신경 질환의 경향을 보이게 된다. 이렇게 해서 인간은 인간이 창조하는 바로 그 문명에 대해 불만을 갖게 된다. 역사적 발전이 너무 분명한 현상인 반면, 문명의 산물이라는 견지에서 보면 역사적 발전은 증대되는 불만과 신경 질환의 가능성이 증대되는 발전이라고도 할 수 있다.

프로이트가 역사를 보는 이론의 또 다른 면은 오이디푸스 콤플렉스와 관련이 있다. 프로이트는 그의 저서 《자연 숭배와 금기》에서 원시 시대에서 문명으로 이르는 결정적인 발걸음은 아버지에 대한 아들의 반발심에서 비롯되어 그 반발심으로 증오의 대상인 아버지를 살해하게 되었다는 가설을 발전시키고 있다. 그리고 나서 그 아들들은 어떤 계약을 기초로 하는 사회 체계를 건설하게 되었으며, 이 계약으로 그 경쟁자들 사이에 더 이상의 살인이 일어나지 않게 하는 동시에 도덕성의 확립을 이룩할 수 있었던 것이다.

프로이트는 어린아이의 진화도 그와 같은 과정을 따르게 된다고 본다. 대여섯 살의 어린 소년은 그의 아버지에 대한 혐오감과 질투심을 갖고 있으며, 거세 공포가 주는 중압감으로 인해 아버지에 대한 살해 욕구를 억제한다는 것이다. 계속되는 공포로부터 자신을 해방하기 위하여 그는 근친 상간의 금기를 내면화하는 것이며, 이렇게 해서 하나의 핵을 형성하여 점차 자기 자신의 양심이 성장하게 되는데, 이 핵이 곧 초자아이다.

그 후에 다른 권위에 의해서 표현된 근원적인 금지와 명령은 아버지에 의해서 표현된 근원적인 금기 위에 더 추가되는 것으로 본다. 마르크스는 개인의 진화에 대해서 개괄적인 설명을 시도하려 하지 않았다. 그는 역사 속의 인간의 발전에 대해서만 관심을 가졌을 뿐이었다. 마르크스에 의하면 역사란 계속적인 모순에 의해서 나아가는 방향이 결정된다고 한다. 생산의 힘이 커지면 이것은 과거의 경제적·사회적·정치적인 형태와 상충하게 되고, 이러한 충돌예컨대 증기기관차가 나온 사회와 그 이전의 사회적 체계 사이의 충돌은 사회적·경제적인 변화를 불러일으키게 된다.

그러나 새로운 안정감은 또다시 더 발달된 생산력예컨대 증기기관을 사용하다가 휘발유·전기·원자력을 사용하는 것과 같은에 의해 도전받게 되며, 이것은 새로운 생산력에 더 적합한 사회 형태에 이르게 된다는 것이다. 생산력과 사회 정치 구조의 충동과 함께 사회 계층 간의 충돌도 일어난다. 오래 된 생산 양식에 바탕을 둔 봉건 계급은 소수의 생산업자와 사업가로 이루어진 중산 계층과 충돌하게 되며, 이 중산 계급은 얼마 후에는 초창기의 적은 형태의 기업을 질식시키는 대규모의 독점 기업의 지도자 및 노동자 계급과 적대 관계에 처하게 되는 것이다.

인간의 정신적 진화는 역사의 과정 속에서 발생한다. 마르크스의 진화론의 중심 개념은 인간의 자연과의 관계에서, 또 이러한 관계가 발전하는 과정에서 찾아볼 수 있다. 역사의 초기에 인간은 전적으로 자연에 의존하였다. 진화의 과정에서 인간은 자연으로부터 독립하게 되었으며, 일을 하는 과정에서 자연을 다스리며 변형시키기 시작하였고, 자연을 변형시키면서 인간 자신에도 변혁을 가져오게 되었다. 자연에만 의지하던 인간은 자유나 사고를 위한 능력에 제한을 받게 마련이다.

인간은 여러 가지 면에서 어린애와 같다고 하겠다. 그는 천천히 자라면서 자연을 완전히 지배하게 되어서 자립하게 될 때에야 비로소 모든 그의 지적·경제적 능력을 발휘할 수 있게 되는 것이다. 마르크스에게는 사회주의란 완전히 성숙한 어른이 자기의 모든 힘을 펼칠 수 있는 사회를 의미하고 있다. 마르크스가 그의 저서 《자본론》에서 인용한 다음과 같은 말은 이 문제에 관한 그의 견해를 표현해 준다. 즉, 고대 사회의 생산 조직은 부르주아 사회와 비교해 볼 때 매우 단순하고 명료하다.

그러나 이 두 사회는 원시적인 씨족 사회에서 그 동료와 탯줄로 결합된 상태에서 떨어지지 못한, 개인적으로 미성숙된 발전 단계 위에 세워져 있거나, 아니면 직접적인 복종 관계 위에 세워진 사회이다. 노동 생산력의 발달이 낮은 상태를 벗어나지 못하고, 그래서 인간과 인간 사이 및 인간과 자연 사이의 물질 생활의 영역 안에서의 사회적 관계가 좁을 때에만 그러한 생산 조직이 출현하고 존속하게 되는 것이다.

이렇게 좁아지는 현상은 고대의 자연 숭배나 통속 종교에 잘 반영되고 있다. 일상 생활의 실질적 관계가 인간에게 자기 동료들이나 자연에 관하여 철저히 이해할 수 있으며, 합리적인 관계를 제공하게 되면 현실 세계에 대한 종교적 반영은 사라지게 된다. 물질 생산의 실제적 과정은 자유로운 상태로 맺어진 사람들에 의해서 생산물로서 취급될 때나 또는 안정된 계획대로 의식적 통제를 받을 때에 비로소 신비의 베일을 벗길 수가 있는 것이다.

그러나 이것은 어떤 물질적 기반이나 오랜 고통스러운 발전 과정에서 사회를 위하여 자연 발생적으로 생기는 일련의 전제 조건을 필요로 한다.*

한 종족으로서의 인간은 노동을 통해서 어머니와 같은 자연으로부터 자신을 서서히 해방시키게 되는 것이며, 이러한 해방의 과정에서 인간은 그의 지적·정서적 힘을 개발시키는 것이며, 성장해서 자립적으로 자유로운 인간이 되는 것이다. 인간이 자연을 인간의 완전하고도 이성적인 지배하에 두려고 노력할 때, 또는 사회가 적대 계급의 성격을 상실할 때에 '역사 이전의 시대'는 끝나게 될 것이며, 진정한 인간의 역사가 시작될 것이고, 이 진정한 인간 속에서 자유로운 인간들이 자연과 더불어 상호 교류를 계획하고 조직할 수가 있는 것이다.

여기에서 모든 사회 생활의 목표나 목적은 노동이나 생산이 아니라, 인간의 능력을 하나의 목적으로 꽃피게 하는 것이다. 마르크스

---

*《자본론 I》, pp.91~92

에게 이런 상태는 인간이 자기의 동료들이나 자연과 완전히 연합하게 되는 '자유의 왕국'이 되는 것이다. 역사에 관한 마르크스와 프로이트의 대조적인 개념은 너무도 확연히 드러난다. 마르크스는 인간의 완전성이나 진보에 대해 뚜렷한 신념을 갖고 있으며, 이런 신념은 기독교의 문예 부흥 및 계몽적 사상을 통해 선지자들로부터 서방의 메시아 전통에 뿌리 박히게 되었다. 특히 1차 대전 후의 프로이트는 회의주의적 입장에 있었다. 그는 인간 진화의 문제를 근본적인 입장에서 하나의 비극으로 보았다.

인간이 하는 일은 무엇이나 좌절로 끝난다. 만일 인간이 다시 원시인으로 돌아간다면, 쾌락은 소유할 수 있지만 지혜는 소유하지 못할 것이다. 만일 인간이 현재보다 더 복잡한 문명 사회를 계속해서 이룩해 나간다면, 그는 더 현명해질 수는 있어도 더 불행해지며, 더 병적인 상태가 될 것이다. 프로이트는 진화란 애매 모호한 축복이며, 사회는 이익을 주는 것만큼 유해하기도 한 것으로 보았다.

마르크스에게 역사란 인간이 자기 실현을 향해 나아가는 행진이었다. 사회란 어떤 주어진 환경에 의해서 어떤 악이 생겨난다 해도 인간이 자기 실현을 이룰 수 있는 조건이 되는 것이다. 마르크스에게 있어서 '훌륭한 사회'란 훌륭한 인간 사회, 즉 완전히 개발되고 건전하며 생산적인 사회를 말한다.

4

인간적인 동기

    인간을 어떤 방식으로 행동하게 만드는 동기가 되는 힘이나, 인간으로 하여금 어떤 방향으로 나아가도록 추진하는 충동은 무엇인가? 이 질문에 대한 대답에서 마르크스와 프로이트는 상당한 거리가 있고, 양자의 체계 사이에는 해결할 수 없는 모순이 있는 것처럼 보인다.

    일반적으로 마르크스의 유물론적인 역사는, 인간의 주요 동기란 마치 물질적 만족을 소원하는 것이고, 무한하게 더 많은 것을 사용하고 싶고 소유하고 싶어하는 것을 뜻하는 것처럼 이해되고 있다. 그것은 인간의 필수적인 동기로서의 물질에 대한 탐욕은 인간 행동의 가장 강한 동기를 형성하는 것이 성욕이라고 한 프로이트의 개념과는 대조되는 것이다. 재물에 대한 욕구나 성적인 만족을 위한 욕구는 인간의 동기에 관한 한두 가지 모순된 이론이 되는 것 같다. 이러한 과정이 프로이트에게 있어서는 지나치게 단순화된 왜곡이라는 사실은 이 이론에 대해 이미 설명한 바와 같다.

    프로이트는 인간을 모순에 의해서 동기가 부여되는 존재로 보고 있다. 이 모순이란 성적 쾌락을 위한 노력과 생존 및 자기의 환경을 지배하고자 하는 노력 사이의 모순을 뜻한다. 프로이트가 후에 세운 요인 — 앞에서 이미 언급한 것들과 상충하는 초자아로서 — 을 아버지의 권위와 아버지가 나타내는 규범과 통합시킬 때 이런 충돌은 훨씬 더 복잡해진다. 프로이트에게 있어서 인간은 성적 충동에 의한 욕구에 의해서가 아니라, 서로 충돌하는 힘에 의해 동기가 부여되는 것이다.[1]

동기에 대해서 마르크스가 상투적으로 쓰는 표현은 프로이트의 표현에서 보다 훨씬 더 철저하게 왜곡하고 있다. 이런 왜곡은 ‘유물론’이란 용어를 오해하는 데서 비롯된다. 유물론이라는 용어와 이 말의 상대어인 ‘관념론’은 그것들이 적용되는 문맥에 따라 물질적 만족에 관심을 갖는 유물론자를 뜻하며, 관념론자라는 것은 관념, 즉 정신적·윤리적인 동기에 의해서 동기가 유발되는 사람을 가리킨다. 하지만 유물론이나 관념론은 둘 다 철학 용어로서 전혀 다른 의미를 갖는다. 즉, 유물론이란 말은 마르크스의 역사적 유물론_{유물사관}을 가리킬 경우에만 해당되는 뜻으로 사용되어야 한다_{역사적 유물론이란 말을 마르크스 자신은 한 번도 사용한 일이 없다}.

철학적으로 말해서 관념론이란 관념이 기본적인 실재를 형성하며, 우리가 감각에 의해서 감지하는 물질 세계는 그 자체가 실재일 수 없다는 것이라고 가정함을 뜻한다. 19세기 말에 널리 유행한 물질주의에서는 물질이 현실적이고, 관념은 그렇지 못하다는 것이었다. 마르크스 기계론적 유물론_{이것은 프로이트의 근본 사상이다}과 대조적으로 물

---

[1] 지금까지 주로 언급해 왔던 프로이트의 심화된 이론에서는 인간 행위의 동기 내부에서 끊임없이 대립되는 두 가지 힘, 즉 삶의 본능과 죽음의 본능을 모순의 관계로 파악했다.

질과 마음의 인과 관계에는 관심이 없었으며, 실질적인 인간 활동의 결과로서의 현상을 이해하는 데 관심을 가졌다. 마르크스는 다음과 같이 말을 하고 있다.

"하늘에서 땅으로 내려오는 독일 철학과 직접적인 대조를 이루는 것으로서, 여기에서는 우리가 땅으로부터 하늘로 올라가는 것으로 보아야 한다. 바꿔 말하면 이것은 인간들이 상상하고 생각하는 것으로부터 출발하여 인간에게 직접적인 그들의 현실 생활의 과정을 바탕으로 하여, 이념적인 반영의 발전과 이 생활 과정의 반향을 논증하는 것이다."[2]

마르크스의 유물론은 인간 자신과 인간이 자기 자신을 설명하려고 하는 세계에 대한 견해로부터 우리의 연구를 시작하는 것이 아니라, 있는 그대로의 현실적 인간으로부터 우리의 연구를 시작하는 것이다.

마르크스의 경우, 개인적 유물론과 철학적 유물론 사이에 이런 혼동이 어떻게 생겨날 수 있었을까 하는 것을 이해하기 위해서는 마르크스의 이른바 '역사의 경제 이론'을 고려해야만 한다. 마르크스에 의하면 이 용어는 역사 과정에 있어서 경제적 동기만이 인간의 행동을 결정해 주는 것을 뜻한다고 잘못 이해되었다. 바꿔 말하면 경제적 요인이 심리적·주관적 동기, 즉 경제적 관심의 동기를 지칭하는 것으로 이해되었다는 뜻이다. 그러나 마르크스가 말한 바는 결코 이것을 의미하는 것은 아니었다.

역사적 유물론은 심리학적 이론은 아니었다. 이 역사적 유물론의 주요 선결 조건은 인간이 생산해 내는 수단이 생활 습관과 생활 수단을 결정하는 것이고, 이러한 인간의 사고 및 인간사의 사회적·정

---

2) 《독일 이데올로기》, p.14

치적 구조를 결정한다는 점이다.

　이러한 맥락에서의 경제란 심리적인 충동이 아니라 생산 양식이다. 즉, 주관적인 심리학적 요인이 아니고 객관적인 사회 경제적 요인인 것이다. 인간은 생활 습관에 의해서 형성된다고 주장하는 마르크스의 관념은 그렇게 새로운 것은 아니다. 몽테스키외는 "관습이 인간을 형성한다"는 말로 같은 관념을 표현하였고, 로버트 오웬도 유사한 방법으로 표현한 바 있다.

　마르크스 체계에서 새로운 것은 이러한 제도가 무엇인가 하는 것을 자세히 분석했다는 사실이다. 다시 말해서 이것은 그런 제도 자체가 주어진 사회의 성격을 특징 짓는 전체의 생산 체계의 한 부분으로서 이해될 수 있다는 사실이다. 여러 가지 다양한 경제적 조건은 여러 가지 다른 심리적 동기를 만들어 낼 수 있다. 어떤 경제 체계는 초기 자본주의가 그랬듯이 금욕적인 경향을 띤다.

　또 다른 경제 체계는 19세기 자본주의가 그랬듯이 절약하고 저장하는 욕구가 우세한 쪽으로 유도해 준다. 또 한 가지 다른 경제 체계는 20세기 자본주의가 그러했듯이 소모욕이나 계속해서 증가하는 소비에 대한 욕구를 촉진해 준다. 마르크스의 체계에는 유일한 의사擬似심리학적인 전제가 있다. 즉, 인간은 정치나 과학이나 예술이나 종교 등을 추구하기에 앞서 먼저 먹고 마실 것이 있어야 하며, 의복과 거처할 곳이 있어야 한다는 것이다.

　그러므로 호구지책에 직접 필요한 물질 수단의 생산이나 어떤 일정한 사회에 의해서 도달된 경제 발전의 정도는 사회적·정치적 제도와, 심지어는 예술이나 종교도 발전시킬 수 있는 기반을 형성하게 된다는 것이다.

인간은 역사의 각 시대에 있어 널리 유행하는 생활 습관에 의해 형성되는 것이며, 이 생활 습관은 생산 양식에 의해 결정된다. 그러나 위에서 말한 이 모든 것, 즉 생산하고 소비하고자 하는 인간의 주된 동기라는 말은 아니다. 오히려 이와 반대로 마르크스의 자본주의 사회에 대한 주요한 비판은 정확히 말해서 이런 자본주의 사회가 '소유하고자' 하고 '사용하고자' 하는 소망을 인간의 가장 우세한 욕구로 만들고 있다는 점이다. 마르크스는 소유하고자 하고 사용하고자 하는 욕구에 의해 지배되는 인간을 '절름발이 인간'이라고 믿었다.

마르크스의 목표는 이익이나 사유 재산이 아니라, 인간적인 힘을 자유로이 펼쳐 나가는 것이 인간의 주된 목표가 되는 그런 사회주의적 사회이다.[3] 다시 말해서 재산을 많이 가진 자가 아니라, 인품이 훌륭한 자를 완전히 성숙되고 진정 인간적인 인간으로 보는 것이다. 마르크스가 소위 그의 유물론적 목표라는 것 때문에 자본주의의 대변자들에게 공격을 당하고 있는 것은 왜곡과 합리화에 대한 인간의 능력이 보여주는 실로 가장 철저한 본보기 중의 하나가 되는 것이다.

이것은 사실일 수도 없을뿐더러 도리어 역설적인 논리가 된다. 그 이유는, 자본주의 대변자들이 자본주의가 기반으로 하고 있는 이윤의 추구는 인간적인 창조 활동의 유일한 가능한 동기이며, 사회주의 경제에 있어 주요한 자극으로서 이윤 추구를 배제하고 있기 때문에 효과적으로 작용할 수 없다고 비방하는 데서 찾아볼 수 있다.

소련 공산주의가 이 자본주의적 사고 방식을 채택하고 있다는 것

---

3) Tucker는 마르크스가 자유롭고 창조적인 행동을 소외된 노동으로 만드는 강박 관념은 곧 부의 축적에 대한 강박 관념이라고 주장했으나, 이것은 잘못이다. Tucker의 잘못은 그가 참조한 마르크스의 저서의 오역에서 비롯된 것이다.

과, 소련의 경영주·노동자·농부들의 이윤 추구가 오늘날 소련 경제의 최대의 중요한 자극이 된다는 사실을 고려할 때, 이 모든 문제는 더욱더 복잡하게 된다.

인간 행동의 동기에 관한 실질면에 있어서뿐 아니라, 이론면에 있어서도 소련의 체제나 자본주의 체제는 서로 일치되고 있으며, 이 두 가지 모두가 똑같이 마르크스의 이론이나 목표에는 모순되고 있다.

5

병적인 개인과 병적인 사회

　프로이트와 마르크스의 정신병 증상의 개념은 무엇인가? 프로이트
의 개념에 대해서는 잘 알려져 있다. 만일 인간이 오이디푸스 콤플렉
스를 해결하지 못한다든가, 또 만일 인간이 유아적 충동을 극복하지
못하고 성숙한 생식 단계에 고착된다면, 인간은 그 내부에 있는 어린
아이의 욕구와 성인으로서의 욕구 사이에서 분열되게 마련이라는 것
이다.

　신경증적 증후는 유아적 욕구와 성인의 욕구 사이에 절충을 나타내
지만, 반면에 정신병은 유아적 욕구와 환상이 넘쳐 성인의 자아를 덮
어 버린 병적 상태여서 이 두 가지 세계를 절충시키기란 불가능하다.

　물론 마르크스는 체계적인 정신병리학을 발전시켜 나가지는 않았
으나, 정신적인 절름발이 상태에 대해 말하고 있다. 이 절름발이 상
태는 그에게 정신병리의 가장 근본적인 표현이고, 또 정신병리를 극
복하는 것으로서 사회주의의 최종 목표인 소외를 말한다.[1]

---

1) 소외의 개념은 유고슬라비아와 폴란드에서와 마찬가지로 영국·프랑스·독일, 그리고 미국

마르크스가 말하는 소외란 무엇을 의미하는 것인가?

이 소외라는 개념은 헤겔에 의해서 온 세계자연·사물·다른 사람들·인간 자신가 인간에게 제일 낯선 존재가 되었다는 뜻이다. 인간은 자기 자신의 행동의 주체로서, 즉 생각하고 느끼고 사랑하는 인간으로서 자신을 경험하는 것이 아니라, 인간이 스스로 창조한 사물 속에서 그의 힘이 외부로 표현된 객체로서만 자신을 경험하는 것이다. 그리하여 인간은 자기 자신이 만들어 낸 생산품에 자신을 양도해 줌으로써만 인간 자신과 접촉이 가능하게 된다.

헤겔은 신을 역사의 주체로 보면서 또한 인간 속에 있는 것으로 보았으며, 자기 소외의 상태 및 역사의 과정에서 신이 그 인간 자신에게 돌아오는 것으로 보았다. 포이엘바하는 헤겔의 생각을 뒤집고 있다.[2] 포이엘바하는 신은 인간으로부터 인간 밖의 존재로 전환된 인간 자신의 힘의 표현이라고 보았다. 그래서 인간은 신을 경배함으로써만 자신의 힘과 접촉할 수가 있다. 바꿔 말해서 신이 건강하고 부유해질수록 인간은 점점 더 약해진다는 것이다.

마르크스는 포이엘바하의 사상에 의해 깊은 감동과 영향을 받았다. 마르크스는 1843년 말경에 쓴 헤겔의 《법철학 비판》 서론에서 소외 문제를 분석하면서 포이엘바하의 이론을 추종하고 있다.

〈경제적·철학적 소고〉1844년라는 논문에서 마르크스는 종교적 소외 현상으로부터 노동 소외 현상으로 관심이 쏠리고 있다. 마르크스는 포이엘바하의 종교적 소외의 분석에 발맞추어 다음과 같이 말하

에서도 점차 마르크스 이론의 논쟁점으로 되고 있다. 프로테스탄트와 카톨릭 이론자들을 포함하는 이 반대자의 대부분은, 휴머니즘적 사회주의자와 마찬가지로 소외와 그것의 극복의 과제가 마르크스 사회주의자들의 핵심이라는 입장을 취하고 있다.
2) 《K. 마르크스의 철학과 신화》, p.85

고 있다.

"노동자는 많은 부를 생산할수록, 또 그의 생산의 힘과 범위가 커지면 커질수록 그만큼 더 가난해진다."[3]

그리고 후에 그는 또 이렇게 썼다.

"모든 이러한 결과는 노동자가 생산한 노동의 생산물이 소외된 사물이 되어 버리는 사실에 따른다. 그 이유는 노동자가 일에 몰두할수록, 또 노동자가 자기 자신의 생각과는 관계 없이 그가 만들어내는 사물의 세계가 강해지면 강해질수록 그의 내적인 삶은 더욱 빈곤해지고, 자기에게 돌아오는 것은 점점 적어지게 마련이라는 전제가 분명해지기 때문이다. 이 현상은 종교에 있어서도 마찬가지로 말할 수 있다. 인간이 신에게 많은 것을 돌리면 돌릴수록 인간에게 남는 것은 그만큼 점점 더 적어지게 된다.

노동자는 그의 생활을 생산품 속에 깊숙이 파묻게 되며, 그렇게 되면 그의 삶은 이미 자기 자신의 것이 아니라 생산품에 속하고 만다. 그러므로 그의 활동이 크면 클수록 그가 소유하는 것은 점점 적어지게 된다. 인간의 생산 작업에 있어서 노동자의 소외란, 인간의 노동은 하나의 사물로 변하며 외적인 존재의 성격을 띠게 될 뿐만 아니라, 노동은 자율적인 힘이 되어 노동자 자신과 맞서서 그가 존재하는 외부 세계에서 독립적으로 존재한다는 것을 뜻한다. 노동자가 사물에 제공하는 생활이 노동자에게 대항하는 소외적이고도 적대적인 힘이 된다."[4]

그러나 마르크스가 계속해서 말하는 것처럼 노동자는 그가 만들

---

3) 〈경제적·철학적 소고〉, p.95
4) Ibid., pp.95~96

어 내는 생산품으로부터만 소외되는 것이 아니다. 소외는 결과에서만 나타나는 것이 아니고 생산의 과정 속에서도 나타난다.[5] 즉, 생산 활동 그 자체 속에도 나타난다는 것이다. 마르크스는 또다시 종교에 있어서의 소외 문제와, 노동에 있어서의 소외 문제와의 대비에 관심을 돌리고 있다.

"종교에 있어서 인간의 환상에 대한 자연 발생적인 활동, 다시 말해서 인간의 정신과 마음에 대한 자연 발생적인 활동이 신이나 악마가 인간에게 행하는 소외적인 행동만큼이나 독자적으로 반응한다는 것과 마찬가지로, 노동자의 활동도 그 노동자 자신만의 자연 발생적인 활동은 아닌 것이다."[6]

마르크스는 소외된 작업에 대한 개념으로부터 자기 자신이나 타인 및 자연으로부터의 인간 소외라는 개념으로 논리를 전개하고 있다.

마르크스는 독창적이며 소외되지 않은 형태의 노동을 '삶의 활동, 생산적 생활'이라고 정의하고, 인간에 대한 인종적 특징을 '자유로운 의식적 활동'이라고 정의하고 있다. 인간의 자유롭고 의식적인 활동은 소외된 노동에 있어서 소외된 활동으로 왜곡되고, 따라서 생활 그 자체가 단지 생산 수단처럼 된다.[7] 앞에서도 언급한 것처럼 마르크스는 생산으로부터의 인간 소외에만 관심을 가진 것은 결코 아니며, 노동의 소외 문제에만 관심을 가진 것도 아니다. 그는 생활이나 인간 자신으로부터 또는 동료로부터의 소외에 대해서도 관심을 가지고 있었다. 이러한 생각은 다음과 같이 표현되고 있다.

---

5) Ibid., p.99
6) Ibid., p.101
7) Ibid., p.101

"이렇게 해서 소외된 인간이라는 종족種族으로서의 생활이나 인간의 정신적인 종種의 자질로서의 자연을 소외된 존재로 변화시키며, 인간의 개인적 생존을 위한 수단이 되어 버리고 만다. 소외된 노동은 인간으로부터 자기 자신의 육체와 외부적인 자연과 정신 생활, 그리고 인간적 생활도 소외시키는 것이다. 인간이 자기의 노동의 산물로부터, 또 살아가기 위한 활동으로부터, 인간이라는 종으로서의 생활로부터 소외되었기 때문에 직접적으로 나타난 한 가지 뚜렷한 결과는 인간이 다른 인간들로부터 소외된다는 사실이다. 인간이 자기 자신과 대결하게 될 때, 그는 또한 다른 사람들과도 대결하게 된다. 인간과 노동과의 관계에 대해서, 그리고 그의 노동의 산물이나 또 자기 자신과의 관계에 대해서 진실인 것은 인간과 타인들과의 관계나 타인들의 노동과의 관계 또는 그들의 노동 생산물과의 관계에 대해서도 진실이 된다는 것이다. 일반적으로 인간이 자기 자신의 생활로부터 소외되어 말은 각 개인이 다른 사람들로부터 소외되어 있다는 말이요, 다른 사람들도 인간 생활로부터 소외되어 있음을 뜻하는 것이다."[8]

마르크스는 그의 소외에 대한 개념을 그의 〈경제적·철학적 소고〉에서 표현하고 있다. 이러한 개념은 《자본론》을 비롯한 그의 후기 저작에서 중심이 되고 있다. 그는 《독일 이데올로기》라는 저서에서 "특정한 이해 관계와 공통적인 이해 관계 사이에 분열이 존재하는 한 인간 자신의 행위는 자기 자신과 대결하는 소외된 힘이 되고, 이런 힘은 인간이 지배하는 것이 아니라 도리어 인간 자신을 노예화하고 있다."[9]고 말했다.

---

8) Ibid., p.103
9) 《독일 이데올로기》, p.220

그 후에 그는 다시 이러한 사회 활동의 결정화는 우리가 생산해 내는 것이 우리보다 높은 위치에서 우리를 억압하고 객관적인 힘이 되게 하며, 이 힘이 증대하여 더 이상 우리가 통제할 수 없게 되고, 우리의 기대감을 방해하여 좌절시키며, 우리의 계산을 수포로 돌아가게 하지만, 이것이 바로 오늘날에 이르기까지 역사가 발전해 나가는 주요한 요인 중의 하나가 되는 것[10]이라고 말했다. 그가 《자본론》 속에서 소외의 문제에 대해 말한 몇 가지 구절을 여기에 소개한다.

"수공업이나 제조업에서는 노동자가 도구를 이용한다. 공장에서는 기계가 노동자에게 일을 시키고 있다. 전자의 경우는 노동 기구의 움직임이 노동자로부터 행해지지만, 후자의 경우에는 인간이 기계의 움직임에 따라가야 하는 것이다. 제조업에서는 노동자들은 살아 있는 기계의 일부가 되며[11] 공장에서는 인간이 노동자로부터 독립적 존재로서 생명이 없는 기계가 되어 다만 살아 있는 부속물이 되고 만다."[12]

"미래의 교육은 생산적 노동력을 지식뿐만 아니라 체육과 결합시켜서 생산 효율성을 증대시킬 수 있는 방법의 하나로서, 또한 완전히 발전된 인간을 생산해 내는 방법으로서 되어야 할 것이다."[13]

"현대 산업은 진정 사회에 대한 생산의 문제로서 대수롭지 않은 한 가지 일을 한평생 동안 반복함으로써 절름발이가 되고, 이것 때문에 단편적인 인간이 되어 버린 오늘날의 세공 노동자들을 완전하게 발전된 인간으로 대치할 것을 강요하고 있다. 이런 개인에 대하여 인간

---

10) Ibid., pp.22~23
11) 《자본론 I》, pp.461~462
12) 《K. 마르크스의 철학과 신화》와 《마르크스의 인간 개념》을 참조.
13) 《자본론 I》, pp.529~533

이 행하는 서로 다른 사회적 기능은 인간 자신의 선천적·후천적 힘을 자유롭게 제공하는 다양한 양식이기도 하다."[14]

그래서 마르크스에게 있어서 소외는 인간만이 가진 질병이다. 이것이 새로운 병은 아니다. 왜냐 하면 이것은 노동의 분업이 필연적으로 시작되면서부터, 즉 원시 사회를 넘어서 문명 사회의 시작과 더불어 시작된 것이기 때문이다. 소외는 노동자 계급에서 발전했으나, 이 소외는 모든 사람들이 겪는 병인 것이다. 이 병은 그것이 최고조에 달했을 때에만 치료될 수 있다. 즉, 완전히 소외된 인간만이 소외를 극복할 수가 있다. 그는 완전히 소외된 인간으로는 살 수 없고, 정신적으로 건전한 상태를 유지해야 하기 때문에 소외를 극복하도록 강요를 받게 되는 것이다.

사회주의가 그 문제의 해답이 된다. 사회주의 사회에서는 인간이 역사의 의식적 주체가 되고, 자기 힘의 주체로서 자기 자신을 경험하며, 이렇게 해서 사물과 환경의 속박으로부터 자신을 해방시킬 수가 있는 것이다. 마르크스는 사회주의와 자유의 실현에 대한 이러한 개념을 《자본론》 제3권의 끝부분에서 다음과 같은 문장으로 표현하고 있다.

"사실상 자유 국가란 필요와 외적 유동성이라는 강제하에 노동이 요구되는 곳에서 논쟁점이 해결되어야 비로소 가능한 것이다. 사물의 본질적 성격에 있어서 그것은 물질적 생산 영역의 저편에 놓여 있는 것이다. 야만인은 자신의 욕구를 만족시키기 위하여, 또 자기 생명을 유지하고 재생산하기 위해서 자연과 싸워야만 하는 것이다. 문명인도 투쟁을 해야만 하는 것이며, 또한 모든 형태의 사회 및 모든

---

14) Ibid., p.534

가능한 생산 양식하에서도 투쟁을 할 수밖에 없는 것이다. 인간이 발전해 감과 더불어 인간의 자연적인 필요의 영역도 확장되게 마련이다. 왜냐 하면 그것은 인간의 욕구가 증가하기 때문이다. 이와 동시에 생산력도 증가되며, 이 증대되는 생산력에 의하여 욕구가 만족되는 것이다."

이런 분야의 자유란 다음과 같은 사실을 빼놓을 수가 없다. 즉, 사회화된 인간과 단결된 생산자들이 맹목적인 힘과 같은 자연에 의해 지배되게 하지 말고, 이것을 합리적으로 통제해서 인간의 공통된 통제하에 놓일 수 있도록 해야 한다는 것이다. 다시 말해서 생산자들은 최소한의 노력을 소비해서 인간의 본질에 가장 적절하고 가치 있는 조건으로써 그 일을 수행해야 한다는 것이다. 하지만 언제나 필요성의 영역은 남게 마련이다. 이런 영역 저편에 인간의 힘의 발전이 시작되는 것이며, 이런 인간의 힘이 곧 그 자체의 목적이요, 진정한 자유의 영역이 된다. 단지 이런 사실은 필요성이라는 영역을 기반으로 할 때에만 성장할 수가 있다."[15]

만일 우리가 이 두 가지 면에 있어서 마르크스가 표현한 말을 고려해 본다면 도덕적 또는 심리적 문제로서의 소외의 문제에 더욱 가까이 다가서게 되는 것이다. 마르크스에 있어서 소외는 모든 인간의 가치를 부여하게 만들고 나쁜 길로 인도한다는 것이다. 경제 활동과 그 속에 들어 있는 이득·노동·절약·절제[16]와 같은 타고난 가치를 인생의 최고 가치로 여김으로써 인간은 그의 진실된 도덕적 가치, 즉 훌륭한 양심과 덕과 같은 부富를 개발해 내지 못하는 것이다.

---

15)《자본론 Ⅲ》, p.954
16) Ibid., p.146.《인간은 이겨도 좋은가May Man Prevail》E. 프롬, 1961년.

그러나 만일 내가 살아 있지 않다면 어떻게 내가 후덕한 존재일 수 있으며, 내가 아무것도 알지 못한다면 어떻게 내가 훌륭한 양식을 지닐 수 있겠는가?[17] 소외의 상태에서 각각의 생활 영역과 경제적·도덕적 영역은 각각 다른 것들로부터 독립되어 있고, 이 각각은 소외된 활동의 특수한 분야에 집중되어서 상대로부터 소외되는 것이다.

마르크스는 소외된 사회에서 인간의 욕구가 어떻게 타락하여 진정한 약점이 되는가 하는 것을 놀라울 만큼 정확하게 예견하고 있다. 마르크스가 보고 있듯이 자본주의에서는 '모든 사람들은 다른 사람의 마음 속에 새로운 욕구를 불러일으키고, 그로 하여금 새로운 희생물이 될 것을 강요하며, 새로운 종속자가 되게 하고서 새로운 쾌락에 빠지도록 유혹하고, 마침내는 경제적 파멸로 유도하는 것이다.'[18]

모든 사람들이 자기 자신의 이기적인 욕구에 대한 만족을 찾기 위해 소외의 힘이 다른 사람을 지배하도록 시도하게 된다. 따라서 대상물의 양이 늘어가면 인간이 예속되는 소외적인 실체의 영역도 증가한다. 모든 새로운 생산물은 서로 속이고 약탈할 수 있는 새로운 잠재력이 되는 것이다. 인간은 점점 더 빈곤해진다. 인간은 적대적인 존재를 자신의 소유물로 만들기 위해 점점 더 많은 돈을 필요로 하게 된다. 돈의 위력은 생산량의 증가에 따라 줄어든다. 즉, 인간의 욕구는 돈의 힘이 커짐에 따라 증가된다. 따라서 돈에 대한 욕구도 돈의 힘이 증가함에 따라 증가하게 된다는 것이다.

돈에 대한 욕구는 현대 경제에 의해서 창조된 진정한 욕구이며, 현대 경제가 만들어 내는 유일한 욕구이기도 하다. 화폐의 양도 점차

---

17) 〈경제적·철학적 소고〉, p.146
18) Ibid.

적으로 그 유일한 중요 특성이 된다. 돈의 모든 실체를 추상적 개념으로 몰아넣는 것과 마찬가지로, 돈은 개발되는 과정에서 자기 스스로를 양적인 실체로 몰아넣는다. 과잉 상태나 무절제가 돈에 대한 진정한 표준이 되고 만다. 이런 사실은 주관적으로 나타난다. 즉, 생산과 욕구의 확대가 재주를 부리게 되고, 비인간적인 것에 타산적으로 추종하게 되며, 타락하고 부자연스럽게 되고, 공상적인 욕구에 빠지게 된다. 사유 재산은 본래의 욕구를 인간적인 욕구로 변화시킬 줄 모른다.

사유 재산의 이상주의는 환상이요, 번덕스러움이요, 공상에 불과하다. 전제군주의 사랑을 받기 위해 내시內侍는 비열하게 아첨을 하거나 군주의 지친 성욕을 자극하기 위해, 또는 호감을 사기 위해 파렴치한 수단을 추구하게 된다. 이런 것은 산업의 내시라 할 수 있는 기업가들이 자기의 절친한 이웃 사람의 돈지갑으로부터 몇 푼의 은화나 금화를 얻기 위해서 행하는 행위만도 못하다. 모든 생산물은 다른 사람의 본질, 즉 그의 돈을 유혹하는 유혹물에 불과하다.

모든 현실적 또는 잠재적 욕구는 약점을 지니고 있다. 인간의 모든 불완전성은 모두 천국과의 결속, 즉 인간의 마음이 목자牧者에게로 다가가듯이 모든 욕구는 우정어린 태도를 가지고 자기 이웃에게 접근하면서 다음과 같이 말할 수 있는 기회가 된다.

"사랑하는 친구여, 나는 자네가 필요한 것을 주고 싶네. 하지만 한 가지 절대 조건이 있음을 자네는 알겠지. 다시 말해서 자네는 자네가 나에게 넘겨줄 계약서에 무슨 색의 잉크로 서명해야 할지 알 줄로 믿네. 내가 자네에게 즐거움을 제공해 주는 대신, 나는 자네를 속여 자네로부터 무엇인가를 빼앗게 될 것일세."

이러한 모든 것은 인간의 공동 생활을 보편적으로 이용하려고 하는 데서 오는 것이다. 기업가는 그의 이웃 사람의 비열한 공상에 편승해서 자기 이웃 사람과 자기 의욕 사이의 중개 역할을 하며, 이웃 사람의 병적인 욕망을 일깨워 놓고 모든 약점을 지켜보고서는 후에 자기 사랑의 대가로서 보상을 요구하는 것이다.[19] 이렇게 자신으로부터 소외된 욕구에 지배를 받는 인간은 '정신적으로나 육체적으로나 몰인간적인 존재로서 자의식을 지니고 스스로 행동하는 상품으로 전락해 버리고 만다.'[20]

이렇게 상품화된 인간이 자기 자신과 외부 세계를 연결시키는 방법에 대해서는 한 가지밖에 모른다. 즉, 물건을 소유하고 물건을 소비하는 것이다. 인간이 소외되면 소외될수록 외부와의 관계에 있어서도 소유와 소비의 의미가 그만큼 더 커지게 된다.

"당신의 존재가 작으면 작을수록, 당신의 삶에 대해 표현할 수 있는 기회가 적으면 적을수록 당신은 그만큼 더 많은 것을 소유하게 되는 것이며, 또 그만큼 소외된 삶이 커지는 것이고, 당신의 소외된 존재를 더 많이 저장해 두는 것이 된다."[21]

마르크스의 소외 개념을 논함에 있어서 프로이트 체계의 가장 기본적인 개념 중의 하나인 전이 현상과 소외 현상 사이의 밀접한 관계를 짚고 넘어가는 것이 좋을 것 같다. 프로이트는 정신분석을 받는 환자가 그의 의사를 사랑하거나 두려워하거나, 또는 그를 미워하는 경향이 있는데, 이것은 그 정신분석자의사의 인격과는 전혀 관련이 없는 것이라고 말한 바 있다. 프로이트는 이런 현상은 환자가 어렸을

---

19) Ibid., pp.140~142
20) Ibid., p.111
21) Ibid., p.144

때 아버지나 어머니에게 경험했던 사랑·공포·증오와 같은 감정이 이 정신분석자에게 옮겨졌다는 가정에서 이론적 설명을 추론하고 있다.

프로이트의 설명에 의하면 어린이 환자는 자기 자신과 의사를 자신의 부모에게 대해서와 같이 관련을 짓는다는 것이다. 의심할 여지도 없이 프로이트의 전이 현상에 대한 그의 설명은 그 속에 깊은 진실이 담겨져 있으며, 여러 가지 증거에 의해서 입증된 바 있다. 그러나 그것을 완전 무결한 해석이라고 할 수는 없다. 어른 환자는 어린 아이가 아니며, 환자 속에 있는 어린이나 그의 무의식에 대해 말하는 것은 풍토학적인 언어topological language를 사용하는 것인데, 그 풍토학적 언어는 사실의 복잡성을 제대로 표현해 주지 못하는 것이다.

신경증적 성인 환자는 소외된 인간 존재이고, 이런 사람은 자기 자신의 행동과 경험에 있어서 주체로서 또는 창조자로서의 체험을 할 수 없기 때문에 자기 스스로 건강하지 못하다고 느끼며, 두려움을 느끼게 된다. 이런 사람은 그가 소외되었기 때문에 신경증적 환자가 된 것이다. 그는 내적 공허감이나 무력감을 극복하기 위해서 자신의 사랑·지식·용기와 같은 자신의 인간적 특성을 모두 투사할 수 있는 대상을 나름대로 선택하게 된다.

이러한 대상에 대해 복종함으로 해서 그는 자기 자신의 특성과 연결되어 있음을 느낀다. 다시 말해서 그는 자신이 강하고 현명하며, 용기 있고 안전하다고 느끼는 것이다. 따라서 이러한 대상을 잃어버리는 것은 곧 자기 자신을 잃어버리는 위험을 초래하는 것과 같다. 개인적 소외라는 것에 기초를 둔, 어떤 대상에 대한 우상 숭배의 메커니즘은 전이의 중심적인 역동론이다. 소외된 정도가 대단치 않은 사람도 그의 어린 시절의 경험을 정신분석 의사에게 전이시킬 수도 있으나, 그 강도는 그리 크지 않을 것이다.

이렇게 우상을 찾으려 하고, 또 필요로 하는 소외된 환자는 흔히 정신분석 의사를 찾아내어 어린 시절 그에게 강력하게 작용했던 아버지와 어머니의 특질을 부여하게 된다. 이렇게 해서 전이의 내용은 특히 유아기의 여러 가지 유형에 관계가 있고, 반면에 그 강도는 환자가 소외당한 결과가 된다. 이 전이 현상은 분석적인 상황에만 국한되는 것이 아님은 더 말할 나위도 없다. 전이는 정치적·종교적·사회적 생활의 모든 형태의 권위적 인물을 우상화하는 데서도 찾아볼 수 있다.

전이는 소외의 표현으로만 이해될 수 있는 정신병의 유일한 현상은 아니다. 불어佛語의 '알리에네alién é'나 스페인어의 '알리나도alienado'는 정신병자를 뜻하는 말로서 역사가 오래 된 말이고, 영어의 '에일리어니스트alienist'는 정신이상자, 즉 완전히 소외된 사람을 돌보는 의사를 뜻하는 것인데, 이것은 결코 우연한 표현은 아니라고 본다.[22] 자아의 질병으로서의 소외는 현대인의 정신병리의 핵심이 되는 것으로 여겨지며, 이런 경우 정신병보다는 덜 극단적이라 하겠다. 몇 가지 임상적인 실례를 들어 보면 그 과정을 설명하는 데 도움이 될 것 같다.

가장 빈번하고 가장 명백한 소외 현상은 아마 거짓된 '정열적 사랑'이라 하겠다. 어떤 여자에게 정열적인 사랑에 빠진 남자가 있다고 하자. 처음에 사랑의 반응을 보인 그 여자는 나중에 그의 사랑에 의심을 품고 그와의 관계를 끊어 버렸다. 그는 우울해져서 자살하기 직전에 이르게 된다. 그는 인생은 아무런 의미가 없는 것이라고 느낀다. 그는 이 상황을 의식적으로 논리적 귀결이라고 설명한다. 그는 처음

---

22)《건전한 사회The Sane Society》E. 프롬, p.121.《K. 마르크스의 철학과 신화》, p.144

으로 진정한 사랑이 무엇인가를 체험했다고 믿게 되고, 그 여자하고만 사랑과 행복을 경험할 수 있었다고 믿게 된다.

만일 그녀가 그를 떠나 버리면 자기에게 그와 똑같은 반응을 일으킬 사람은 아무도 없다고 생각한다. 즉, 그녀를 잃어버리는 것은 사랑할 수 있는 유일한 기회를 잃어버린 것이라고 느끼는 것이다. 그러므로 죽는 편이 낫다고 느끼게도 된다. 이 모든 사실이 그에게는 명명백백한 사실로 느껴지지만, 반면에 그의 친구들은 다음과 같은 몇 가지 의문을 갖게 된다.

'아직까지는 보통 사람보다도 사랑을 할 사람으로 보이지 않던 그가 이제 와서는 사랑에 빠져서 사랑하는 사람 없이 사는 것보다 죽는 것이 더 낫겠다고 하는 이유는 무엇일까? 그가 완전히 사랑에 빠져 있으면서도 사랑하는 여인과 갈등을 일으키는 어떤 욕구를 포기하고 양보하지 못하는 이유는 무엇인가? 또 그가 주로 자기 자신에 대해서나 또는 자신에게 일어났던 일에 대해서만 이야기하고, 그가 그토록 사랑한 여자의 감정에 대해서는 비교적 관심을 보이지 않은 이유는 무엇일까?'

만일 이런 의문을 가진 사람이 이처럼 스스로 불행하다고 느꼈던 사람에게 말을 걸었을 때, 그가 한때 지독한 공허감에 시달리다가 마침내 그의 마음이 그가 잃어버린 여인과 함께 떠나 버렸다는 얘기를 들었다고 해도 놀랄 필요는 없다. 만일 그가 자신이 말하는 것을 이해할 수 있다면, 그가 처한 곤경도 소외의 일종이라는 것을 이해할 수 있을 것이다. 그는 능동적으로 사랑할 수 있는 능력이 결여되어 있으며, 자기 자신의 자아라는 마술적인 영역을 벗어날 수도 없고, 다른 사람에게 손을 뻗쳐 다른 사람과 하나가 될 수도 없는 인물이다.

그가 행한 일이란 자신의 사랑에 대한 동경을 그녀에게 전이시킨 것뿐이며, 단지 사랑에 대한 환상만을 경험하고서 그는 '사랑'을 체험했다고 느낀다. 그가 사랑에 대한 동경뿐만 아니라, 생동감이나 행복감 등의 개념을 그녀에게 부여하면 할수록 그는 그 여자와 헤어질 때 더욱더 스스로 보잘것없음을 느끼게 되며, 더욱더 공허감을 느끼게 된다. 그런 남자는 사랑에 대한 환상의 패배를 받게 되며, 이 때 그 여자를 사랑의 여신으로 우상화시키고 그녀와 결합함으로써만 그가 사랑을 체험하는 것이라고 믿는다. 물론 그가 그녀에게서 어떤 반응을 불러일으킬 수 있었을지도 모른다.

그러나 그는 자기 자신의 내면적인 침묵을 극복할 수가 없었으리라. 그 여인을 잃는다는 것은 그가 생각하듯이 사랑하는 사람을 잃는 것이 아니라, 잠재적으로 사랑할 수 있는 자기 자신을 잃어버리는 것이다. 사상적인 소외도 감정적인 소외와 다를 바가 없다. 종종 사람은 자기 생각이 자기 자신의 사고 활동의 결과라고 믿지만, 사실은 그가 여론이나 신문이나 정부나 또는 정치적 지도자라는 우상들을 자기의 두뇌 속에 전이시켜 놓은 것일 뿐이다.

그는 이것들이 자기의 사상을 표현하고 있다고 믿지만, 사실은 그가 그것들을 그의 우상으로 지혜와 지식의 신으로 선택했기 때문에 그들의 생각을 자기 것으로 착각하고 있는 것이다. 이런 이유 때문에 그는 스스로를 자신이 만든 우상에 의존하고, 이 우상에 대한 숭배를 끊지 못하게 되는 것이다. 그는 자기의 두뇌를 그들에게 전적으로 맡기고 있는 그들의 노예인 것이다. 소외에 대한 또 다른 예는 희망의 소외인데, 이 희망의 소외 속에서는 미래가 우상으로 변형이 되는 것이다. 이렇게 역사를 우상화하는 것은 로베스피에르Robespierre

의 견해 속에 명백히 드러나 있다.

　　오, 후손들이여.
　　달콤하고도 부드러운 희망의 사람들이여.
　　그대들은 결코 우리에게 낯선 사람들이 아니다.
　　우리가 포악한 폭동에 용감히 맞서는 것은
　　그대들이 있기 때문이라오.
　　우리의 고통스런 투쟁의 대가가
　　바로 그대들의 행복이라오.
　　이따금 우리를 에워싸고 있는 장애물 때문에 낙담하게 될 때
　　우리는 그대들의 위로가 필요하다오.
　　우리가 우리의 일을 완성해야 하는 과제의 비밀을 털어 놓을 수 있는
것도 그대들에게요.
　　아직 태어나지 않은 모든 세대의 운명을 맡길 수 있는 것도 그대들에게
라오…….
　　오, 후손들이여.
　　평등의 시간, 정의의 시간, 행복의 시간을 빨리 올 수 있도록 서두르시
오.[23)]

　　이와 유사하게 마르크스의 역사 철학을 왜곡되게 해석한 것도 이
따금 공산주의자들에 의해 같은 뜻으로 사용되고 있다. 이런 주장
의 논리는 다음과 같다. 즉, 역사적 발전 경향과 일치하는 것은 모두
가 필요한 것이며 선善이고, 반대의 경우에도 역시 같다는 것이다. 이

---

23) 《18세기 철학자들의 천상 도시 The Heavenly City of the Eighteenth Century Philosophers》
　　C. L. Becker, 1932년, pp.142~143

러한 견해로 볼 때 로베스피에르의 견해에 있어서나 공산주의자들의 논리에 있어서나 마찬가지로 공통되는 것은, 인간이 역사를 창조하는 것이 아니라 역사가 인간을 만들어 낸다는 것이다. 미래에 대하여 희망과 신념을 갖는 것은 인간이 아니라 미래 자체이다. 인간이 올바른 신념을 가지고 있는지의 여부를 미래가 판단한다는 것이다.

마르크스는 내가 인용한 소외된 역사와는 정반대되는 역사관을 간결하게 표현하고 있다. 그의 저서 《성스런 가족The Holy Family》에서 그는 이렇게 말한다.

"역사란 아무 일도 하지 않으며, 거대한 부를 지닌 것도 아니고, 어떤 투쟁도 하지 않는다. 이 모든 일을 행하는 것은 오히려 현실 속에 살아 있는 인간인 것이다. 역사는 동떨어진 사람처럼 인간을 역사의 목적을 위해 사용하지 않는다. 역사란 그 목적을 추구하는 인간 활동에 불과한 것이다."

소외의 현상에는 이외에는 다른 많은 임상적인 양상이 있는데, 여기서는 간단한 예만 살펴보고자 한다. 모든 형태의 우울증이나 타심, 그리고 우상 숭배광적인 사람도 포함해서만이 소외의 직접적 표현이거나 그 보상이 되는 것은 아니다. 정신병리학적 현상의 근본으로서 중심적 현상인 자기의 주체 의식을 체험하지 못하는 현상도 또한 소외의 결과이다. 소외된 사람은 자기의 감정 및 사고 기능을 자기 자신이 아닌 외부의 어떤 대상으로 변형시켜 놓기 때문에 그는 나라는 감각을 잃어버리고 주체 의식도 느끼지 못한다.

이러한 주체 의식의 결핍은 여러 가지 결과를 야기시킨다. 그 중에서도 가장 근본적이고도 일반적인 것은 전체적 인격을 통합시키지 못하는 것이어서, 이런 상태는 그 사람으로 하여금 자신의 내부에 분열된 상태가 되게 하며, '어떤 일을 행할 의욕'[24]의 결핍 또는 어떤 일을 하려는 의지가 있다 해도 진실성이 부족하게 된다.

넓은 의미에서 모든 신경증은 소외의 결과라고 볼 수 있다. 그 이유는 어떤 열정예컨대 돈이나 권력이나 여자 같은이 우세한 것이 되어서 전 인격체와 분리되어 그 사람을 지배하게 되는 사실에 의해서 신경증이 특성화되기 때문이다. 이 열정이 바로 그가 복종하는 우상이며, 설사 그가 그의 우상에 대한 본질을 합리화시키거나 여러 가지 그럴 듯한 다른 이론을 부여한다 해도 마찬가지이다. 그는 부분적인 욕구에 의해 지배되며, 그가 남긴 모든 것은 이 욕구에로 옮겨지게 된다. 그가 약하면 약할수록 욕망은 오히려 그만큼 더 강해지는 것이다. 그는 자기 자신의 부분적인 노예가 되므로 자연히 자기 자신으로부터 소외된다.

소외를 병리적 현상으로 보더라도 헤겔이나 마르크스가 필요한 현상이라고 여겼던 사실을 외면해서는 안 된다. 이러한 사실은 애정의 소외뿐만 아니라 이성理性의 소외에 대해서도 마찬가지로 볼 수 있다. 내가 외부 세계와 나 자신을 구별할 수 있을 때에만, 다시 말해서 외부 세계가 하나의 객체가 될 때에만 비로소 나는 그것을 파악할 수 있고, 그것을 나의 세계로 만들어 그것과 함께 다시 하나가 될 수 있는 것이다. 어린아이에게는 세계가 객체로서 인식되지 않기 때문에, 이성을 가지고 그것을 파악할 수도 없고, 그것과 자신을 하나로 만들 수도 없는 것이다.

인간은 자기의 이성적 활동에 있어서 이러한 분열을 극복하기 위해서는 소외되어야만 한다. 이 원리는 사랑에 대해서도 똑같이 적용된

---

24) 《Purity of Heart is to Will one Thing》S. 키에르케고르 참조.

다. 어린아이가 외부 세계로부터 분리되지 못하는 한, 그는 그 세계의 일부일 뿐 사랑할 수가 없는 것이다. 사랑하기 위해서는 상대방은 낯선 이방인이 되어야 하며, 사랑의 행위에 있어서는 그 이방인은 더 이상 이방인이 아니고 자기 자신이 되어야 하는 것이다.

사랑은 소외를 전제로 하며, 그와 동시에 소외를 초월하는 것이다. 이러한 관념은 메시아 시대의 예언자적 생각에서나 마르크스의 사회주의 개념에서도 찾아볼 수 있다. 낙원에 있을 때 인간은 자연과 하나였지만, 한편으로 그는 자연과 자기의 동료로부터 분리된 자기 자신을 깨닫지 못한다. 그러나 인간은 자신의 불복종 행위 때문에 마침내 자의식을 갖게 되고, 세계는 그에게서 멀어지게 된다.

예언자적 개념에 의하면 역사의 과정에서는 인간이 인간적인 힘을 충분히 발전시켜서, 인간은 궁극적으로는 자연과 새로운 조화를 이루게 된다. 마르크스의 견해로는 인간이 일단 모든 일차적인 속박을 끊고, 완전히 소외되어 자신의 본래의 모습과 개성을 희생시키지 않고, 자연과 재결합되면 사회주의는 실현된다는 것이다. 소외의 개념은 초기 서양의 전통적인 사회에서 그 뿌리를 찾아볼 수 있다.

구약성서에 나오는 예언자의 사상에서 특히 우상 숭배의 개념을 찾아볼 수가 있다. 유일신교의 예언자들은 이교도들이 하나의 신이 아닌 여러 가지 신을 숭배한다고 해서 그들을 비난하지 않았다. 유일신교와 다신교 사이의 기본적인 차이는 신의 숫자가 문제가 아니라 소외라는 사실에 있다고 하겠다. 인간은 그의 정력과 예술적 능력을 우상을 만들어 내는 데 소모하고 나서는, 인간 자신의 노력의 결과에 불과한 이 우상을 섬겼던 것이다. 다시 말해서 인간의 생명의 힘은 어떤 '사물' 속으로 흘러들어가서, 이 사물은 우상이 되어 인간 자신의 생산적인 노력의 결과로서 체험되는 것이 아닌, 인간으로부터 벗어난 어떤 존재로서 인간 위에, 그리고 인간에 대항하는 존재로서 체험하게 되는 것이다.

이렇게 해서 인간은 그것을 숭배하고 그것에 대해 복종을 하는 것이다. 호세아 선지자는 이렇게 말하고 있다.

"우리가 앗수르의 구원을 의지하지 아니하며, 말을 타지 아니하며, 다시는 우리의 손으로 지은 것을 향하여 너희는 우리의 신이라 하지 아니하오리니, 이는 고아가 주께로 말미암아 긍휼을 얻음이니이다."⟨호세아⟩ 제14장 3절

우상 숭배자는 자기 손으로 만든 것에 대하여 절을 한다. 즉, 우상은 자기의 생명의 힘을 일종의 소외된 형태로 표현한 것이다. 이와는 대조적으로 유일신교의 원리는, 인간이 무한하다는 것과 인간에게 있는 부분적인 특성으로는 전체로 실체화할 수가 없다는 것이다. 유일신의 개념으로 볼 때 신은 인식할 수도, 정의를 내릴 수도 없는 존재이다. 신은 '사물'이 아니다.

인간이 신의 모습으로 창조되었다는 것은 무한한 특성을 지닌 자로 창조되었다는 것을 뜻한다. 우상 숭배에 있어서 인간은 자기의 부분적인 특성이 투영된 사물에 대해 절을 하고 복종을 하는 것이다. 인간은 사랑에 대한 살아 있는 행동과, 이성理性이 말하는 중심적인 존재로서 자기 자신을 체험하지 못한다. 우상을 숭배하는 사람에게는 신이 사물이듯이 자기 자신도 사물이 되고 자기의 우상도 사물이 되고 만다.

"열방이교도의 우상은 은금이요, 사람의 수공물이라, 입이 있어도 말하지 못하며, 눈이 있어도 보지 못하며, 귀가 있어도 듣지 못하며,

그 입에는 아무 가식도 없나니, 그것을 만든 자와 그것을 의지하는 자가 다 그것과 같으리로다."〈시편〉 제135편 15절~18절

산업 사회에 살고 있는 현대인은 우상의 형태와 강도를 바꾸어 놓고 있다. 현대인은 자기 자신의 생활을 지배하고 있는 맹목적인 경제력의 대상이 되어 버렸다. 현대인은 자기의 손으로 만든 작품을 숭배하며, 자기 자신을 하나의 사물로 변화시키고 있다. 이제는 노동 계급만 소외되는 것이 아니라사실상 다소 그렇다 해도 숙련공은 인간과 상징을 조작하는 사람들에 비하면 더 소외된 듯하다 모든 사람이 다 소외되어 있다. 서구의 산업화된 국가에 존재하는 이 소외의 과정이 그들의 정치 구조에 관계 없이 새로운 저항 운동을 일으키고 있다.

사회주의적 휴머니즘의 부활도 곧 이런 저항의 한 가지 실례라고 할 수 있다. 산업화된 세계에서 소외가 종교적·정신적·정치적 전통을 약화시키고 파괴하면서, 또한 핵전쟁으로 인한 전체적인 파괴의 위협 속에 광기의 경계선까지 이르렀기 때문에 오늘날 많은 사람들은 거기에서 다음과 같은 사실을 더 잘 알 수가 있다.

즉, 마르크스는 현대인의 질병이라는 중심적 쟁점을 인식하고 있다는 사실과, 포이엘바하나 키에르케고르와 마찬가지로 마르크스도 이 '질병'을 이해한 것뿐만 아니라, 현대의 우상 숭배는 현대적 생산양식에 기반을 두고 있으며, 인간의 정신적 해방과 함께 경제·사회 구조를 완전히 변화시킬 때에만 변화될 수 있다는 사실을 보여주었던 것이다.

정신 질환에 대한 프로이트와 마르크스의 각각의 견해를 요약해 본다면, 프로이트는 원래 개인적인 병리 증세에 대해 관심을 가졌고, 마르크스는 사회에 공통적으로 존재하는 병리 상태와 그 사회의 특

수한 체제에서 비롯되는 병리 상태에 관심을 가졌던 것이 분명하다. 또한 마르크스와 프로이트의 정신병리 상태의 내용이 매우 다르다는 것도 역시 명백한 사실이다.

프로이트는 이 병리 상태는 본질적으로 이드와 자아 사이에 알맞은 균형을 유지하지 못하는 데서 나타나는 것으로 보고 있다. 다시 말해서 본능적인 욕구와 현실적인 욕구 사이의 불균형으로 보고 있는 것이다.

마르크스는 소위 19세기에 '세기의 병'이라고 불리어졌던 인간의 본질적인 질병이 자신의 인간성으로부터 소외당하고, 또 동료로부터 소외당한 데서 비롯된 것으로 간주하고 있다.

한편, 프로이트는 결코 개인적인 병리 상태에 대해서만 생각한 것은 아니라는 사실이 종종 간과되는 경우가 있다. 그는 '사회적 신경증'에 대해서도 말하고 있다.

"만일 문명의 진화가 개인적인 발전과 더불어 전적으로 닮아가고 있고, 또 이 두 가지가 똑같은 방법을 사용하고 있다면 많은 문명의 체제가, 혹은 문명의 신기원이 문명의 영향이 주는 중압감으로 인해 신경증이 된다는 진단을 내리는 것은 당연한 것이 아니겠는가? 이 신경증을 정신분석학적으로 분석해 본다면 크게 흥미를 일으킬 수 있는 치료 방법이 뒤따를 수도 있을 것이다."

나는 이러한 정신분석학을 문명 사회에 적용시키려는 시도가 공상적이라거나 효과가 없는 것이라고 말하고 싶지는 않다. 그러나 우리는 다만 유추 현상만을 이루고 있어, 인간뿐만 아니라 그 개념이나 그것이 생겨나고 성숙해 온 영역에서부터 이 유추 현상들을 끌어내는 것은 위험한 일이라는 것을 주의해야 할 필요가 있는 것이다. 더욱이 집단적 신경증을 진단하려면 특별한 어려움에 직면하게 될 것이다. 개인적 신경증의 경우에는 신경증적인 환자와, '정상'으로 여겨지는 그 환자의 환경 사이에 존재하고 있는 대립 현상으로부터 출발할 수가 있다.

이와 같은 배경은 비슷하게 영향을 받은 사회에서는 적용될 수 없으므로 어떤 다른 방법으로 보충되어야 한다. 그런데 우리의 지식을 치료에 적용하는 것과 관련시켜 볼 때 사회의 집단적 신경증적 징후를 아무리 예리하게 분석해도 그것은 아무 소용도 없다. 왜냐 하면 공동체 전체에 그 치료법을 강요할 만한 힘을 가지고 있는 사람이 아무도 없기 때문이다. 이와 같이 여러 가지 난관이 있음에도 불구하고 언젠가는 누군가가 '문명 사회라는 공동체의 병리에 대한 연구'를 모험적으로 추구하게 되리라는 것을 우리는 기대해도 좋을 것이다."[25]

그러나 프로이트가 '사회적 신경증'[26]에 대해 흥미를 갖고 있음에도 불구하고 여전히 프로이트와 마르크스의 견해 사이에는 근본적인 차이가 남아 있다. 마르크스는 인간을 사회에 의해서 형성된 것으로 보고 있기 때문에 그 병리적인 뿌리를 사회 조직의 특수한 성격에서 찾고 있다.

그러나 프로이트는 인간이란 본질적으로 가족 구성원 안에서의 경험에 의해 형성되는 것으로 보고 있다. 그래서 프로이트는 가족이 사회의 유일한 대표자요 대리자라는 데 대한 중요성을 인정치 않고 있으며, 그는 조직 체계의 질이나 특정 사회가 그 구성원의 사고나 감정의 성격에 미치는 사회적인 영향보다는, 사회가 요구하는 여러 가

---

25) 《문명과 그의 불만Civilization & Discontents》S. 프로이트, 1953년, pp.141~142
26) 《건전한 사회》 참조.

지 억압의 양적 측면에서 다양한 사회를 보고 있는 것이다.

정신병리학에 관한 마르크스와 프로이트의 견해차에 대해 한 가지 더 추가해야 할 것은 이 두 가지 견해가 똑같은 방법을 취하고 있다는 사실이다. 프로이트에게 있어서는 어린아이의 1차적 자기 도취기narcissism의 상태와 그 후의 성적 충동기libido의 발전에 있어서의 구순기와 항문기와 같은 것은 진화적인 과정에서 볼 때 '정상적인' 것으로 보고 있다. 의타심이 강하고 탐욕스러운 아이도 정신적으로 병든 아이는 결코 아니다. 그러나 의타심이 강하고 탐욕스런 성인이 구순기에 고착되어 있다거나 퇴행하고 있는 경우에 그는 정신적으로 병든 상태인 것이다.

주된 욕구와 추구는 아이나 어른이나 마찬가지이다. 그렇다면 왜 전자아이는 건강하다고 보고, 후자성인는 병든 상태로 보는가? 이 질문에 대한 대답은 진화의 개념 속에 들어 있다. 어느 단계에서는 정상적인 것이 또 다른 단계에서는 병적인 상태가 될 수 있는 것이다. 이것을 바꿔 말하면 어느 단계에서 필수적인 것은 정상적이고 합리적이요, 그리고 진화론적인 견지에서 불필요한 것은 비합리적이요, 병적인 것이다. 어린아이의 단계를 반복하고 있는 성인은, 그가 이미 어린아이가 아니기 때문에 그것을 반복하지도 않는 것이며, 또 반복할 수도 없는 것이다.

마르크스는 사회에서의 인간의 진화에 대한 견해를 말함에 있어 헤겔과 똑같은 방법을 취하고 있다. 원시인이나 중세인이나 산업 사회의 소외된 인간들은 정신적으로 병든 상태일 수도 있고 그렇지 않을 수도 있다. 왜냐 하면 이러한 발전 단계는 필수적일 수도 있고 그렇지 않을 수도 있기 때문이다. 어린아이가 성인이 되기 위해서는 생리적으로 성숙할 필요가 있듯이, 인류도 완전한 인간이기 위해서는 자연과 사회를 지배하는 과정에서 사회적으로 성숙해야만 하는 것이다. 과거의 모든 비합리성은 유감스런 것이기는 하나, 그것이 필수적이라는 측면에서 볼 때는 합리적이라고 할 수도 있다.

그러나 인류가 반드시 통과해야만 하는 어느 특정 단계에서 정지해 있다든지, 역사적 상황이 제공하는 가능성과 자신이 갈등 상태에 있는 것을 발견하게 되면, 그때에 그 존재 상태는 비합리적인 상태요, 마르크스의 말대로 병적인 상태인 것이다. 마르크스와 프로이트의 병리 상태의 개념은 둘 다 개인과 인류 역사의 진화 개념의 측면에서만 충분히 이해될 수 있는 것이다.

6

정신 건강의 개념

    지금까지 우리는 개인적·사회적 병리에 대한 마르크스와 프로이트 견해의 유사성과 차이점을 살펴보았다. 이번 장에서는 정신 건강의 개념에 대한 이들 두 사람의 견해 사이의 유사성과 차이점이 어떠한 것인지를 살펴보고자 한다. 먼저 프로이트의 견해를 보자.

    프로이트에 의하면 어떤 의미에서 건강하다고 하는 것은 단지 미개인에게만 해당되는 말이다. 프로이트는 미개인은 억압·욕구 불만·승화와 같은 것을 필요로 하지 않고도 그의 본능적인 모든 욕구들을 만족시킬 수 있다고 생각했기 때문이다본능적인 욕구 충족으로 충만된 무한한 삶을 미개인이 누렸다는 프로이트의 이러한 견해는 한낱 로맨틱한 허구에 불과하다는 것이 현대 인류학자들에 의해 밝혀진 바가 있다.

    그러나 프로이트가 역사적인 고찰에서 현대인의 임상 심리로 관심을 돌리게 되었을 때, 자신의 이러한 생각은 거의 문제시하지 않았다. 문명인이 완전한 건강또는 어떤 의미에서의 행복을 지닐 수 없다는 것이 사실인지 모르지만, 프로이트는 그럼에도 불구하고 그 나름대로 정신 건강을 형성하고 있는 것에 대한 확고한 기준을 가지고 있었다.

이 기준은 프로이트의 발달 이론의 틀 속에서 이해될 수 있다. 이 이론은 두 가지 주요한 측면을 내포하고 있는데, 그것은 리비도의 발달과 인간 상호 관계의 발달이다. 프로이트는 리비도의 발달 이론에 있어서, 성적 충동의 에너지인 리비도가 발달 과정을 거쳐 간다고 가정하였다. 즉, 처음에는 빨고 깨무는 어린아이의 구순 활동이 중심을 이루며, 그 후에는 배설과 같은 항문 활동이 중심을 이루게 된다. 5, 6세가 되면 리비도는 처음으로 생식기에 집중을 하게 되는데, 이때의 성적 발달은 아직까지 완전하게 성숙된 단계는 아니다. 6세를 전후하여 나타나는 남근기男根期와 사춘기가 시작되기 직전 사이에는 잠재기가 있게 되고, 이 때는 성적 발달이 멈추게 된다.

그러다가 사춘기가 시작될 무렵에 비로소 리비도의 발달 과정은 절정에 이르게 된다는 것이다. 그러나 리비도의 발달 과정은 결코 순조로운 것이 아니다. 많은 요소들, 특히 지나친 만족과 지나친 욕구 불만은 어린이로 하여금 리비도 발전 과정의 초기 단계에 고착시켜 완전히 발달된 성기적 단계에 도달할 수 없게 한다든지, 성기적 단계에 도달한 후에라도 초기 단계로 다시 퇴행하게 만드는 결과를 낳을 수 있다.

결국은 어른이 되어서 신경증 증세무기력과 같은, 또는 신경증적 성격 특성지나치게 의존하거나 수동적인 사람을 나타내게 될 수도 있다는 것이다. 프로이트에게 있어서 건강한 사람이란 퇴행 없이 성숙한 성기적 단계에 도달할 수 있고, 진정한 의미에서의 성인다운 생활을 누릴 수 있는 사람을 말한다. 즉, 일을 할 수 있고 적당한 성적 만족을 누릴 수 있는, 다시 말해서 물건을 생산함과 동시에 종족을 번식시킬 수 있는 사람이다.

건강한 사람이 지니고 있는 또 한 가지 측면은 대상 관계에서 나타난다. 즉, 갓 태어난 어린아이는 아직까지는 어떠한 대상 관계를 가지지 않는다. 이 시기가 1차적 나르시시즘의 단계인데, 이 때는 실재라는 것이 단지 자기 자신의 신체와 정신적인 체험에 불과하며, 외부 세계는 감정적으로는 물론이고 개념적으로도 존재하지 않는다. 이 시기가 지나고 나면 어린아이는 어머니에 대한 강한 집착을 가지게 된다. 남자 아이의 경우, 이 집착은 성적인 것으로 발전하게 되지만, 아버지가 거세할지도 모른다는 공포로 인해 좌절되고 만다.

이리하여 어린아이는 어머니에 대한 집착에서 아버지에 대한 복종으로 옮아가게 된다. 동시에 아버지의 명령과 금지를 받아들이게 됨으로써 어린아이는 아버지와 자기를 동일화시킨다. 이러한 과정을 통하여 어린아이는 서서히 부모로부터 독립을 성취해 간다는 것이다. 그러므로 프로이트에게 있어서 건강한 사람이라는 것은 성숙한 성기적 단계에 도달해 있고, 부모로부터 독립하여 그 자신이 주인이 되어 있으며, 자신의 이성적인 힘에 의지할 수 있게 된 사람을 의미한다.

정신 건강의 개념에 대한 프로이트의 견해는 어느 정도 설득력을 가지지만 다소 모호한 점이 없지 않다. 즉, 정신 질환의 개념에 대한 명확한 통찰력이 결여되어 있음은 부인할 수가 없다. 사실 이러한 그의 개념은 성적으로나 경제적으로 능력을 지녔던 20세기 초 중산 계급의 사람들에게만 적용될 수 있는 논리라고 볼 수 있다. 마르크스의 건강한 사람에 대한 견해는 스피노자·괴테·헤겔에 의해 발전되어 온 독립적이고 활동적이고 생산적인 인간이라는 휴머니즘적인 개념에 근거를 두고 있다.

건강한 사람에 대한 마르크스와 프로이트의 견해에 있어서 서로 일치하는 점이 있다면 그것은 독립성이다. 그러나 마르크스의 독립성에 대한 개념은 프로이트의 개념을 초월하고 있다. 왜냐 하면 프로이트의 독립성은 자식이 아버지의 명령과 금지의 체제를 받아들임으로써 아버지에게서 독립하고 있고, 아버지의 권위를 자기 자신 속에 받아들여서 아버지와 사회에 간접적으로 의지하고 있다는 점에서 한계를 지니고 있기 때문이다.

마르크스에게 있어서 독립과 자유는 자기 창조의 행위에 근거를 두고 있다. 마르크스는 이렇게 말하고 있다.

"어떤 사람이 자기 자신의 주인이 아니라면 그는 독립된 존재로 간주될 수가 없다. 자기 자신의 주인이 된다는 것은 그가 자신의 존재를 스스로 감당할 수 있을 때를 말한다. 자신의 존재를 스스로 감당하지 못하고 다른 사람의 배려로 사는 사람은 자신을 종속적인 존재라고 생각해야 옳을 것이다. 내가 다른 사람의 배려로 삶을 지속해 나갈 뿐만 아니라, 다른 사람이 나의 삶을 좌지우지한다면, 또 다른 사람이 곧 나의 삶의 원천이라고 한다면 나는 완전히 타인의 배려로 살아가는 종속적인 존재에 불과한 것이다. 즉, 나의 삶이 나 스스로 창조한 것이 아니라면, 나의 삶은 필연적으로 외부에 그 근거가 있게 된다."

또한 마르크스는 "인간은 그가 보고 듣고 냄새 맡고 맛보고 느끼고 생각하고 바라고 사랑하는 세계와의 관계 속에서 전 인간으로서의 그의 개성을 확인했을 때, 즉 그가 그의 모든 개성을 그가 관계하고 있는 세계 속에서 확인하고 표출했을 때에 비로소 독립적인 존재가 된다"[1]고 말하였다. 따라서 마르크스에게 있어서의 완전하게 독

1) 〈경제적·철학적 소고〉, p.138

립된 인간이란 '무엇으로부터의 자유'가 아니라, '무엇에로의 자유'가
가능한 상태라 하겠다.

마르크스에게 있어서 자유와 독립은 단지 자유주의적인 의미에서
의 정치적·경제적 자유가 아닌, 적극적인 개성의 실현을 의미한다.
사회주의에 대한 그의 개념도 개개인의 개성을 실현하는 데 도움이
되는 사회 질서를 뜻하고 있다. 마르크스는 또 이렇게 쓰고 있다.

"오늘날의 공산주의는 무척이나 조잡한 모습을 나타낸다. 그 이유는
사유 재산에 대한 사상에서 찾아볼 수 있다. 즉, 물질 소유 본능의
위압감이 거세게 다가오자 공산주의는 사유 재산으로서 소유할 수
없는 모든 것을 철저하게 말살해 버리려 하였다. 개인이 가지고 있는
지능과 같은 것도 무력으로 제거해 버리려 하였다. 신체적인 직접적
소유만이 삶과 생존의 유일한 목적이 되어 버렸으며, 노동자의 역할
이 없어지기는커녕 오히려 만인에게 확대되었고, 물적 세계에 대한
공유의 관계만이 남아 있게 되었다."

결국 전체적인 사유 재산을 부정하는 공산주의의 이러한 경향은
동물적인 형태로 표출되는데, 즉 결혼이것은 분명히 독립적인 사유 재산의
한 형태이다에 있어서 여성은[2] 공공의 공통된 재산이 되어야 한다는,
여성 공유의 동물적 형태로 표출되는 것이 그것이다. 이러한 여성 공
유의 사상이야말로 오늘날의 조잡하고 무분별한 공산주의만이 지니
고 있는 공공연한 비밀이라고 말할 수 있겠다.

이로 미루어 볼 때 공산주의에 있어서는 재산과 관련된 모든 세계
즉, 객관적 존재로서의 인간가 공동체와의 관련 속에 놓여 있음을 알 수

----

2) 마르크스는 여기에서 그의 시대에 '만일 모든 이익의 공동 분배가 이루어진다면' 하고 생
각했던 유별난 공산주의 사상가의 견해를 언급하고 있다.

있다. 인간의 인간됨과 개성을 부정하는 이러한 공산주의는 어디에서나 사유 재산에 대한 철저한 부정의 논리적 표현임에 틀림없다. 힘으로써 세워진 보편적인 질투는 재생되기도 하고 다른 방법으로 만족되기도 하는 탐욕의 위장된 형태이다.

모든 개인적인 사유 재산에 대한 사람들도 보다 부유한 사유 재산에 대해서 느끼게 되는 질투와 모든 것을 보편적인 수준에 이르게 하려는 욕망에서 나타나는 것이다. 이러한 질투와 형평화衡平化가 사실상의 경쟁의 본질을 마련하고 있다고 보아야 한다. 오늘날의 조잡한 공산주의는 상상할 수 있는 최저선에 근거한 질투와 형평 이하의 극치에 불과한 것이다.

이처럼 사유 재산의 폐지가 인간 해방에 적절한 것이 아님은 그것이 전세계의 문화와 문명을 부정하는 것이 되었다는 사실에서, 또 아직 사유 재산의 정도를 초과해 보지도 못했을 뿐 아니라 사유 재산이라고 말할 수 있는 수준에조차 도달해 보지 못한 가난하고 욕심 없는 사람들의 부자연스러운 안락함에로 퇴행했다는 사실에서 찾아볼 수 있다.

이로써 공산주의에 있어서의 공동체란 단지 노동의 공동체요, 공동체적 자본즉, 보편적인 자본가로서의 공동체에 의해 지불되는 임금 정도만이 평등한 공동체에 불과하다고 말할 수 있다. 아울러 노동과 임금이라는 두 가지 측면의 관계가 다음의 가정된 보편성 위에 세워지고 있다는 사실도 간과해선 안 되겠다. 즉, 모두가 해야만 하는 노동과, 공동체에 귀속되는 것으로 승인해야만 하는 자본이 그것이다."[3]

프로이트에게 있어서 독립된 인간은 어머니에 대한 종속으로부터

---

3) 〈경제적·철학적 소고〉, pp.124~126

벗어나는 것인 데 비해, 마르크스에 있어서는 자연에의 종속으로부터 벗어나는 것이다. 독립성에 대한 이 두 개념 사이에는 중요한 차이가 있다.

프로이트의 독립된 인간은 기본적으로 자기 충족적인 인간이다. 이것은 자기의 본능적 욕구를 충족시키는 수단으로서만 다른 사람을 필요로 하게 된다. 남자와 여자는 서로를 필요로 하기 때문에 그 만족도 상호적이 되는 것이다. 그러나 이러한 관계는, 교환이라는 상호적인 이해 관계가 맺어지는 시장에서의 소비자와 판매자처럼 1차적인 것이라기보다는 2차적인 사회 관계에 불과하다고 할 수 있다.[4]

그 반면에 마르크스에게 있어서는, 인간은 본래적으로 사회적인 존재이다. 인간은 자기의 욕구를 충족시키기 위한 수단으로써 동료를 필요로 하는 것이 아니라, 자기 동료나 자연과 관계를 맺을 때 참다운 자기 자신, 즉 완전한 인간이 될 수 있기 때문에 동료를 필요로 하게 된다고 보는 것이다. 또 마르크스가 의미하는 독립적이고 자유로운 인간이란, 능동적이고 타인과 관계를 지니고 있는 생산적인 인간이라고 말할 수 있다.

스피노자와 괴테와 헤겔의 사상을 들어 마르크스의 이런 생각을 구체적으로 살펴보고자 한다. 헤겔·괴테와 마찬가지로 마르크스에게도 적지 않은 영향을 미쳤던 스피노자는 인간을 이해하는 가장 중요한 개념으로서 능동성과 수동성을 들었다. 그리고 그는 능동적인 감정과 수동적인 감정을 구별하였다. 전자불구의 정신과 관용는 개인 안에서 일어나 적합한 이념을 수반하게 됨으로써 성취된다고 한 반면, 후자는 인간을 다스리려 하고 인간을 열정의 노예로 만들며, 불

---
4) 인간의 근본적인 사회적 속성을 강조했던 사람은 Alfred Adler이다.

합리한 이념과 결부하게 된다고 하였다.

　참다운 지식의 본성에 대해 강조한 괴테와 헤겔은 지식과 감정의 관계에 대해 깊이 있게 언급하였다. 이들 두 사람은, 지식은 주체와 대상과의 사이에서 얻어지는 것이 아니라, 상호 관계 속에서 얻어지는 것이라고 하였다. 괴테는 이렇게 말한다.

　"인간은 그가 세계에 대하여 아는 만큼 자기 자신에 대해서도 알게 된다. 인간은 자기 자신 속에서만 세계를 알게 되고, 세계 속에서만 자기 자신을 자각할 수 있다. 따라서 새로운 대상을 참되게 인식하려면 우리 자신 속에 있는 새로운 기관器官을 열어야 한다."[5]

　그는 《파우스트》에서 이러한 성격을 '영원히 노력하는 인간'이라는 개념으로 묘사하고 있다. 인간은 자기의 존재 사실로부터 던져지는 질문에 대해 지식이나 힘, 또는 성性으로서 그 궁극적인 해답을 찾을 수는 없는 것이다. 오직 동료와 일치가 된 자유롭고 생산적인 인간만이 인간의 존재에 대한 올바른 해답을 얻을 수 있는 것이다.

　마르크스의 인간 개념은 이와 같이 역동적인 면을 지니고 있다. 그는 인간의 정열에 대해 "열정의 대상에 대하여 가지게 되는 신의 힘은 세계와의 상관 관계의 과정 속에서만 발전시킬 수 있는 것이다." 그는 이에 덧붙여 이렇게 말하고 있다.

　"사람의 눈은, 그것을 바라보는 대상이 인간에 의해 만들어지고, 인간을 위해서 존재하게 되는 사회적 대상이 되었을 때 비로소 인간적인 눈이 될 수 있다. 그럴 때 인간의 감각은 직접적인 이론을 가지게 된다. 따라서 감각은 사물을 인식하면서 상호 관계를 가지게 되나, 사물 그 자제는 자신과 인간에 대해 객체로서의 인간적 관계에

---

5) 《Conversation with Eckermann》, 1826년

놓여지게 되는 것이다. 그 반대의 경우도 마찬가지이다. 그러므로 욕구와 향락이 자기 본위적인 특성을 잃고 자연이 그 단순한 유용성을 잃어버리는 것은, 그것이 인간적인 유용성으로 되어 버리기 때문이다실제로 사물이 인간에 대해 인간적인 방법으로 관련 지어질 때에만 인간은 사물에 대해서 인간적으로 관계를 맺을 수 있다."[6]

우리의 감각이 자연과의 생산적인 관계의 과정 속에서 발전하게 되고 인간적인 감각이 되는 것처럼, 우리의 인간적 관계도 사랑의 행위 속에서 이러한 관계로 된다고 마르크스는 말하고 있다.

"인간을 인간으로서, 그리고 세계에 대한 그의 관계를 인간적인 관계라는 점에서 생각해 보면 사랑은 사랑에 의해서만, 신뢰는 신뢰에 의해서만, 그 밖의 것도 각기 그것들에 의해서만 교류될 수 있음을 알 수가 있다. 예술을 즐기고 싶으면 예술적 교양을 갖춘 인간이 되어야 하며, 다른 사람에게 영향을 주고 싶다면 실제로 다른 사람을 격려하고 용기를 북돋워 줄 수 있는 인간이 되어야만 하는 것이다. 따라서 동료와 자연에 대한 인간의 모든 관계는 그의 의지적 대상과 실제적인 개인의 삶의 대상에 상응하는 특별한 표현이어야 한다. 만일 인간이 상대방의 사랑을 불러일으키지 못하고 자기 혼자만 사랑한다면, 다시 말해서 자기 자신을 사랑스러운 존재로 만들 수 없다면 그 사랑은 무기력하고 불행한 사랑인 것이다."[7]

완전히 성숙되고 건강한 인간은 세상에 진정한 관심을 가지고 반응하는 풍요한 인간, 즉 생산적인 인간이다. 마르크스는 이러한 완전히 성숙한 인간과 대조적인 자본주의 제도하에서의 인간상人間像에

---

6) 〈경제적·철학적 소고〉, p.132
7) Ibid., p.168

대해 말하기를, "너무나 많은 유용한 물건의 생산은 많은 쓸모없는 사람을 늘리는 결과를 낳는다"[8]고 하였다. 오늘날의 제도하에서 인간은 풍부하게 소유하고 있는 듯하나, 실제로는 빈약한 소유에 지나지 않는다. 따라서 완전히 성숙된 인간은 이런 인간이 아닌, 진정으로 풍부하고 풍요로운 인간임을 상기할 필요가 있다.

마르크스에 있어서 공산주의의 진정한 의미는 인간의 자기 소외를 초래하는 사유 재산 제도를 적극적으로 지양하고, 인간에 의한 인간을 위한 인간상을 획득하게 하는 것이다.[9] 그러므로 이것은 사회적인, 다시 말해서 참된 인간적인 존재로서의 자기 자신으로 돌아가게 하는 것이며, 또 지금까지의 모든 부의 성장을 동질화하려는 완전하고도 의식적인 회귀이기도 하다. 완성된 자연주의로서의 공산주의는 그 자체가 휴머니즘이며, 완성된 휴머니즘으로서의 공산주의는 그 자체가 자연주의이다. 그것은 인간과 자연, 인간과 인간 사이의 항거에 대한 분명한 해결책이며, 또 존재와 본질, 대상화와 자기 확신, 자유와 필연, 개인과 종족 사이에 일어나는 충돌에 대한 진정한 해결책인 것이다. 이것이야말로 역사의 수수께끼에 대한 해결책이다. 또 모름지기 이런 해결책을 통해 모든 사회 문제가 해결되어야 하는 것이다.

---

8) Ibid., p.145
9) 여기서 마르크스가 '개인적 소유'라고 말하는 것은 집이나 탁자 따위의 개인적 소유를 의미하는 것은 결코 아니다. 그는 소유 계급, 즉 생산 도구를 소유하고 있어서 무산자들을 고용할 수 있는 자본가들의 소유를 말하는 것이다.

7

개인적 성격과 사회적 성격

　마르크스는 사회의 경제적 기초는 그 사회의 정치 및 법적 제도·철학·예술·종교 등과 상호 의존한다고 가정하였다. 마르크스주의 학설에 의하면 전자_{사회의 경제적 기초}가 후자, 즉 '이데올로기적 상위 구조'를 결정한다는 것이다. 그러나 엥겔스가 매우 명백하게 인정한 것처럼, 마르크스와 엥겔스는 사회의 경제 기초가 어떻게 이데올로 기적 상위 구조로 변형되는지를 설명하지 못했다.

　나는 정신분석이라는 방법을 이용함으로써 마르크스의 학설에 존 재하는 이런 결함을 설명할 수 있으며, 또 경제적 기초의 구조가 상 위 구조와 연결되는 여러 가지 메커니즘을 밝힐 수 있을 것으로 생각 한다. 이런 관계들 중의 한 가지는 바로 '사회적 성격'이라는 것이고, 다른 한 가지는 다음 장에서 다루어질 '사회적 무의식'이라는 본성이 다. 사회적 성격의 개념을 설명하기 위해서 우리는 먼저 프로이트가 발견한 가장 중요한 한 가지, 즉 인간 성격의 역동적 개념을 살펴보 아야 한다.

프로이트에 이르기 전에는 행동주의에 근거를 둔 심리학자들이 성격 특성을 행동 특성과 동일한 것으로 간주하였다. 이런 관점에서 볼 때, 성격은 '일정한 개인의 행동에 나타나는 여러 가지 특성의 형태'[1]라고 정의를 내릴 수 있지만, 윌리엄 맥도걸William McDougall·고든R. G. Gordon, 그리고 크레취머Kretschmer 같은 학자들은 성격의 특성 중에서도 능동적이고 역동적인 요소를 강조하여 왔다. 프로이트는 성격을 행동 이면에 잠재하여 실재 행동과는 동일하지 않은 일종의 충동제a system of strivings라고 본 최초의 사람이다. 그는 매우 일관성 있는 이론을 설득력 있게 발전시켰다.

성격에 관한 프로이트의 역동적 개념을 파악하기 위해서 인간의 행동 특성과 성격 특성을 비교하여 보면 도움이 될 것이다. 행동 특성은 제삼자가 관찰할 수 있는 여러 동작으로 표현될 수 있다. 예컨대 '용감한' 행동 특성은 자신의 안락·자유·생명의 위험을 무릅쓰고 일정한 목표에 도달하기 위하여 매진하는 행동이라고 정의할 수 있다. 또 '인색함'이라는 행동 특성은 돈이나 기타 물질들을 절약하는 것에 목적을 두는 행위라고 규정할 수 있다.

그러나 우리가 그 동기를, 특히 그런 행동 특성의 무의식적 동기를 살펴본다면, 행동 특성은 완전히 상이한 수많은 성격을 지니고 있음을 알게 된다. 용감한 행동은 야심 때문에 일어날 수 있다. 어떤 사람은 숭배받고자 하는 갈망을 충족시키기 위하여 자신의 생명까지 걸지도 모른다.

또 어떤 사람이 의식적으로나 무의식적으로 자신의 생명을 소중히 여기지 않고 위험을 무릅쓰게 만드는 것은 자살 충동의 동기일지

---

1) 《정신 의학 사전Psychiatric Dictionary》L. E. Hinsie & J. Shatzky, 1940년

도 모른다. 또는 순전히 상상력의 결여가 동기가 되어서 자기를 기다리고 있는 위험을 깨닫지 못해서 용감하게 행동할 수도 있다. 끝으로 어떤 사람은 순수하게 이념이나 목적에만 헌신하려고 행동하는 수도 있는데, 이 경우가 전형적인 용기의 토대라고 생각되는 동기이다.

이 모든 행동은 그 동기에 있어서 차이가 있음에도 불구하고 겉으로는 동일하게 보인다. '겉으로는'이라고 말하는 이유는 누구든지 그런 행동을 세밀히 살펴볼 때 동기가 다르면 다른 만큼, 미세하지만 중요한 행동의 차이를 가져온다는 것을 알 수 있기 때문이다. 예컨대 전쟁터의 한 장교가 야심보다 이념에 헌신한다는 동기에서의 용기를 가진다면 상황에 따라서 아주 다르게 행동할 것이다. 우선 전술적 목적에 비해 더 큰 위험이 도사리고 있다면 그는 결코 공격을 하지 않을 것이다.

반대로 그가 공명심에 차서 행동한다면 그 공명심의 정열이 그를 맹목적으로 만들어 자신과 병사들을 위험에 빠뜨리고 말 것이다. 후자의 경우 그의 '용기'에 관한 행동 특성은 분명 매우 애매한 요소이다.

또 다른 예로써 인색함이라는 것이 있다. 어떤 사람은 그의 경제 사정이 인색함을 필요로 하기 때문에 절약할 수도 있다. 또는 현실적인 필요성에 상관 없이 저축 자체를 목적으로 삼은 성격을 지니기 때문에 인색해질 수도 있다. 여기에서도 동기 때문에 행동 자체가 약간의 차이를 보일 수 있다.

전자의 경우, 그 사람은 절약하는 것이 현명한 상황일 때와 돈을 쓰는 것이 더 현명한 상황일 때를 뚜렷이 분별할 것이다. 후자의 경우, 그는 절약의 객관적 필요성과는 관계 없이 절약할 것이다. 또 동기의 차이에 따라서 행동의 차이를 가져오는 요인은 행동을 예측하는 것과 관계된다. 야심이 동기가 된 '용감한' 병사의 경우, 우리는 그가 자신의 용기를 보상받을 수 있을 때에만 용감하게 행동한다는 것을 예측할 수 있다. 또 명분에의 헌신이 동기가 되는 '용감한' 병사의 경우, 우리는 그의 용기가 인정받느냐 못 받느냐의 문제가 그의 행동에 조금도 영향을 끼치지 못한다는 것을 예측할 수가 있다.

프로이트는 위대한 소설가나 극작가라면 잘 알고 있는 사실, 즉 발자크의 표현처럼 성격 연구는 '인간에게 동기를 부여하는 힘'을 대상으로 삼으며, 인간이 행동하고 느끼고 생각하는 방식은 대체로 개인별 성격의 특수성에 의해서 결정되는 것이지, 단순히 현실적 환경에 대한 합리적 반응의 결과는 아니라는 사실을 알고 있었다. 프로이트는 성격 특성의 역동적 본질과, 그리고 한 개인의 성격 구조는 인간의 에너지가 생활 과정을 통해서 일정하게 방향을 잡는 특정 형태라는 사실을 깨달았다.

프로이트는 이런 성격 특성의 역동적 본질을 자신의 성격학과 리비도 학설사람의 모든 행위의 숨은 동기를 이루는 근원적 욕망에 대한 연구을 병합시켜 설명하려고 했다. 몇 가지 복잡하면서도 재기에 넘치는 가설을 이용해서, 그는 성격 특성을 성적 충동인 '승화'나 '반동 형성'이라고 설명한다. 그는 성격 특성의 역동적 본성을 '성욕적 근원'의 표현이라고 해석하였다.

프로이트가 말하는 성격 지향성이란 말은 인간 행위와 이념의 원천을 뜻하는 것이다. 성격이란 인간에게서는 찾아볼 수 없는 동물 본능적 결정소와 같은 말이다. 인간은 성격대로 행동하고 사고하며, 헤라클리투스가 "성격은 인간의 숙명이다"라고 말한 것도 바로 그 이유 때문이다. 인간은 성격이 부여하는 동기에 따라서 어떤 식으로 행동하고 사고하며, 동시에 그렇게 한다는 바로 그 사실에 만족한다.

성격 구조는 사고와 이념은 물론 행동까지 규정한다. 항문애적 성격의 경우는, 절약을 주요 미덕의 하나로 간주하는 경향이 있다. 그런 성격은 절약이 권장되고 소비가 금지되는 생활 방식을 좋아한다. 그런 사람은 주위 상황을 자신의 지배적인 충동 욕구의 관점에서 해석하려는 경향이 있다. 예컨대 책을 살까, 영화 구경을 할까, 또는 무엇을 먹을까? 등이 주로 '어느 것이 경제적인가?'의 관점에서 결정된다. 그것은 자신의 경제 사정이 그런 선택의 원칙을 허용하느냐의 문제와는 전혀 상관이 없다. 그는 여러 가지 개념을 해석할 때에도 그와 같은 관점을 취한다. 그런 사람에게 평등이란 누구나 정확하게 동일한 분량의 물질을 소유함을 의미하는 것이고, 그렇지 않은 다른 성격의 사람에게 받아들여지는 것처럼 인간은 어느 누구도 타인의 목적을 위한 수단으로 이용되어서는 안 된다는 의미로서의 인간 평등을 의미하는 것이 아니다.

다음으로 구순애 — 수용적 성격 지향형인 사람의 경우는 모든 선善의 원천은 외부에 있다고 느끼며, 자기가 원하는 것을 — 그것이 물질이든, 사랑·지식·쾌락이든 간에 획득하는 원천적인 방법은 외부에서 획득하는 것이라고 믿는다.

이런 사람은 사랑의 문제가 전적으로 '사랑받는 것'의 문제이지, 사랑하는 것의 문제가 아니다. 이런 사람은 사랑하는 대상을 선택할 때 분별력이 없는 경향이 있다. 왜냐 하면 누구에게든 사랑받는 것이 그의 주된 경험이라서 사랑을 주는 사람이면 무조건 그에게 빠져 버리기 때문이다.

이런 성격은 사랑받는 입장에서 경험하게 되는 사랑의 상실이나 거절 등에 매우 민감하다. 그런 성향의 사람은 사고의 면에서도 마찬가지다. 그가 지성적이라면 이념을 받기만 할 뿐 생산할 줄 모르기 때문에 훌륭한 경청자일 뿐이다. 혼자 있게 두면 그는 느낌이 마비된다.

이 경우 그가 제일 먼저 생각하는 것은 자신은 최소한의 노력도 하지 않고 오히려 필요한 정보를 제공해 줄 어떤 사람을 찾아야겠다는 것이다. 만약 이런 성격의 사람이 종교적이라면, 그는 신에게 모든 것을 기대하기만 하고 자신의 활동에는 전혀 노력조차 하지 않아도 된다는 신적 개념을 가지고 있다. 특별히 종교적인 면에 국한시키지 않더라도 다른 사람들 또는 제도와의 관계에서도 마찬가지다. 왜냐 하면 그런 사람은 항상 '마술적 힘을 지닌 원조자'를 찾으려고 하기 때문이다.

그런 성향의 사람은 충성심을 보여주지만, 그 충성의 밑바닥에는 자기를 키워 주는 손길에 대한 감사와 그 손길을 잃어버리지나 않을까 하는 두려움이 깔려 있는 법이다. 그는 안전함을 느끼기 위해서 많은 손길을 필요로 하기 때문에 많은 사람들에게 충성해야 한다. 그는 '아니오'라고 말하기가 어렵기 때문에 모든 일에 모든 사람들에게 '네'라고 말한다. 그래서 결과적으로 그의 비판 능력이 마비되어 버리기 때문에, 그는 더욱더 타인에게 의존하게 된다.

그는 지식과 도움에 있어서도 권위자에게 의존할 뿐만 아니라, 어떤 종류의 지지를 받기 위해서는 보통 사람에게도 의존한다. 그는 고립되면 패배감을 느낀다. 왜냐 하면 그는 도움 없이는 아무 일도 할 수 없다고 생각하기 때문이다. 이런 무력함은 본성에 따라서 독자적으로 실행할 수 있는 일, 즉 결정해야 하고 책임 져야 하는 활동에 접하면 특히 문제가 된다. 예컨대 대인 관계에서 스스로가 결정을 내려야 할 상황에서 오히려 타인에게 충고를 구하고 있다.

마지막으로 착취 지향형도 수용형의 사람과 마찬가지로 기본적으로 모든 선善의 원천은 외부에 있으며, 원하는 것도 무엇이든지 외부에서 찾아야 하며, 또 스스로는 아무것도 생산할 수 없다고 생각한다. 그러나 착취 지향형의 사람은 타인으로부터 물건을 선물로 받은 것을 기대하지 않고, 힘이나 계략으로 쟁취하려는 성향이 있다는 점에서 수용 지향형의 사람과 구별된다. 이런 성향은 활동의 모든 영역에 확대된다. 이런 성향의 사람은 사랑과 애정의 영역에서도 쟁취하고 훔치는 경향이 있다. 즉, 이미 타인에게 밀착되어 있는 사람과 사랑에 빠지기가 쉽다.

또 그의 사고와 지적 탐구에 있어서도 이와 똑같은 태도를 볼 수 있다. 이런 사람은 아이디어를 창조하지 않고 훔치려는 경향이 있다. 이런 성향의 사람은 직접적으로는 표절의 형태로, 또는 좀더 교묘하게 남의 아이디어를 다른 표현으로 바꾸어서 그것이 새로운 것이고, 자신의 것이라고 주장하는 형태로 나타날 수 있다. 종종 위대한 지성인이 자신의 재능을 이용한다면 능히 독창적인 생각을 생산할 수 있음에도 불구하고 표절 행위를 한다는 것은 놀라운 사실이다.

한편, 유능한 사람에게 독창적 생각이나 독립적인 생산이 없는 경우는, 흔히 독창성이 내재적으로 결여되어 있다기보다는 오히려 이런 성격 지향성 때문이라고 설명할 수 있다. 물질의 경우에도 동일한 설명이 적용된다. 이런 사람에게는 타인에게서 탈취할 수 있는 물건이 자기가 만들 수 있는 어떤 것보다 더 좋아보이는 것이다. 그는 무엇이고 짜낼 수 있는 어떤 사람도, 그리고 어떤 물건도 이용하고 착취한다. 그의 좌우명은 '훔친 열매가 제일 맛있다'는 말이다. 그런 사람은 남을 이용하고 착취하고 싶기 때문에, 음으로 양으로 유망한 착취의 대상을 사랑하고 더 이상 착취할 것이 없는 사람에게는 싫증을 느낀다. 극단적인 예로써, 물건을 살 돈이 있지만 훔칠 수 있을 때만 즐거움을 느끼는 병적 도벽도 있다.

사회적 성격의 논거를 마련하기 위해서 프로이트의 역동적 성격의 개념을 자세히 설명할 필요가 있다. 어떤 사회 안의 개개인은 물론 개성이 다 다르다. 사실 미세한 차이라도 인정한다면 어떤 두 사람도 성격 구조가 정확히 동일하지 않다고 해도 과언이 아니다. 만약 우리가 미세한 차이를 무시한다면 여러 인간 집단을 대표할 수 있는 여러 형태의 성격 구조를 설정할 수 있다. 이렇게 설정된 성격 구조의 형태가 바로 항문애적·수용적·착취적·시장적, 그리고 생산적 성격 지향형 등이다.[2]

일정한 사회 속의 국가나 사회나 집단의 구성원들은 특정한 면에서는 차이가 있지만, 또 항상 성격 구조가 전체적으로 공통되는 보다 넓은 구조 형태에 모두 수용되지 못하는 몇몇 개인 구성원이 있지만, 각 집단이 대표적 특성이 되는 성격 구조를 지니고 있다는 사실이 입증될 때, 성격 구조의 문제는 개인 차원을 뛰어넘는 중요성을 띠는 것이다. 나는 한 사회에 있어서 전형적인 이런 성격을 '사회적 성격'이라 부르기로 한다.

개인적 성격과 마찬가지로 사회적 성격은 에너지가 일정하게 흐르는 특정 방법을 뜻한다. 따라서 일정한 사회 속의 대부분의 사람들의 에너지가 일정하게 흘러간다면 그들의 동기도 동일하고, 또 그들은 동일한 이념과 이상에 흡수되기 마련이다.

----

2) 《자기 스스로의 인간Man for Himself》E. 프롬, 1947년.

나는 이제부터 사회적 성격이 한 사회의 기능에서 없어서는 안 될 필수 요소이며, 동시에 사회의 경제 구조와 그 사회의 지배적인 이념을 연결시켜 주는 것임을 설명하겠다. 그러면 사회적 성격이란 무엇인가? 그 뜻은 '같은 문화권에 속하는 사람들이 개인적 성격에서 서로 다른 것'과는 대조적으로 '같은 문화권의 구성원들 대부분이 공유하는 성격 구조의 핵심'을 말한다.

사회적 성격이란 단순히 일정한 문화 속의 대다수 사람들에게서 발견되는 성격 특성들의 총체라는 통계적 개념이 아니다. 그 개념은 지금부터 논할 사회적 성격의 '기능'이라는 점에서만 이해될 수 있다.[3] 각 사회는 일련의 객관적 조건들이 요구하는 어떤 특정 방식으로 조직되고 움직여 나간다. 이런 조건들 중에는 그 사회가 접하는 원자재·공업 기술·기후·인구 규모·정치적 및 지리적 요인들에 좌우되는 생산 방법들도 포함된다. 여기에서 보편적인 의미의 '사회'는 없고, 단지 측정할 수 있는 방법으로 움직이고 있는 특수한 사회 구조들만 있는 것이다.

이런 사회 구조는 역사가 진행되는 동안 변화된다고는 하지만, 그 구조가 특정한 역사적 시점에서는 비교적 고정되어 있다. 즉, 어떤 사회의 구성원과 사회 속의 다양한 계급, 특정한 지위의 집단은 사회 제도가 요구하는 의미에서 그 기능을 수행하고 활동해야 한다. 사회 구성원이 스스로 사회의 틀을 따를 것인지의 여부를 의식적으로 결정하는 것이 아니라, '당위에 따라 마땅히 행동하기를 원하는

----

3) 《문화와 개인Culture & Personality》G. S. Sargent, M. Smith, Viking Fund 중 나의 논문 〈정신분석의 특징과 문화의 이해에의 적용Psychoanalytic Characterology & its Application to Understanding of Culture〉, 1949년, pp.1~12. 또 사회적 특성의 개념은 나의 저서 《기독교 교리의 전개The Evolution of the Dogma of Christ》에 독창적으로 서술되어 있다.

것'이다. 그리고 인간이 문화의 요구에 따라 행동할 때 영광을 느끼듯이, 사회 구성원의 모든 에너지의 방향을 결정하는 것이 바로 사회적 성격의 기능인 것이다.

다시 말해서 '일정한 사회 안의 인간의 에너지가 계속 기능을 수행하도록 일정한 틀에 넣어 나아가게 하는 것'이 사회적 성격의 기능이다. 예컨대 현대 산업 사회는 자유인의 능력을 전례가 없을 정도로 작업에 이용하지 않았다면 목표를 달성할 수 없었을 것이다.

인간은 대부분의 능력을 작업하는 데 쓰고 싶어하면서 훈련·규율·시간 엄수 등의 자질을 구비한 사람이 되어야 했다. 비록 각 개인이 매일 의식적으로 일하고 싶다거나, 시간을 지키고 싶다는 사실 등을 스스로 결심해야 했다면 오늘과 같은 현대 산업 사회를 이룩하기가 힘들었을 것이다. 왜냐 하면 그런 의식적인 결심은 많은 예외를 초래하여, 사회의 기능이 결코 순조로울 수가 없었을 것이기 때문이다.

또한 위협과 강제로는 일할 동기가 충분치 못했을 것이다. 왜냐 하면 현대 산업 사회의 고도로 세분화된 작업은 결국에는 자유인이 할 직업이지 강제 노동으로 할 성질의 작업이 아니기 때문이다. 노동·시간 엄수·규율의 사회적 필요성은 인간의 내면적 충동으로 바뀌어야 한다. 다시 말해서 인간의 내면적 충동이 심층에 깔려 있는 사회적 성격을 형성해야 한다는 뜻이다.

예컨대 시간 엄수와 순종의 욕구가 어느 산업체의 필수적 특성이 되는가 하면, 현대 자본주의와 대립되는 것은 19세기 자본주의에서는 그와는 다른 욕구가 있었다. 19세기 자본주의는 계속적으로 자본 축적에만 치중했기 때문에 저축이 절대적으로 필요했으며, 가정·종교·공업·국가·교회에서는 권위주의적 원리를 이용하여 훈련과 안정을 강화시켰다. 19세기 중산층의 사회적 성격은 정확히 '항문 지향적'이라고 부를 수 있다. 소비를 지양하고 절약하고 권위에 대해 존경을 표하는 것은 미덕이었을 뿐만 아니라, 중산층의 구성원으로 하여금 스스로 자신의 경제 체계를 위해서 일하도록 만들었다.

그러나 현대의 사회적 성격은 전혀 다르다. 즉, 오늘날의 경제는 소비 억제에 기초를 두는 것이 아니라, 완전히 발전된 소비에 기초를 두고 있다. 오늘날의 경제는, 노동자와 중산층 수입의 대부분을 소비에 치중하지 않고 저축만 한다면 심각한 위기에 직면할 것이다. 소비는 대부분의 사람들에게 열정적인 삶의 목적이 될 뿐만 아니라 미덕이 되기도 한다. 현대의 소비자는 특히 할부로 물건을 사는 사람은 그의 선조에게는 무책임하고 부도덕한 낭비자로 보일 것이며, 그것은 선조가 후손에게는 지독한 구두쇠로 보이는 것과 똑같은 것이다. 19세기의 사회적 성격은 오늘날에 와서는 유럽과 북미보다 뒤떨어진 사회 계층에서만 발견된다.

이런 사회적 성격은 주된 목적이 그저 '소유하는 것'인 사람들을 대표하는 사회적 성격이었다. 20세기의 사회적 성격은 그 목적이 '소비하는 것'인 사람들을 대표하는 사회적 성격이다. 권위의 형태에 관해서도 그와 비슷한 차이가 있다. 적어도 서구의 선진 자본주의 국가에서는 모든 사람들에게 넉넉한 물질적 만족이 있고, 또 그로 인해 권위주의적 통제의 필요성이 감소되었다. 동시에 통제는 복종을 강요하는 지배보다는 동의를 얻어서 지배하려는 관료주의적 엘리트의 손으로 옮겨졌으며, 동의를 얻는 것도 심리학과 인간 관계라는 '과학'의 현대적 방법으로 조정될 수 있는 것이다.

사회와 문화의 객관적인 제반 여건들이 안정 상태에 있는 한, 사회 구조는 탁월한 안정화 기능을 지니게 된다. 만약 외부 조건들이 재래식인 사회적 성격에 더 이상 적합하지 않게 변한다면 그 성격의 기능은 흔히 안정보다는 와해로, 즉 사회의 접착제 구실보다는 폭발제 구실로 바꾸어 버리는 일종의 체중 현상이 일어난다.

사회의 사회-경제 구조가 그 사회적 성격의 틀을 만드는 것이라고 할 때, 그것은 단지 사회 조직과 인간을 상호 연결시키는 하나의 매개체를 의미하는 것이다. 또 다른 매개체로 생각되는 것은 인간이 살고 있는 사회 조건의 틀을 만들어 주는 인간의 본성이다. 인간의 실체, 즉 생리적 속성은 물론 심리적 속성을 파악할 때, 또 인간의 본성과 생존을 위해서 정복해야 할 외부 조건의 본질 사이의 상호 작용을 검토할 때 비로소 우리는 사회의 진행 과정을 이해할 수 있다.

인간은 스스로 거의 모든 조건에 적응할 수 있는 것도 사실이지만, 문화가 마음대로 글을 쓸 수 있는 한 장의 백지는 아닌 것이다. 행복·소속감·사랑·자유를 갈구하는 것과 같은 욕구들은 인간의 본성 속에 깔려 있다. 그런 욕구는 역사의 진행 과정에 존재하는 역동적 요인이기도 하다. 어떤 사회의 질서가 일정한 한계를 넘어서서 인간의 기본적인 욕구를 무시하거나 좌절시킨다면, 그 사회의 구성원은 그런 사회 질서를 인간의 욕구에 맞도록 변화시키려고 노력한다. 이런 변화가 불가능하면, 그 결과는 아마도 그런 사회의 능동성의 결핍과 파괴 성향 때문에 붕괴되고 말 것이다.

인간의 욕구를 더 크게 만족시켜 줄 사회적 변화는 그 변화를 촉진시키는 어떤 물질적 조건이 구비될 때 더욱 쉽게 일어난다. 이렇게 생각할 때 사회적 변화와 경제적 변화 사이의 관계는, 마르크스가 주장한 것처럼 변화된 사회-정치적인 여러 조건과 새로운 중산층이 갖는 이해 관계에 대한 관심일 뿐만 아니라, 욕구의 충족에 가장 좋은 조건을 이용하는 인간의 기본적 욕구에 의해서 사회 변화가 결정되는 관계이다. 프랑스 혁명을 성공시킨 중산층은 낡은 질서의 속박에서 자신들의 경제 활동의 자유를 원했다. 그러나 또한 그들은 인간으로서 내부에 간직하고 있는 자유에 대한 진정한 소망에 끌리고 있었다. 혁명이 성공한 후 그들은 좁은 의미의 자유에 대부분 만족하였지만, 부르주아 정신에 가장 충실했던 사람들은 부르주아식 자유에는 한계가 있음을 알게 되었다. 그리하여 인간의 욕구에 대한 더 만족스러운 해답을 찾다가, 마침내 자유가 인간 전체를 해방시키는 조건이라고 생각하는 개념을 확립하게 된 것이다.

사회적 성격의 기원과 기능에 대한 이런 개념이 옳은 것이라면, 우리는 풀기 어려운 또 한 가지 문제에 직면하게 된다. 개인이 자기 문화 속에서 수행해야 할 역할에 의해서 성격 구조가 형성된다는 가설을 세우면, 이것은 한 인간의 성격이 어린 시절에 형성된다는 가설과 상치되는 것이 아닐까? 아니면 어린아이는 비교적 사회와는 거의 접촉하지 못한다는 사실을 감안할 때, 그 두 가지 견해는 모두 옳다고 주장할 수 있을까?

이 질문은 얼핏 보아 대답하기에 그다지 어렵지는 않다. 우리는 사회적 성격의 개별적 내용의 근원이 되는 요인들과, 사회적 성격이 성립되는 방법을 식별해야 한다. 거기서 우리는 사회 구조와 그 구조 속의 개인의 기능이 사회적 성격을 규정하는 것이라고 생각할 수 있다. 반면에, 가정은 '사회의 심리적 대행자'이고, 성장하는 어린아이에게 사회적 욕구를 전달하는 기능을 지니고 있다.

가정은 이런 기능을 두 가지 방법으로 수행한다. 첫째로 부모의 성격이 성장하는 어린아이의 성격 형성에 영향을 미친다. 왜냐 하면 대부분의 부모의 성격이 사회적 성격의 한 표현이기 때문에, 부모는 어린아이에게 사회적으로 바람직한 성격의 필수적 자질들을 전달하기 때문이다. 둘째로 한 문화권에서 행해지는 일반적인 '어린 시절의 훈련 방법'에 의해서 영향을 받는다. 이것 또한 사회적으로 바람직한 방향으로 어린아이의 성격을 형성하는 기능을 수행한다. 동일한 목적을 수행할 수 있는 어린이의 훈련에도 여러 가지 방법과 기술이 있다.

반면에, 이런 방법을 실행하는 사람의 성격 구조 때문에 동일해 보이지만 차이가 나는 방법들도 있을 수 있다. 그러나 우리는 어린아이의 훈련 방법에 초점을 두는 것으로 사회적 구조를 설명할 수는 없다. 어린아이를 훈련시키는 여러 방법은 전달 메커니즘이라는 의미로 볼 때 매우 중요하며, 이는 일정한 문화권에서 어떤 유형의 인격이 바람직하고 필수적인지를 간파할 때 비로소 이해될 수 있는 것이다.

지금까지 우리는 사회적 성격은 어느 특정 사회의 목적에 부합되는 특수한 방식으로 인간의 에너지가 형성되는 구조라는 것을 살펴보았다. 이에 우리는 사회적 구조가 어떤 이념이나 이상의 매력을 이끌어 내는 근원이 되기도 한다는 것을 설명해야 한다. 이것은 이미 앞에서 언급한 적이 있는 성격과 구조면에서 이해하는 것이 쉽다. 비장적^{프로이트에 의하면 항문적} 성격 지향형의 사람은 저축의 이상에 매혹되는 경향이 있지만, 그는 소위 '지각 없는 소비'라는 이상에는 반기를 든다.

다른 한편으로, 생산적 성향의 사람은 저축을 제일로 여기는 데에는 반감을 느끼며, 창조적 노력을 돕고 생활을 풍요롭게만 한다면 물질의 사용을 더욱 강조해야 한다는 생각을 품고 있다. 사회적 성격의 경우에도 성격과 이상의 연관성은 마찬가지다. 몇 가지 예를 들면 이런 관계가 분명해질 것이다.

봉건 시대의 종말과 더불어 사유 재산 제도가 경제 및 사회 체제에서 중심 요인이 되었다. 물론 그 이전에도 사유 재산제가 있었다. 그러나 봉건 시대에서는 사유 재산제가 주로 토지로 되었고, 또 그것은 계급 제도의 사회에서는 토지 소유자의 사회적 지위와 밀접한 관계가 있었다. 토지는 소유자의 사회적 역할의 일부였기 때문에 시장에 내다 팔 수가 없었다. 현대 자본주의가 바로 그런 봉건 체제를 파괴시켰다. 사유 재산은 토지로서의 재산일 뿐만 아니라, 생산 수단으로서의 재산이기도 하다.

모든 재산은 양도할 수 있다. 그래서 그것은 시장에서 매매될 수 있고, 또 그 값은 추상적 형태, 즉 화폐의 형태로 표현된다. 토지·기계·금·다이아몬드, 이 모두가 그 가치를 표현할 수 있는 추상적인 화폐의 성격을 지니고 있다. 또한 누구든지 사유 재산을 사회 체제 속의 신분에 관계 없이 취득할 수 있다. 그것은 근면성·창조성·행운·무자비성, 또는 유산을 통해서 얻어진다.

사유 재산의 소유권은 재산 취득의 수단이 무엇이었나 하는 것과는 아무런 관계가 없다. 한 개인의 안전·힘·강력성은 봉건 사회에서처럼 비교적 변화 없는 개인의 지위에 따라서 결정되지 않고, 사유 재산의 소유 정도에 따라서 결정된다. 현대인이 일단 사유 재산을 모두 잃어버리면, 그는 사회적으로 아무런 존재 가치가 없는 사람이 된다. 그러나 봉건 영주는 봉건 제도가 존속하는 한 그의 재산을 상실하지 않는다. 결과적으로 각 시대의 이상은 다르다는 것이다.

봉건 영주나 심지어 조합길드에 가입된 직인에게도 주된 관심사는 전통적 질서의 안정, 생산과의 조화로운 관계, 봉건 제도의 안정을 최종적으로 보장해 주는 신의 개념이었다. 봉건 사회의 구성원은 관심의 대상인 이런 이념들 중 어느 것이라도 공격을 받으면, 자기가 가장 확신하는 이념을 고수하려고 자신의 생명까지도 바칠 정도였을 것이다.

현대인에게는 그 이념이 전혀 다르다. 그의 운명·안전, 그리고 힘은 사유 재산에 의지하고 있다. 그러므로 부르주아 사회에서 사유 재산은 신성한 것이고, 또 사유 재산의 불가침 이상은 부르주아 사상을 구축하는 초석이 된다. 어느 자본주의 사회에서나 대다수의 사람들은 여기서 말하는 의미생산 수단으로서의 재산로 사유 재산을 소유하는 것이 아니고, 다만 자동차·텔레비전 등과 같은 개인 재산, 즉 소비 상품을 소유할 뿐이다. 그럼에도 불구하고 봉건 질서에 반기를 든 부르주아 혁명은 경제적 엘리트에 속하지 않는 사람까지도 이 분야에서 엘리트 집단과 동일한 생각을 지니도록 사유 재산의 불가침 원리를 확립하였다.

봉건 사회의 구성원이 봉건 제도에 대한 공격은 부도덕한 것이고, 심지어 비인간적이라고까지 생각하는 것과 마찬가지로, 자본주의 사회의 모든 개인은 사유 재산에 대한 공격을 야만성과 비인간성의 상징이라고 생각한다. 이런 개인은 사유 재산 침해자들에 대한 증오심을 노골적으로 표현하지는 않지만 무신론이나 불법 등의 표현으로 합리화시킨다.

그러나 실제로 종종 그들이 사유 재산의 신성을 무의식적으로 파괴시키기 때문에, 그에게는 그들이 비인간적으로 보인다. 여기에서 요점은 그들이 그를 경제적으로 손해를 입혔다든가, 그의 경제적 이익을 위협하였다는 것이 아니고, 그의 활기찬 이상을 위협한다는 것이다. 예컨대 자본주의 국가의 많은 사람들이 공산주의 국가에 대해 품고 있는 혐오감이나 증오심은, 대체로 그들이 사유 재산의 노골적인 침략자에 대해 느끼는 바로 그 혐오감에 근거를 두고 있는 것이다.

한 사회의 사회 경제 구조에 뿌리 박고 있는 그 밖의 다른 이념의 실례는 너무도 많아서 가장 대표적인 예를 선택하기가 어렵다. 예컨대 봉건 계급이 자신들에게 부과한 제약과 맞서서 싸우는 중산층에게는 자유가 최고의 이상이었다. 경쟁이 극심했던 19세기 자본주의 사회에서는 '개인의 자주성'이 이상이 되었다. 구성원의 단합과 인간 관계는 20세기 자본주의 사회에서 가장 보편적인 규범이 되었다. 왜냐 하면 공명 정대함은 상품과 노동이 폭력이나 부정을 배제하고 교환되는 자유 시장의 기본 법칙이기 때문이다. 동시에 공명 정대의 이상은 더 옛날의 규범인 '네 이웃을 사랑하라'는 성구聖句와 동일시되고 있지만, 이 규범은 '남들이 당신에게 해 주기를 바라는 대로 당신도 남들에게 행하라'는 금언의 형식으로 일반화된 것이다.

이념은 경제 및 사회 생활의 온갖 형태에 의해 결정된다는 학설은, 이념 그 자체가 어떤 당위성을 지니지 못한다든가, 그것이 경제적 욕구의 단순한 반영에 불과하다는 뜻은 아니라는 것을 다시 한 번 강조하고자 한다. 예컨대 자유의 이상은 인간 본성에 깊이 뿌리 박고 있고, 또 그것은 이집트에서의 그리스인, 로마에서의 노예, 16세기 독일의 농부, 동독의 독재자와 싸운 노동자에게 하나의 이상이 되기도 했다.

그것은 정확히 기존의 사회 질서가 이런 질서의 필요성을 초월하는 이념에 호소할 수 있기 때문에 인간의 마음에 깊이 와닿는 것이다. 그러나 왜 특정 이념은 우위를 차지해서 보편성을 얻는지 역사적 관점에서, 즉 일정한 문화권에서 생성된 사회적 성격의 관점에서 보면 이해될 수 있다. 한 가지 덧붙일 설명이 있다. 어떤 사회적 성격을 창조하고, 이어서 그 성격이 어떤 이념을 만들어 내는 것은 비단 경제적 기초뿐만이 아니다.

이념은 일단 만들어지면 사회적 성격에 영향을 끼치고, 간접적으로는 사회-경제 구조에 영향을 미친다. 내가 여기서 강조하는 것은, 사회 성격은 사회 및 경제 구조와, 한 사회에 지배적인 이념이나 이상 사이의 매개체라는 것이다. 그것은 경제적 기초에서 이념으로, 이념에서 경제적 기초로 향하는 이 두 방향의 중간 지점이다. 다음 도식은 이런 개념을 표현한다.

경제적 기초

사회적 성격

이념과 이상

8

사회적 무의식

    사람들이 사회의 고유한 기능의 관점에 따라서 행동하고 사고해야만 하듯이, 그들로 하여금 행동하고 사고하게 하는 사회적 성격이란 것은 다제도·철학·예술·종교 등과 상호 의존한다고 가정하였다. 다만 사회 구조와 이념 간의 일개 연결 매체일 따름이다. 다른 연결 매체는 각 사회가 어떤 사상과 감정을 자각의 수준에 이르도록 허용하고, 어느 것들을 무의식의 단계에 머무르게 하느냐 하는 것을 결정한다는 사실에 있다.

    사회적 성격이란 것이 있듯이, '사회적 무의식'이라는 것도 있는 것이다. '사회적 무의식'이라는 것은 어느 사회의 대부분의 구성원에게 공통적인 억압의 영역을 말한다. 이와 같은 공통적으로 억압받는 요소들은, 일정한 사회가 그 사회의 특수한 모순을 갖고도 성공적으로 움직이려면 그 구성원으로 하여금 인식하도록 허용할 수 없는 내용이다. 프로이트가 다루고 있는 '개인적 무의식'이란 것은 개인이 그의 개인적인 삶의 상황의 특수한 환경 때문에 억압하는 내용을 가리킨다.

근친 상간적 욕구의 억압을 모든 문명의 성격이라고 말할 때의 프로이트는 어느 정도는 '사회적 무의식'을 다루고 있는 것이지만, 그의 임상적 연구에서는 주로 개인적 무의식을 다룰 뿐이며, 사회적 무의식에 대해서는 대부분의 분석가들도 거의 주의를 기울이지 않고 있다.

우리는 여기서 사회적 무의식을 논하기 전에, 프로이트가 발전시킨 무의식의 개념과 마르크스 체계 안에서의 그것에 상응하는 개념을 간략히 제시할 필요가 있다.

사실상 무의식의 발견은 프로이트의 발견 가운데서 가장 기본적인 것이다. 정신분석학은 우리가 가장 중요한 체험의 자각을 억압한다는 가정 위에 기초를 두고 있는 하나의 체계라고 정의될 수 있다. 즉, 그것은 우리의 내면에 존재하는 무의식적 현실과 그 현실에 대한 의식적인 부정 사이의 갈등이 종종 신경증을 불러일으키고, 그 무의식을 의식함으로써 그러한 신경증적 증상, 또는 성격 특성이 치유될 수 있다는 가정이다.

프로이트는 무의식의 표출이 신경증의 치료에 가장 중요한 도구라고 믿었지만, 그의 통찰력은 이와 같은 치료적 관심을 훨씬 초월하는 것이었다. 그는 우리가 자신에 대해서 생각하고 있는 것의 대부분이 얼마나 비현실적인가 하는 점과, 우리가 얼마나 자신들과 타인들에 대해서 끊임없이 자신을 기만하고 있는가 하는 점을 알고 있었다. 그래서 그는 우리의 의식적인 사고 이면에 놓여 있는 현실에 대한 열정적인 관심에 의해서 고무되었던 것이다.

프로이트는 우리 내면의 현실적인 것의 대부분은 의식이 아니며, 의식적인 것이 대부분은 현실적인 것이 아니라는 점을 알았다. 내면적 현실의 추구를 향한 이와 같은 헌신이 새로운 차원의 진실을 활짝 열었던 것이다. 무의식의 현상을 모르는 사람은 자기가 알고 있는 것을 말하면 모두 진실을 말하는 것으로 믿는다. 프로이트는 우리 모두가 정도의 차이는 있지만 어느 정도는 진실에 대해서 스스로를 기만하고 있음을 보여주었다. 비록 어떤 것과 관련한 태도가 성실하다 할지라도 우리의 의식은 거짓이기 때문에, 또 그것이 우리 내면에 가로놓인 현실적 체험을 나타내는 것이 아니기 때문에, 우리는 거짓말을 하는 것일 수도 있다.

프로이트는 개인적 단계에서의 관찰로부터 시작하였다. 여기 몇 가지 예를 들어보면, 춘화를 보는 데서 은밀한 쾌감을 느끼는 사람도 의식적으로는 자신 안에 있는 그와 같은 성향을 인정치 않고, 그런 그림들은 해로운 것이며, 그런 것들이 어떤 곳에서도 남의 눈에 띄지 않게 하는 것이 자신의 의무라고 생각한다. 이런 식으로 그는 남들로 하여금 그것을 보지 못하게 하려는 캠페인을 전개시킨다는 명목으로 그런 그림들을 보며, 그렇게 해서 자신의 욕구를 충족시킨다.

그러나 그는 매우 정직한 양심을 갖고 있다. 그의 실제 욕망은 무의식적인 것이며, 의식적인 것은 그가 알기를 원치 않는 것을 완전히 감추어 버리는 합리화이다. 그렇게 함으로써 그는 자신의 도덕적 판단과의 갈등을 느끼지 않고도 자신의 욕망을 충족시킬 수 있게 되는 것이다. 또 다른 예로써 자식들을 벌하고 학대하는 경향이 있는 가학적 충동을 지닌 아버지의 경우를 생각해 보자. 그는 자신이 자식들을 때리는 것은 그들에게 덕성을 키워 주고 악한 일을 하지 못하게 막는 유일한 방법이기 때문이라고 믿는다.

그는 자신의 가학적 성격의 만족은 자각하지 않고, 다만 자녀 양육의 의무와 방법이라고 하는 생각, 즉 합리화만을 자각하고 있는 것이다. 또 한 예로는 전쟁을 불러일으키는 정책을 수행하는 정치가를 들 수 있다. 그의 경우는 자신의 명예와 명성을 얻고자 하는 욕망이 동기가 될 수 있지만, 그는 자기의 행동이 오직 애국심과 나라에 대한 책임감에 의해서 결정된 것이라고 믿는다.

이 모든 경우에 있어서 그 이면에 놓여 있는 무의식적인 욕망은 도덕적인 고려에 의해서 치밀하게 잘 합리화되어 있기 때문에, 그 사람이 꾸며낸 바로 그 합리화에 의해서 비호될 뿐만 아니라, 도움을 받고 부추김을 받기도 한다. 정상적인 삶의 과정에서 그와 같은 사람은 자신의 욕망이라고 하는 현실과 합리화라고 하는 허구 사이의 모순을 결코 발견치 못하게 될 것이고, 따라서 그는 계속해서 자신의 욕망에 따라서 행동하게 될 것이다.

누군가가 그에게 진실을 말해 준다면, 다시 말해서 그의 정당한 합리화의 이면에는 그가 결코 인정치 않으려 할 바로 그 욕망이 놓여 있다는 사실을 그에게 말해 준다면, 그는 몹시 화를 내거나 거짓된 비난을 받았다고 생각할 것이다. 억압된 것의 존재에 대한 이와 같은 격렬한 거부를 가리켜 프로이트는 '저항'이라고 불렀다. 그것의 강조는 대략 억압 경향의 강도에 비례한다.

모든 종류의 체험은 억압받을 수 있지만, 프로이트의 이론적 규정에 따르면 가장 심하게 억압된 욕구는 문명인의 규범과 양립할 수 없는 성적 욕구이며, 그 중에서 특히 근친 상간적 욕구이다. 그러나 프로이트의 결론적 사고를 따르면, 적대적이고 공격적인 충동 또한 그것이 기존의 관습이나 초자아와의 갈등을 일으키는 한 억압될 수밖에 없다. 따라서 억압된 충동의 특정 내용이 무엇이든 간에, 프로이트의 견해로는 그것들이 언제나 인간의 어두운 측면, 즉 승화될 수 없었던 인간의 반사회적이고 원시적인 도구이며, 인간이 문명화되고 예절 바르다고 믿는 것과 반대되는 것을 대표하는 것이다.

여기서 다시 한 번 강조하지 않을 수 없는 것은, 무의식에 관한 프로이트의 개념 속에서 억압이라고 하는 것은 충동 그 자체가 아니라, 그 충동의 자각이 억압되었다는 것을 의미한다는 점이다. 가령 가학적 충동의 경우에 있어서, 그것은 내가 다른 사람에게 고통을 가하고자 하는 자신의 욕구를 자각하고 있지 못하다는 것을 뜻한다. 그러나 내가 그것을 의무로서 합리화할 수 있다면 다른 사람들에게 고통을 주지 않는다거나, 그들이 나의 행위로 인해서 고통을 겪는다는 점을 자각하지 않고서, 단지 다른 사람들에게 고통을 가한다는 의미만은 아니다.

또한 내가 그것에 대한 자각을 막을 수 없기 때문에, 또는 적절한 합리화를 발견할 수 없기 때문에, 그 충동이 행동으로 표현되지 않을 가능성도 있는 것이다. 이 경우에 충동은 여전히 존재하지만 그것의 자각에 대한 억압이 실행과 관련되어 있는 한 그것은 충동 그 자체의 억압으로 이어질 수도 있다. 어떤 경우든 억압은 인간의 의식 내에서의 왜곡을 의미하는 것이니, 그것이 억압된 충동의 제거를 의미하는 것은 아니다. 그것은 무의식적인 힘이 인간의 마음 심층에 잠입하여 그의 행동을 이면에서 결정한다는 것을 뜻한다.

그렇다면 프로이트는 억압의 원인을 무엇이라고 설명하고 있는가? 기존의 사회적 또는 가정적 관습과 양립할 수 없는 충동은 의식의 표면에 부상하지 못하도록 억압된다는 점을 앞에서 언급한 바 있다. 이것은 억압의 내용을 지칭하는 말이다. 그러나 억압의 행위를 가능케 해 주는 심리적 메커니즘은 무엇일까? 프로이트에 따르면 이 메커니즘은 공포라는 것이다.

　프로이트의 이론 가운데에서 가장 대표적인 예는 어린 소년의 어머니에 대한 근친 상간적 욕망의 억압이다. 프로이트는 어린 소년이 그의 경쟁자인 아버지를 두려워하게 되고, 특히 아버지가 자기를 거세할까 봐 두려워하게 된다고 생각한다. 이 공포가 그로 하여금 그런 욕망의 자각을 억압하게 하고, 그의 욕망을 다른 방향으로 유도하도록 돕는다는 것이다. 물론 최초의 이러한 공포의 상처는 결코 완전히 사라지지는 않는다. 프로이트에 의하면, '거세 공포'야말로 억압으로 이어지는 가장 초보적인 공포이지만, 사랑받지 못할 것이라거나 살해된다거나 버림받게 될 것이라는 등의 공포도 거세 공포와 마찬가지로 인간으로 하여금 그의 가장 깊은 욕망을 억압할 수 있는 똑같은 힘을 갖는다.

　정신분석에 있어서 프로이트는 억압의 개인적 요인을 찾으려 하고 있지만, 그의 억압 개념이 오직 개인적 차원에서만 이해된다고 생각하는 것은 잘못이다. 오히려 프로이트의 억압 개념도 사회적 차원을 지닌다. 사회가 더욱 차원 높은 문명 형태로 발전하면 할수록 본능적 욕망은 기존의 사회적 규범과 더욱 양립할 수 없게 되며, 따라서 더 많은 억압이 발생할 것은 틀림없다. 프로이트에 의하면 문명이 발달한다는 것은 억압을 증가시키는 것을 의미한다. 그러나 프로이트는 사회의 이와 같은 정량적定量的이고 기계론적인 개념을 결코 초월하지 못하였으며, 사회의 특수한 구조와 그것이 억압에 미치는 영향에 관해서는 검토치 않았다.

　억압을 야기하는 힘이 그토록 강하다면, 프로이트는 어떻게 무의식을 의식화하고 억압된 것을 해방하기를 희망하였을까? 그가 고안한 정신분석 치료가 바로 이런 목적에 소용된다는 것은 주지의 사실이다. 환자의 꿈을 분석함으로써, 그의 제재받지 않은 자의적인 생각과 자유 연상을 이해함으로써 프로이트는 환자와 더불어 그 환자가 이전에 알지 못했던 것, 즉 그의 무의식을 이해하려고 시도하였다.

무의식의 발견을 위한 이와 같은 꿈의 분석 및 자유 연상의 이용에 대한 이론적 전제는 무엇이었을까? 의심할 것도 없이, 정신분석적 연구의 초기 몇 년 간은 프로이트도 지식이란 것은 지적이고 이론적인 것을 뜻한다는 재래의 합리주의적 신념을 갖고 있었다. 그는 환자에게 분석 결과 어떻게 해서 어떤 발견에 도달하게 되었으며, 환자의 무의식 속에서 분석가가 무엇을 발견했는지를 설명해 주는 것으로 충분하다고 생각하였다. 즉, '해석'이라고 불리는 이런 지적인 지식이 환자에게 어떤 변화를 가져다준다고 생각하였다.

그러나 프로이트와 다른 분석가들은, 지적인 지식은 다만 그것이 감정적인 지식일 때에만 변화에 도움이 된다는 스피노자의 말이 지니는 진실성을 발견하지 않을 수 없게 되었다. 전통적인 지적 지식은 아마도 어떤 사람이 그의 무의식적 욕망에 대한 지적인 지식에 의해서 그 욕망을 보다 잘 통제할 수 있으리라는 의미 말고는 어떤 변화도 일으킬 수 없음이 명백해졌다.

그러나 이런 것은 정신분석학의 목표라기보다는 전통적인 윤리학의 목표이다. 환자가 초연한 자기 관찰자의 태도를 유지하는 한, 그는 무의식에 관해서 생각할 수는 있지만 그것에 직접 접할 수는 없으며, 자기 내면의 보다 폭넓고 심원한 현실을 체험할 수는 없다.

어떤 사람의 무의식을 발견한다는 것은 지적인 행위일 뿐만 아니라 감정적인 체험으로서, 이것을 언어로 표현하기란 그것이 가능하다 하더라도 대단히 어려운 것이다. 이것은 사고와 사색이 발견의 행위를 선행해서는 안 된다는 의미는 아니다. 오히려 발견의 행위는 사고 행위가 아니라 자각 행위이며, 단순히 보는 행위라고 말하는 것이 아마도 더 정확한 표현일 것이다.

무의식적인 체험 및 사고나 감정을 자각한다는 것은 그것들에 대해서 생각하는 것이라기보다는 그것들을 보는 것을 뜻한다. 이것은 마치 호흡을 자각하는 것이 그것에 관해서 생각하는 것을 뜻하지 않음과 같다. 무의식의 자각은 자발성과 돌발성으로 특정 지어지는 하나의 체험인 것이다. 사람의 눈이 갑자기 떠졌다면 그 사람 자신과 세계가 서로 다른 차원에서 나타나고 서로 다른 관점에서 보일 것이다. 그 체험이 발생하는 동안에는 통상적으로 거대한 불안감이 있지만, 나중에는 새로운 힘의 느낌이 있게 된다.

무의식의 발견 과정은 끊임없이 확대되는 체험이라고 설명할 수 있는데, 그것은 깊이 느껴지는 것이며, 이론적인 지적 지식을 초월하는 것이다. 무의식을 의식화하는 가능성의 문제에 있어서 이런 과정을 방해하는 요소들을 인지하는 것이 무엇보다도 중요하다. 그런데 무의식의 통찰을 어렵게 하는 수많은 요소들이 있다. 그런 요소들은 정신적 경직성, 적절한 방향 설정의 결여, 절망 상태, 현실적 상황의 변화 가능성 결여 등이다. 그러나 프로이트가 저항이라고 표현한 메커니즘보다 더 무의식을 의식화하는 어려움의 원인이 되는 단일 요소는 없을 것이다.

저항이란 무엇인가? 수많은 발견들이 그렇듯이, 그것은 아주 단순한 것이어서 혹자는 누구라도 발견할 수도 있었을 것이라고 말할 수도 있겠지만, 그것을 인식하기에는 위대한 발견자를 요한다. 예를 들어 어떤 사람이 매우 두려움을 느끼는 어떤 여행을 떠나야만 한다고 가정해 보자.

그가 두려워하고 있다는 사실은 그의 부인도 알고 주변의 모든 다른 사람들이 그것을 알지만, 그 사람만은 깨닫지 못한다. 어느 날 그는 몸이 좋지 않다고 핑계를 대면서 여행할 필요가 없다고 주장한다. 그리고 다음날에는 여행을 하지 않고도 똑같은 결과를 얻을 수 있는 더 나은 방법이 있다고 한다. 그 다음에는 자기에게 끊임없이 그 여행을 상기시켜 주는 것은 자기를 강요하려는 것이고, 자기는 강요받기를 원치 않기 때문에 여행을 하지 않을 것이라고 주장한다.

그리고 이제는 어쨌든 여행을 하기엔 너무 늦어서 그것에 관해 더 이상 생각할 필요가 없어질 때까지 그런 주장을 계속하게 된다. 그러나 만일 아주 교묘한 방법으로 당신이 두려워하기 때문에 가기를 원치 않는 것이 아니냐고 말해 준다면, 그저 단순한 부정 정도가 아니라, 격렬한 항의와 비난의 공세를 받아서 결국에는 사과를 해야만 하거나, 또는 친구를 잃지 않으려면 그 말을 취소하고, 실제로는 그의 용기를 열렬히 찬양하는 것으로 마무리 짓지 않으면 안 되는 일이 발생할 것이다.

그렇다면 그 다음은 어떻게 될까? 분명 그가 가지 않으려는 진정한 동기는 공포 때문이다그가 무엇을 두려워하는가 하는 것은 본 논의의 목적상 중요한 것은 아니다. 그의 공포가 그저 객관적으로 정당화될 수 있는 것이라거나, 그의 공포의 이유가 단지 상사에 의한 것이라고 말하는 것으로 충분하다. 이 공포는 무의식적인 것이다. 그러나 그는 자기가 가기를 원치 않는다는 것에 대한 합리적인 설명, 즉 합리화의 논리를 선택해야만 한다. 그는 매일 새로운 합리화를 만들어 내든가담배를 끊으려는 사람들은 합리화가 얼마나 쉬운 것인가를 알고 있다, 하나의 그럴 듯한 합리화에 매달릴 수도 있다.

사실상 합리화 그 자체로서는 타당성이 문제되지 않는다. 오히려 문제는 그것이 그의 거부를 위한 효과적인 혹은 충분한 명분이 되지 못한다는 점이다. 그러나 가장 놀라운 사실은 우리가 그에게 진정한 동기를 말해 줄 때 그의 반응이 지니는 폭력성, 즉 그의 저항의 강도이다. 우리는 오히려 그가 주저하는 참동기를 처리할 수 있도록 도와주었기 때문에 그가 기뻐하리라든가, 우리의 충고를 고마워하기까지 하리라고 기대해야 하지 않겠는가?

그러나 사실은 그는 그렇게 느끼질 않는다는 것이다. 그는 분명히 자기가 두려워한다는 생각에 견딜 수가 없는 것이다. 그러나 그 진정한 이유는 무엇일까? 몇 가지 가능성이 있을 수 있다. 아마도 그는 공포의 결핍이 하나의 총합적인 부분으로 되어 있는 자신의 자기애적인 이미지를 갖고 있을 것이며, 이 이미지에 혼란이 생기면 그의 자기애적 자존심, 이어서 자신의 가치와 안전에 대한 감각이 위협받을 것이다. 혹은 그의 초자아, 즉 선악에 대한 내면화된 행동 기제가 우연히도 공포나 비겁함을 극도로 싫어하는 것이어서, 공포의 존재를 인정하는 것은 그가 자신의 기준에 위배되는 행동을 저질렀음을 인정하는 것을 뜻할 것이기 때문이리라.

또는 아마도 그가 우정을 확보하는 문제에 자신이 없기 때문에, 자신이 두려워하지 않았다는 이미지를 친구들에게 보여줌으로써 그들과 친하게 지내고 싶다고 생각해서 그렇게 할 수도 있다. 즉, 그가 두려워하고 있다는 것을 남들이 알면 아무도 자기를 좋아하지 않게 되리라고 생각하기 때문에 그렇게 할 수도 있다. 이러한 이유들 중 어느 것이든 타당할 수 있다. 그러나 그것들이 왜 그토록 설득력이 있는가? 한 가지 해답은 그의 주체성에 대한 감각이 이러한 이미지들과 연결되어 있다는 사실에서 찾을 수 있다.

그 이미지들이 만일 진실이 아니라면 무엇이 진실인가? 그의 세계 속에서의 위상은 어디인가? 일단 이런 의문들이 일어나면, 그 사람은 심한 위협을 느낀다. 그가 낯익은 방향 설정의 틀을 상실하게 되면 그것과 더불어 자신의 안정감도 잃게 된다. 그러한 불안감은, 프로이트의 견해처럼 성기나 생명에 대한 위협과 같은 구체적인 공포일 뿐만 아니라, 또한 자신의 주체성에 대한 위협에 의해서도 야기되는 것이다.

그렇다면 저항이란 조그만 지진에 의해서 야기된 공포에 비유될 수 있는, 그 어느 것도 안전하지 않으며, 모든 것이 흔들리고 있다는 공포감으로부터 자신을 보호하려는 시도인 것이다. 이런 공포에 휩싸이면 자신이 누구인지, 또 어느 곳에 서 있는지도 모른다. 사실상 이런 체험은 일순간의 광기처럼 느껴져서 그것이 다만 몇 초 동안 지속된다 하더라도 그 순간에는 거북스러움 이상의 것을 느끼게 되는 것이다. 억압을 유발시키는 저항과 공포에 관해서는 나중에 더 논하기로 하고, 여기서는 우선 무의식의 다른 양상에 관한 논의로 되돌아가겠다.

이제는 아주 대중적인 것이 되어 버린 정신분석학적인 술어로서 '무의식'이란 말은 마치 그것이 주택의 지하실처럼 사람의 내면에 있는 어떤 장소인 것으로 말해지고 있다. 이런 생각은 프로이트가 의식을 이드·자아·초자아의 세 부분으로 나눈 그 유명한 구분에 의해 한층 강화되었다. 이드는 본능적 욕망의 총체를 뜻하고, 동시에 그것의 대부분이 자각의 수준에 이르도록 허용되어 있지 않기 때문에 무의식과 동일시된다.

자아는 그것이 현실을 관찰하고 현실적 평가의 기능을 갖고 있는 한, 적어도 생존에 관한 한 인간의 유기적인 인성을 대표하는 것이기 때문에 의식을 뜻하는 것으로 말해도 좋다.

초자아는 부친의그리고 사회의 명령과 금지 조항이 내면화된 것으로서, 의식적일 수도 있고 무의식이 될 수도 있다. 따라서 무의식이나 의식과 동일시할 수는 없는 것이다. 무의식의 지형학적地形學的인 사용은 소유의 관점에서 생각하려는 현대의 일반적인 경향에 의해서 더욱 조장되었음이 분명하다. 이 점은 나중에 다시 논의하겠다.

사람들은 잠을 잘 수 없는 상태 대신에 불면증이 있다고 말하고, 또 우울한 상태에 있다고 말하는 대신 우울증의 문제를 갖고 있다고 말한다. 이리하여 사람들은 자동차나 집·어린애를 가지고 있는 것처럼 문제나 감정, 그리고 정신분석가를 가지고 있다는 식으로 무의식도 갖고 있다고 말하는 것이다.

오늘날 그토록 많은 사람들이 잠재 의식이라는 말을 즐겨 쓰는 이유도 여기에 있는 것이다. 그것은 하나의 기능이라기보다는 하나의 영역이다. 이것 혹은 저것에 관해서 나는 "무의식적이다"라고 말할 수는 있지만, "그것에 관해서 잠재 의식적이다"라고는 말할 수가 없을 것이다.[1] 무의식에 관한 프로이트적인 개념에 있어서의 또 다른 난점은, 그것이 이드의 본능적 욕망이라는 어떤 내용을 무의식이라

---

1) 융이 '무의식'이란 용어를 사용한 것도 이 개념을 지형학적으로 사용하는 것을 막는 데 도움을 주진 못했다. 프로이트에게 있어서의 무의식이 악으로 가득 차 있는 지하실이라면, 융의 무의식은 인간의 본질적이지만 잊혀진전적으로 그렇지는 않더라도 지혜의 동굴로서 개념화된 것이다.

는 자각·무자각의 어떤 상태와 동일시한다는 사실에 있다.

프로이트가 비록 무의식의 개념을 이드의 개념과 구별하려고 주의하기는 했지만, 여기서 우리는 프로이트가 두 개의 명백히 구별되는 개념을 다루고 있다는 점을 잊어서는 안 된다. 하나는 어떤 본능적 충동을 다루고 있고, 다른 하나는 어떤 자각의 상태, 즉 방심이나 자각의 상태를 다루고 있는 것이다. 그래서 우리 사회의 보통 사람은 어떤 본능적 욕구를 자각하지 못하는 일이 종종 일어나는 것이다. 그러나 식인종은 다른 인간과 동화되고자 하는 욕구를 완전히 자각하고 있으며, 정신병자도 그와 같거나 혹은 다른 원초적 욕망을 완전히 자각하고 있고, 대부분의 우리들도 꿈 속에서는 그와 같은 것을 자각한다. 우리가 원초적인 내용의 개념과 방심, 또는 무의식 상태의 개념 간의 구별을 강조한다면 무의식에 대한 이해가 명료해질 것이다.

실제로 무의식이라는 용어는 신비적인 면을 갖고 있다내가 이 책에서 그렇게 사용한 것과 마찬가지로 혹자는 그것을 편의상 그렇게 사용할 수 있겠지만. 나는 무의식과 같은 것은 존재하지 않는다고 생각한다. 다만 우리가 자각하고 있는 체험과 우리가 자각치 못하는, 즉 우리가 의식치 못하는 다른 체험만이 있을 따름이다. 내가 누군가를 두려워하기 때문에 그를 증오하고, 내가 나의 증오심을 자각하면서도 나의 공포를 자각치 못한다면, 나의 증오심은 의식적이요, 나의 공포는 무의식적인 것이라고 말할 수 있다. 그렇다고 해도 나의 공포가 그 신비스런 장소인 무의식 속에 있는 것은 아니다.

하지만 우리는 성적 충동이나 증오 및 공포와 같은 감정에 대한 억압이나 어떤 사실에 대한 자각도, 그 사실이 우리가 위협받고 싶어하지 않는 어떤 생각과 이해利害에 상충되면 역시 억압한다. 이러한 종류의 억압에 대한 좋은 예는 국제 관계의 분야에서 볼 수 있다. 정책 입안자들은 대개 그들의 정치적 목적에 적절치 못한 사실들을 편의상 잊어버린다. 나의 예를 들어보자.

1961년 봄에 나는 매우 똑똑하고 풍부한 지식을 가진 신문 기자와 베를린 문제를 논의한 적이 있었다. 그 때 나는 우리가 1959년 제네바외상회담에서 다룬 조건, 즉 서베를린에서의 상징적인 병력 감축과 반공 선전 중지의 조건으로 후루시초프가 베를린 문제에 관해서 기꺼이 협상하리라고 믿도록 충분한 근거를 주었다는 사실을 언급하였다. 그러자 그 기자는 그런 회담은 있지도 않았으며, 그런 조건에 대한 논의는 결코 없었다고 주장했다. 그는 그가 알게 된 지 채 2년도 안 되는 사실에 대한 자각을 완전히 억압하였던 것이다. 그런데 이 경우처럼 억압이 언제나 그렇게 격렬한 것만은 아니다.

잘 알려진 사실의 억압보다 더 흔한 경우는 잠재적으로 알려진 사실의 억압이다. 이런 억압의 예로는 수많은 지도적 정치가들과 장군들을 포함한 수백만의 독일인들이 가장 악랄했던 나치의 잔학상들을 몰랐다고 주장한 현상에 있다. 그들은 바로 그들의 눈앞에서 일어났던 일들을 쉽사리 잊을 수가 없었으리라. 그렇게 주장한 사람들은 보기를 원치 않는 것을 보지 않는 능력을 잊고 있었던 것이다. 그래서 만일 마음만 먹었다면 가질 수도 있을 지식을 진지하게 부인하는 것이다.H. S. 설리반은 이런 현상을 위해서 '선택적 부주의'라는 아주 적절한 용어를 만들어 내었다.

또 다른 형태의 억압은 한 사건의 어떤 면은 기억하면서도 다른 면은 기억하고 있지 않는 현상에서 볼 수 있다. 오늘날 1930년대의 '유화 정책'에 대해서 말할 때, 우리는 영국과 프랑스가 재무장한 독일을 두려워했기 때문에 히틀러의 요구를 들어주려 하였고, 그렇게 해서 이런 양보가 그로 하여금 더 이상의 요구를 해 오지 않기를 희망했다는 사실을 기억한다. 그러나 여기서 한 가지 우리가 잊어버린 것은 볼드윈Boldwin과 챔버레인Chamberlain 치하의 영국 보수당 내각이 무솔리니의 이탈리아뿐만 아니라, 나치 독일에 대해서도 동정적인 태도를 취했다는 사실이다.

이런 동정이 없었더라면, 유화 정책이 필요하기 오래 전에 독일의 재군비를 중지시킬 수 있었을 것이다. 나치의 이데올로기에 대해 공식적으로 표명된 분노는 정치적 모순에서 나온 결과이지, 결코 그 원인에 대한 것은 아니었다. 또 다른 억압의 형태는 사실이 억압되는 것이 아니고, 그 사실의 정서적·도덕적 의미가 억압되는 경우이다. 이를테면 전쟁 중에 적에 의해서 저질러진 잔학 행위는 단지 적군의 악마적인 사악함의 또 다른 증거로서 체험된다.

그러나 자기 편에 의해서 저질러진 그와 같거나, 또는 비슷한 행위들은 유감스럽긴 하지만 이해할 수 있는 행위로 생각된다. 적군의 행위가 악마적인 것이라고 생각하게 될 많은 사람들도 자기편에서 똑같은 일이 저질러졌을 때에는 조금도 유감스럽지가 않을뿐더러, 완전히 정당하다고 생각한다는 것은 말할 필요도 없다.

요컨대 프로이트 사상의 핵심은 인간의 주관성이 사실상 객관적인 — 인간의 의식에 관한 한 객관적인 — 요인에 의해서 결정되는 것으로서, 그 요인은 실제로 인간의 배후에서 그의 사고와 감정을 결정하며, 결국 간접적으로는 그의 행동까지도 결정한다는 것이다.

자신의 사고와 선택의 자유를 그토록 자랑하는 인간이, 사실은 의식적으로는 깨닫지 못하는 미지의 힘과 연결된 그의 배후의 끈에 의해서 조종되는 한낱 꼭두각시에 불과한 것이다. 그는 자신의 자유 의지에 따라 행동한다는 환상을 자기 자신에게 심어 주기 위해서, 마치 합리적이거나 도덕적인 이유 때문에, 그렇게 하지 않을 수 없었던 것처럼 보이게 해 주는 합리화라는 수단을 고안해 내는 것이다.

하지만 인간을 결정하는 힘에 대하여, 프로이트는 인간의 전적인 무기력함을 확인시켜 주는 운명론적인 주장에 머무른 것은 아니다. 그는 인간이 그의 배후에서 작용하는 바로 그 힘을 자각할 수 있으며, 그렇게 자각하는 과정에서 자유의 영역을 확장시키고, 또한 무의식의 힘에 의해서 조종되는 한낱 무기력한 존재로부터 벗어나서 자신의 운명을 스스로 결정하는, 자각된 자유로운 인간으로 변화시킬 수 있는 존재라고 가정하고 있다. 프로이트는 이런 목표를 "이드가 있는 곳에는 자아가 있다"라는 말로 표현하고 있다.

인간의 의식의 결정에 영향을 주는 무의식의 개념과 그의 선택은 17세기 서구의 사상으로 거슬러 올라간다. 무의식에 관한 명백한 개념을 갖고 있던 최초의 사상가는 스피노자였다. 그는 인간이 '자신의 욕구를 의식하고는 있으나, 그 욕구가 어떻게 하여 결정되었는가 하는 원인에 대해서는 무지하다'고 생각하였다. 바꾸어 말해서 보통 사람은 자유롭지는 못해도 그가 의식치 못하고 있는 요소에 의해서 조종되기 때문에 자유롭다는 환상 아래에 산다.

바로 이와 같은 무의식적인 동기 부여의 존재가 스피노자에게는 인간의 굴레를 이루고 있는 것이다. 그러나 그는 그 정도 선에서 만족하지 않았다. 스피노자에게 있어서 자유의 달성이란 인간의 내외에 존재하는 현실에 대해 끝없이 증대하는 자각에 기반을 두고 있는 것이었다.

무의식적 동기 부여라고 하는 생각은 매우 다른 관점에서 스미스A. Smith에 의해서 표현된 바 있는데, 그에 의하면 경제적 인간이란 '눈에 보이지 않는 손에 의해서 그의 의도와는 무관한 어떤 목적을 맹목적으로 추구하고 있는 사람'이라는 것이다.[2]

또 다른 관점에서 무의식의 개념은 니체의 유명한 글 속에서도 찾아볼 수 있다. 그는 '나의 기억은 내가 이것을 했다고 증언한다. 이렇게 되면 결국 내 기억에 굴복하고 만다'라고 쓰고 있다. 실제로 인간의 의식과 행위를 결정하는 객관적인 요인들을 밝히는 일에 관여하고 있는 사상의 전반적인 흐름은, 현실을 합리적이고 과학적으로 파악하려는 일반적인 경향의 일부로서 간주해야 하며, 이것이 결국은 중세 후기 이후 서구 사상의 특징을 이루는 것이었다.

중세의 세계는 질서 정연하였고 안정되어 있었던 것 같다. 인간은 신에 의해 창조되었고, 신의 감시를 받고 있었으며, 우주의 중심이었다. 인간의 의식은 원자가 가장 미세하여 더 이상 분해할 수 없는 물리적 실체인 것처럼, 최종적인 정신력이며 의심의 여지가 없는 실체였다. 그러나 불과 몇 백 년 동안에 이 세계는 산산조각이 났다. 지구는 더 이상 우주의 중심이 아니고, 인간은 가장 원시적인 생명체로부터 출발하여 진화한 산물에 불과하였으며, 물리적인 세계는 한 세대 전만 해도 안정되어 있는 듯하던 시간과 공간의 모든 개념을 초월하였다.

그리고 의식은 진리의 보루라기보다는 사고를 숨기기 위한 도구에 불과한 것으로 인식되었다. 의식의 지배적인 위치의 타도에 가장 중

---

2) 《국가의 부의 원인과 본성에 대한 연구An Inquiry into the Nature & Causes of the Wealth of Nations》A. Smith, 1937년, p.423

요한 공헌을 한 인물은 이전의 스피노자와 후대의 프로이트를 제외한다면 마르크스라고 할 수 있다. 그는 아마도 스피노자의 《윤리학》을 철저히 연구함으로써 스피노자의 영향을 받았던 듯하다. 더욱 중요한 것은 헤겔의 역사철학이 마르크스의 사상에 결정적인 영향을 끼쳤으며, 그의 역사철학의 인간 개념은 인간이 자신이 알지도 못하는 가운데 역사의 목적에 기여하고 있다는 점이다.

헤겔에 의하면, 인간이 자신의 의식적인 목표와 열정에 의해서 주관적으로 좌우될 때 그를 절대적인 이념의 대리자로 만드는 것은 '이성理性의 교활함'이라는 것이다. 헤겔 철학에 있어서 개인과 그의 의식은 절대 이념또는 신에 의해 조종되는, 역사의 무대 위에서 있는 꼭두각시에 불과하다. 헤겔의 절대 이념이라고 하는 개념은 마르크스의 인간 의식의 기능에 관한 개념과 그것에 영향을 미치고 있는 객관적인 요인에 대해서 훨씬 더 구체적이고 정확한 표현을 할 수 있었다.

《독일 이데올로기German Ideology》라는 저서에서 마르크스는 "의식이 삶을 결정하는 것이 아니라 삶이 의식을 결정한다"고 주장하였는데, 그는 이것이 헤겔과 자신의 사상의 결정적인 차이점이라고 지적한다. 마르크스는 또 나중에 "인간의 존재를 결정하는 것은 그들의 의식이 아니라 오히려 그들의 사회적 존재이다[3]"라고 말한 바 있다. 인간은 그의 사고가 사회적으로 존재한다고 믿고 있지만, 사실은 그 반대이다. 다시 말해서 그의 사회적 현실이 그의 사고를 형성하는 것이다.

마르크스의 견해로는 이념이나 개념, 의식의 생산이 처음에는 인

---

3) 《정치적 경제의 비평에 대한 기여Contribution to the Critique of Political Economy》 서문에서.

간의 물질적 활동과 교섭, 즉 실생활의 언어와 직접적으로 관계된다. 개념을 파악하고 사고하는 인간의 정신적 교섭이 이 단계에서는 그들의 물질적 행위로부터의 직접적인 유출로 나타난다. 이것은 정치·법·도덕·종교, 그리고 한 민족의 형이상학에서 사용되는 언어 속에 표출되어 있듯 정신적 산물에도 똑같이 적용된다. 그들의 생산력의 일정한 개발과 그것에 상응하는 교섭에 의해서 극단적으로 조종된 현실적·활동적인 인간은 그들의 개념이나 이념의 생산자이다.

"의식이란 결코 의식적 존재와 다르지 않고, 인간의 존재는 그들의 실제적 삶의 과정인 것이다. 모든 이데올로기 안에서 인간과 그들의 상황이 카메라의 암실 상자에서처럼 전도된 것처럼 보인다면, 이런 현상은 그들의 물리적·역사적 생활 과정에서도 똑같이 발생하는 것이다."[4]

좀더 구체적으로 말한다면 마르크스는 헤겔의 '이성의 교활함'의 이론을 그의 사회 계급 개념에 적용하여, 《독일 이데올로기》에서 존재와 개인적 발전이 그들의 계급에 의해서 규정되는 개인을 초월하고 계급이 그에 대립하는 독립된 존재를 성취한다고 주장하였다.

마르크스는 의식과 언어 사이의 연관성을 관찰하고 의식의 사회적 성격을 강조하였다.

"언어는 의식만큼 오래 된 것으로서, 그것이 다른 사람을 위해서 존재하는 것인 동시에, 개인적으로는 진정 나를 위해서도 존재하기 시작하기 때문에, 언어는 하나의 실천적 의식인 것이다. 왜냐 하면 언어는 의식처럼 다른 사람과의 교제라는 당위성으로부터 나오는 것이기 때문이다."

----

4) 《독일 이데올로기》, pp.13~14

관계가 존재하는 곳에서는 그것이 나를 위해서 존재한다. 동물은 어느 누구하고도 아무런 '관계'를 갖고 있지 않기 때문에 어떤 의식도 가질 수 없다. 동물에게는 다른 동물들과의 관계가 하나의 관계로서 존재하지 않는다. 따라서 의식은 처음부터 사회적 산물이며, 인간이 존재하는 한 이것은 그대로 유지된다. 물론 처음에 의식은 단지 즉석의 감각적 환경과 다른 사람들과의 자의식이 성장해 가고 있는, 개인의 외부에 있는 사물과의 제한된 관계에 관련된 의식이다.

동시에 그것은 자연에 대한 의식으로서, 인간에게는 완전히 이질적이고 전능하며 공격이 불가능한 힘이기 때문에, 인간의 의식과의 관계는 순전히 동물적인 것이며, 그로 인해서 인간은 짐승처럼 위압된다. 따라서 그것은 순전히 동물적인 의식자연 종교에 불과한 것이다.[5]

마르크스가 《독일 이데올로기》[6]에서 '평범한 자연스러운 욕망의 억압'이란 용어를 이미 사용했지만, 1914년 이전까지 가장 유능한 마르크스주의자의 한 사람이었던 로자 룩셈부르크는 역사 과정이 인간에게 미치는 결정적 영향에 관한 마르크스주의 이론을 좁은 의미에서의 정신분석학적 술어로 표현하였다.

그녀에 따르면, 무의식은 의식에 선행한다. 역사 과정의 논리는 그 역사적 과정에 참여하는 인간의 주관적 논리에 선행한다[7]는 것이다. 이러한 논리는 마르크스의 사상을 가장 명료하게 표현해 주는 것이다. 인간의 의식, 즉 그의 '주관적 과정'은 R. 룩셈부르크가 무의

---

5) Ibid., p.19
6) 나는 이 문장을 지적해 준 M. 루벨에게 감사한다. 루벨은 이 문장을 K. 마르크스 《전기적 지성인에의 소고Essai de Biographie Intellectuelle》1957년에서 인용하고 있다.
7) 《레닌주의 또는 마르크시즘Leninism or Marxism》R. 룩셈부르크, 1904년.

식과 동일한 의미로 쓰고 있는 '역사적 과정의 논리'에 의해 결정된다는 것이다.

이러한 사실에 비추어 볼 때 프로이트와 마르크스가 쓰고 있는 무의식이란 용어는 하나의 공통어에 불과한 것처럼 보일 수도 있다. 이 문제에 대해서 마르크스의 사상을 더 깊이 추구해 보면, 이 두 사람의 학설이 결코 동일하지는 않다 하더라도 얼마간의 공통적인 기반 위에 있음을 발견하게 될 것이다. 마르크스는 개인의 삶에 있어서의 의식의 역할에 대하여 상당히 깊이 관찰한 바 있다. 그는 살아 있는 전존재로서의 개인 자신을 만족시키지 않고 하나의 열정만을 만족시키며, 그것을 다른 모든 열정으로부터 분리할 수 있다고 믿는 사람이 있다면, 그것은 무의미한 것이라고 말하고 있다.

"만일 이 열정이 추상적이고 분리된 성격을 갖고 있어서 그 개인의 만족이 단일한 열정의 만족으로서 발생한다면…… 그렇게 생각하게 되는 이유는 의식 속에서가 아니라 존재 속에서 발견될 수 있을 것이며, 사고를 통해서가 아니라 삶을 통해서 찾아볼 수 있을 것이다. 또한 그것은 개인의 경험적 발전과 자기 표현 속에서 발견될 것인데, 그것이 이번에는 그가 살고 있는 세계의 상황에 달려 있다."[8]

이 구절에서 마르크스는 사고와 삶 사이에, 의식과 존재 사이의 그것에 대응하는 양극성의 개념을 확립한다. 그는 여기서 그가 앞서 말한 바 있는 사회 구조가 개인의 존재를 형성하고, 따라서 간접적으로는 그의 사고를 형성한다고 말하고 있는 것이다. 이 구절 또한 마르크스가 정신병리적 문제에 관한 가장 중요한 생각을 발전시키고 있다는 점에서 흥미롭다. 만일 인간이 하나의 고립된 열정만을 만족시킨다면, 전인격체로서의 그는

---

8) 《MECA I》, 제5권, p. 242.

여전히 불만족한 상태에 있게 된다. 그는 오늘날 우리가 말하고 있는 노이로제 환자이다. 정확히 말해서 그 이유는 그가 하나의 고립된 열정의 노예가 되어 전체적이고 살아 있는 개인으로서의 자기 자신을 체험하지 못하게 되었기 때문이다.

마르크스는 프로이트와 같이 인간의 의식은 대부분 '허위 의식'이라고 믿었다. 인간은 그의 사고 활동의 산물이라고 믿고 있지만, 그것이 실제로는 그의 배후에서 작용하는 객관적인 힘에 의해 결정된다는 것이다. 이 객관적인 힘이 프로이트의 이론에서는 생리적·생물학적 욕구를 나타내는 반면, 마르크스의 이론에서는 개인의 존재를 결정하고, 따라서 간접적으로 그의 의식을 결정하는 사회적·경제적인 역사의 힘을 나타낸다. 예를 들어 이런 문제를 생각해 보자.

지난 수십 년 간 발전해 온 공업의 생산 방식은 한 사람의 경영자에 의해 통제되면서도, 수십만의 노동자들과 사무원들이 원만하게 아무런 마찰 없이 일하는 중앙집권적인 기업의 존재에 기반을 두고 있다. 이와 같은 관료주의적인 공업 경영 체제는 노동자들의 성격은 물론 관료들의 성격까지도 형성한다. 그것은 또한 그들의 사고까지도 형성한다. 관료는 보수적이며 모험하기를 싫어한다. 그의 주된 욕망은 진급하는 것이며, 그것이 그가 위험스런 결정을 피하고 그 조직의 고유 기능에 포함되어 있는 이해利害를 자신의 행동 원리로 삼고 그것에 따름으로써 가능한 것이다.

또한 노동자들과 사무원들은 나름대로 그들의 물질적·심리적 보상이 충분히 정당화되는 한, 그 조직의 일원이란 점에 만족을 느끼는 경향이 있다. 그들 자신의 노동조합 조직도 여러 면에서 회사의 조직체와 비슷하다. 즉, 거대한 규모의 조직 체계, 높은 급료를 받는 관료적인 지도자, 각 개인의 적극적인 참여가 거의 없는 활동 등이 그것이다. 대규모 공업의 발전은 대규모의 중앙집권화된 정부와 군대의 발달을 가져오며, 이 두 가지는 모두 하나의 기업체를 주도하는 원리와 일치되는 원리를 따른다.[9]

이런 유형의 사회적 조직은 기업·관료·군부, 또는 노동조합의 우두머리를 형성시킨다. 그들의 인사人事·태도·사고 방식 면에 있어서 긴밀히 연관을 맺고 있다. 자본주의 국가와 공산주의 국가 간의 정치적·사회적 차이에도 불구하고, 이런 사람들의 감각 및 사고 방식은 대개 비슷한데, 그 이유는 정확히 말해서 생산의 기본 양식이 서로 유사하기 때문이다.[10]

엘리트 구성원들의 의식은 그들이 놓여 있는 사회적 존재의 산물이다. 그들은 자신들의 조직 방식과 그 안에 암시되어 있는 가치들이 '가장 인간적인 이익'이라고 생각하고 있으며, 그들은 이런 가정을 그럴 듯하게 해 주는 인간성에 대한 하나의 상像을 갖고 있다. 그래서 그들의 체계에 이의를 제기하거나 위험에 처하게 하는 것이면 그들은 어떤 사상이나 체계를 막론하고 적대적인 태도를 취한다. 또 그들의 조직이 위협받는다고 생각되면 군축軍縮에 대해서도 반대하며, 그들의 계급을 다른 새로운 경영자 계급으로 대체시킨 어떤 체제에 대해서도 의구심을 지니며 적대적이다.

---

9) 거대한 정부에 반대하는 보수당이 항상 거대한 사업이나 거대한 육군에 반대하지 않는다는 것은 아이러니컬한 현상이다.

10) C. Wright Mills는 이들을 '권력형 엘리트'라고 불렀고, 동명同名의 탁월한 저서에서 그들을 분석한 바 있다. 그러나 그는 이 권력형 엘리트들을 특정 생산 방식 및 사회 조직의 산물로 보지 않음으로써 그들의 존재가 기본적인 마르크스주의의 가정에 모순된다기보다는 그것을 확인하는 것임을 인정하지 않는다. 최후의 역저 《마르크스주의자들》에서, 그는 마르크스주의의 경제적 결정론을 비판하고, 군사적·정치적 결정론도 마찬가지로 타당성 있는 가정임을 시사하고 있다.p.126. 나는 이러한 엘리트들과 그들의 역할이 마르크스적 모델의 관점에서 보면 가장 정확하게 이해될 수 있다고 믿는다.

그들은 의식적으로는 자신들이 모국에 대한 애국심과 도덕적·정치적 원리 등에 입각해서 움직인다고 믿고 있다. 그들은 모두 그들의 생산 양식의 속성에서 나오는 사상과 이념에 똑같이 사로잡혀 있으며, 의식적인 사고에 있어서 그것은 매우 진지하다. 바로 이처럼 그들의 사상 배후에 있는 진지하고 진정한 동기를 자각치 못하고 있기 때문에, 그들이 생각을 바꾼다는 것은 곤란하다. 이들은 권력·금력 또는 명예에 대한 지나친 욕심에 좌우되지는 않는다. 분명히 그런 동기도 존재하기는 하지만, 그러나 그들에게 있어서는 이것이 모든 것을 소모시키는 동기에 불과하다.

이런 사람들은 원칙적이라기보다는 예외이다. 개인적으로 모든 조직의 구성원들은 다른 사람과 마찬가지로 기꺼이 희생을 떠맡기도 하고, 어떤 이익을 포기하기도 한다. 그 근본적 동기는 그들의 사회적 기능이 그들의 의식을 형성하기 때문이며, 따라서 이것은 자신들이 옳다는 신념을 형성해 준다. 이런 사실은 그들의 목표는 사실상 의심의 여지가 없을 만큼 정당화된다는 것을 말한다. 또 이것은 다른 매우 어려운 현상을 설명해 준다.

우리는 미국과 소련이라는 양대 진영의 엘리트들이 충돌의 길에 들어서 있음을 보며, 평화를 확보해 줄 조정에 어려움이 있음을 안다. 핵전쟁이 각국의 구성원의 대부분과 그들의 가족의 죽음을 의미하며, 조직의 파괴를 의미할 것이라는 점엔 의심의 여지가 없다. 그들이 만일 금력과 권력을 향한 욕구에 의해서 움직여진다면, 그들이 예외적으로 신경증적인 개인이 아닌 다음에야 어떻게 이런 욕심이 죽음에 대한 불안을 극복하리라는 것을 이해할 수 있겠는가? 문제는 분명히 그들의 견해를 변화시키는 어려움에 있다.

그들에게는 그들의 견해야말로 합리적이고 올바른 사고 방식으로 생각되기 때문에, 만일 핵전쟁의 대참사가 모든 사람들을 파멸시킨다 해도 그것은 어쩔 수 없는 것이다. 왜냐 하면 이성인 예절이니 명예니 하는 것 말고는 어떤 다른 행동의 과정도 없기 때문이다.

이제까지 나는 마르크스 사상 가운데서 사회적 존재가 어떻게 의식을 결정하는가에 대하여 살펴보았다. 하지만 마르크스는 종종 거론되는 것처럼 '결정론자'는 아니었다. 그의 입장은 스피노자의 그것과 매우 흡사하다. 즉, 우리는 우리의 의식적인 자아 밖에 존재하는 힘에 의해서, 우리의 배후에서 우리를 조종하는 열정과 흥미에 의해서 결정된다는 입장이다.

사실이 이러한 이상 우리는 자유롭지 못하다. 그러나 우리는 현실을 충분히 자각함으로써, 따라서 당연히 환상을 포기함으로써 몽유병적이고, 자유롭지 못하고, 결정론에 지배되고, 의존적이고 수동적인 우리의 성격을 스스로 각성하고 자각하여, 적극적이고 독립적인 성격으로 변형시킴으로써 이러한 구속에서 벗어나 자유의 영역을 확대할 수 있다. 스피노자와 마르크스 두 사람에게 있어서 삶의 목표는 구속으로부터의 해방이며, 이 목표에 이르는 길은 환상을 극복하고 우리의 적극적인 힘을 충분히 활용하는 것이다.

프로이트의 입장도 본질적으로는 똑같다. 그가 정신 건강 대對 정신적 장애에 대해서보다는 자유 대 구속에 관해서 덜 언급한 것은 사실이지만, 그 역시 인간은 객관적 요인들리비도와 그 숙명에 의해 결정되며, 인간은 현실에 눈을 떠서 환상을 극복하고 무의식이라는 현실을 자각함으로써 이와 같은 결점을 극복할 수 있다고 생각하였다.

정신병 치료자로서의 프로이트의 이론은 무의식에 대한 자각이 정신 장애의 치료에 이르는 길이라는 것이었다. 사회철학자의 관점에서도 그는 똑같은 원리를 믿고 있었다. 즉, 우리가 현실을 자각하고 환상을 극복하기만 하면, 삶을 처리할 수 있는 가장 만족할 만한 힘을 얻을 수 있다는 것이다. 프로이트의 이와 같은 사상은 《환상의 미래》에서 가장 명백하게 표현되어 있다. 그는 이렇게 쓰고 있다.

"아마도 신경증으로 고생하지 않는 사람들은 그 증세를 마비시키기 위해서 굳이 마약을 쓸 필요는 없을 것이다. 그러나 그들도 어려운 상황에 처해 있음을 알게 될 것임은 분명하다. 그들도 이 대우주 안에서는 완전히 무기력하고 무의미한 존재라는 것을 스스로에게 인정하지 않을 수 없게 될 것이다. 그들은 더 이상 창조의 중심일 수 없으며, 자비로운 섭리로서도 더 이상 따뜻한 보살핌의 대상일 수가 없다. 그들은 매우 따스하고 안락한 부모의 집을 나온 어린아이와 똑같은 입장에 놓이게 될 것이다. 그러나 확실히 유아적 성향은 극복되게 되어 있다. 왜냐 하면 인간은 영원히 어린아이로 남아 있을 수 없기 때문이다. 그들은 결국 '적대적인 삶' 속으로 뛰어들어야만 한다. 우린 이것을 '현실로의 교육'이라고 말해도 좋을 것 같다."[11]

그리고 계속해서 그는 이렇게 쓰고 있다.

"로고스logos인 우리의 신은 아마도 매우 전지 전능한 신이 아닌지도 모른다. 그래서 그는 그의 선배들이 약속한 작은 일부만을 성취시켜 줄 수 있을 뿐이다. 우리가 이 점을 인정해야만 한다면 우리는 그것을 체념으로 받아들여야 할 것이다."

그렇다고 해서 우리는 세계와 삶에 흥미를 잃어서는 안 된다…….
아니, 그보다도 우리의 과학은 환상이 아니다. 그러나 과학이 우리

---

11) 《환상의 미래The Future of an Illusion》S. 프로이트, 1961년, 제11권, p.49

에게 줄 수 없는 것을 우리가 다른 곳에서 얻을 수 있다고 생각한다면 그것은 환상이다.[12] 마르크스에게는 환상에 대한 자각이 자유와 인간적 행위를 위한 조건이다. 그는 이런 사상을 그의 초기 저술에서 종교의 기능에 관해 분석하면서 다음과 같이 날카롭게 표현하였다.

"종교적 고뇌는 동시에 현실적 고뇌의 표현이자 현실적 고뇌에 대한 저항이다. 종교는 압박받는 자의 탄식이며, 세계가 비정신적인 상황의 정신이듯 냉혹한 세계의 마음이다. 그것은 민중의 아편이다. 민중의 환상적 행복감으로서의 종교의 폐지가 그들의 진정한 행복을 위해서 요구된다. 자신의 상황에 대한 환상을 포기하라는 요구는 환상을 필요로 하는 상황을 포기하라는 요구인 것이다. 따라서 종교에 대한 비판은 비애라는 베일에 대한 미발달의 비판이며, 그 비애의 후광이 바로 종교인 것이다……. 비판은 그 사슬로부터 상상의 꽃을 꺾었는데, 이는 인간이 환상이나 위안 없이 그 사슬에 속박되게 하려는 것이 아니요, 그 사슬을 떨쳐 버리고 살아 있는 꽃을 따게 하려는 것이다. 종교에 대한 비판은 인간을 각성시켜 이미 각성하여 이성을 되찾은 사람과 똑같이 사고하고 행동하고 현실을 표현하게 함으로써 자기 자신의 참된 태양 주위를 돌게 한다. 종교란 다만 환상의 태양일 뿐이며, 그것은 인간이 종교의 주위를 돌지 않는 한 종교가 인간의 주위를 맴도는 것이다."[13]

그렇다면 어떻게 하면 인간이 환상으로부터 자유를 얻는 목표에 도달할 수 있는가? 마르크스는 그의 목표가 의식의 개혁에 의해서 달성될 수 있다고 생각했다.

---

12) Ibid., pp.54~56
13) 《마르크스와 엥겔스》L. S. Feuer, 1959년, p.263

"의식의 개혁은 세계가 그 의식을 자각하게 하고 자신에 대한 꿈에서 깨어나게 하여 자신의 행위를 해석하게 하는 데 있다. …… 그러므로 우리의 모토는 교리를 통해서가 아니라, 그것이 정치적 내용이든 종교적 내용이든 상관 없이 신비적인 자가당착에 빠진 의식을 분석함으로써 의식 개혁을 이룩하는 것이어야만 한다. 그렇게 되면 우리는 세계가 이미 오랫동안 무언가에 대한 꿈을 지녀 왔으며, 세계가 그것의 실체를 파악하기 위해서는 의식만 가지면 되는 것임을 알게 될 것이다. 우리가 다루고 있는 것은 과거와 현재 사이의 커다란 틈이 아니라, 과거 사상의 실현이다. 결국 우리는 인류가 의식을 통해서 어떤 새로운 과업을 시작하는 것이 아니라, 예부터 내려온 과업을 달성하고 있음을 알게 될 것이다. …… 이것은 사실상 고백 이외의 아무것도 아니다. 죄를 용서받기 위해서라면 인류는 단지 그것들이 무엇인가를 설명하기만 하면 되는 것이다."[14]

마르크스와 프로이트의 무의식의 개념 사이의 이와 같은 대조를 요약해 보면 다음과 같다. 즉, 두 사람 모두 인간이 의식적으로 생각하는 것의 대부분은 그가 알지 못하는 가운데 그의 배후에서 작용하는 힘에 의해 결정된다고 믿고 있으며, 인간은 자신의 행위를 합리적인 것, 또는 도덕적인 것으로 자신에게 설명한다. 또 이와 같은 합리화_{허위의식·이데올로기}가 주관적으로는 그를 만족시켜 주는 것이라고 믿고 있다.

그러나 미지의 힘에 좌우된다는 점에서 인간은 자유롭지 못하다. 그는 이 동기가 되는 힘, 즉 현실을 자각함으로써만 자유_{그리고 건강}를 획득할 수 있고, 따라서 맹목적인 힘의 노예라기보다는_{현실 범위 내}

---

14) 《R에게 보내는 편지》K. 마르크스, 1843년, p.575

에서 자기 인생의 주인이 될 수 있는 것이다. 마르크스와 프로이트 사이의 기본적인 차이점은 인간을 결정하는 이들 힘의 속성에 관한 각각의 개념에 있다.

프로이트에게는 그 힘이 본질적으로 생리학적인 것리비도이거나, 생물학적인 것죽음의 본능과 삶의 본능이다. 또 마르크스에게는 인간의 사회경제적 발전 과정에서의 진화를 관통하는 역사적인 힘이다. 마르크스에게는 인간의 의식이란 자신의 존재에 의해서 결정되고, 그의 존재는 실질적인 생활에 의해서, 즉 그의 생산 방식과 사회 구조 및 그것으로부터 결과되는 분배와 소비의 방식에 의해서 결정되는 것이다.[15]

마르크스와 프로이트의 개념은 상호 배타적인 것은 아니다. 그 이유는 마르크스가 현실적·능동적인 인간에서 출발하고 있으며, 물론 그들의 생물학적·생리학적 상황을 포함하는 그들의 현실적 생활 과정을 기반으로 하고 있기 때문이다. 마르크스는 성적 충동을 형태와 방향에 관한 한에 있어서만은 사회적 조건에 의해 변화될 수 있는 모든 환경하에서 존재하는 것으로 인식하였다.

한편, 프로이트의 이론은 어떤 면에서는 마르크스의 이론에 합치될 수도 있지만, 기본적인 두 가지 차이점이 존재한다. 마르크스에게 있어서는 인간의 존재와 의식이 그가 속해 있는 사회의 구조에 의해 결정되는 반면, 프로이트에게 있어서의 사회는 인간의 선천적인 생리적·생물학적 요소를 다소간 억압함으로써 그의 존재에 영향을 줄 따름이다. 이 첫번째의 차이점에서 두 번째의 차이점이 나온다.

---

15) Karl Manheim은 사회주의자의 학설이 무의식의 가면그들의 적의를 벗기는 능력을 지닌 새로운 지적 무기라는 점을 처음으로 지적한 사람이었다. 그는 또한 집단 무의식과 그것에 의해서 추진되는 활동은 사회적 현실의 어떤 측면을 숨기는 데 이바지한다고 보았다. 그의 저서 《이데올로기와 유토피아》를 참조.

프로이트는 사회적 변화 없이도 인간은 억압을 극복할 수 있다고 믿었다. 반면에, 마르크스는 보편적이며 완전히 각성한 인간의 실현이란 새롭고 진정 인간적인 경제적·사회적 조직을 마련해 주는 사회적 변화와 함께 할 때에만 가능하다고 본 최초의 사상가였다. 마르크스는 다만 일반적인 술어로써 사회적인 힘에 의한 의식의 결정이라는 그의 이론을 진술하였을 따름이다. 이제는 이와 같은 결정이 어떻게 작용하는지 구체적으로 살펴보기로 하자.[16]

어떤 체험이 자각에 이르려면 그것은 의식적인 사고가 구성되는 범주 속에서 이해될 수 있는 것이어야 한다. 자신의 내부나 외부에서 발생한 어떤 사건을 자각할 수 있는 경우는 그것이 지각이 가능한 범주의 체계와 연관성이 있을 때뿐이다. 시간과 공간 같은 범주 가운데 어떤 것은 보편적인 것일 수도 있으며, 또한 모든 사람들에게 공통되는 지각의 범주를 구성할 수도 있다.

그러나 인과 관계와 같은 범주는 일반성이 적으며 문화에 따라서 다르기까지 하다. 이를테면 공업화 이전의 문화에서의 사람들은 어떤 물건을 상품적 가치의 측면에서 지각할 수는 없겠지만, 공업화된

---

16) 여기서 사용된 개념과 융이 사용한 개념 간에는 어떤 유사성이 있기 때문에 한 마디의 설명이 암시되어 있는 듯하다. 무엇보다도 먼저 융이 프로이트 이상으로 신경증의 사회적 성격을 강조하고 있음을 언급치 않을 수 없다. "신경증이란 대부분 단지 개인적인 문제에 그치는 것이 아니라 보편적인 것이었다. 그것은 어느 정도는 어느 곳 어느 누구에게든 같은 내용과 행동 습성을 갖고 있다. 바꾸어 말하면 그것은 모든 사람들에게 똑같고, 따라서 우리 모두에게 존재하는 초개인적인 성질에 대한 공통의 심적 대용물이다." 나는 인간의 정신의 본질이 지니는 보편적 성향에 관한 융의 중심 논리에 동의한다. 융의 술어인 '집단 무의식'과 '사회적 무의식'과의 차이점은, 집단 무의식이 대부분 의식화될 수 없는 보편적인 정신을 직접적으로 의식하는 데 반해, 사회적 무의식은 사회의 억압적인 성격의 개념에서 출발하며, 특정 사회가 자각에 이르는 것을 허용치 않는 인간의 체험 가운데 특정 부분을 가리킨다는 것이다. 사회적 무의식은 사회가 고립시킨 인간성의 일부이며, 보편적인 정신 가운데에서 사회적으로 억압된 일부분인 것이다.

사회 체계 속에서는 그 반대이다. 어쨌든 체험은 개념 체계[17]와 그것의 범주 내에서 지각되고 연결되며, 배열될 수 있는 조건하에서만 자각되는 것이다. 이 체계는 그 자체가 사회적 진화의 결과이다. 모든 사회는 그 사회 자체의 생활 관례와 관련 방식·감정 및 지각 방식에 의해서 하나의 체계 또는 범주를 발전시키며, 이것이 자각의 형태를 결정하는 것이 되는 것이다. 사실상 이 체계는 사회적으로 조건이 부여된 '여과 장치'처럼 작동한다. 따라서 체험은 그것이 이 여과 장치를 통과하지 않고는 자각될 수 없는 것이다.[18]

그렇다면 논의되어야 할 문제는 좀더 구체적으로 어떻게 해서 이 '사회적 여과 장치'가 작동하는가 하는 것과, 어떻게 해서 그것이 어떤 체험은 여과시키고 어떤 것은 자각치 못하게 하는가를 이해하는 것이다. 무엇보다도 우리는 먼저 수많은 체험들이 쉽사리 자각되지 않는 다른 점을 고려해야만 한다. 고통은 아마도 가장 쉽게 의식적으로 자각되는 신체적 체험일 것이다. 성욕이나 배고픔 등과 같은 것도 쉽게 자각된다.

그러나 좀더 미묘하거나 복잡한 체험, 즉 '이른 아침 장미꽃 봉오리 위에 맺힌 이슬을 보며, 한편으로는 대기가 아직 서늘한데 태양이 떠오르고 새가 노래한다'는 등의 체험에 이르면 어떤 문화권 내에서는

---

17) 이와 동일한 생각이 《유년 시절의 기억의 건망증》이라는 E. Schachtel의 저서에서 최초로 표현되었다. 제목이 지적하듯, 그는 이 글에서 유년 시절의 건망증의 좀더 구체적인 문제와, 어린이와 어른에 의해 사용되는 범주 사이의 차이점에 관심을 보이고 있다. 그는 이렇게 결론 짓고 있다. "유년 초기의 체험과 성인의 기억이 지니는 범주 및 조직과의 모순은 대부분 성인의 기억에 대한 양식화樣式化 때문이다……." 나의 견해로는 그가 유년 시절 초기와 성인의 기억에 관해 기술한 부분이 진실이라고 생각되지만, 유년기와 성인의 범주 사이의 차이뿐만 아니라 문화 간의 차이도 있다. 그리고 그 문제는 기억의 문제일 뿐 아니라, 또한 의식 일반의 문제이기도 하다.
18) 《불교와 정신분석학》D. T. Suzuki, E. Fromm, R. de Martino, H. Bros, 1960년.

이를테면 일본에서 쉽게 자각되지만, 현대 서구 문화에서는 그것이 주목하기에 충분히 중요하거나 중대한 것이 아니기 때문에 흔히 자각에 이르지 못할 것이다. 미묘하면서 효과적인 체험들이 자각에 도달할 수 있는지, 그렇지 않은지는 그와 같은 체험들이 일정한 문화 내에서 어느 정도 배양되었느냐에 달려 있다.

일정한 언어로 표현할 적절한 어휘가 없는 수많은 감정적 체험이 있는가 하면, 다른 언어에서는 이런 감정들을 표현할 어휘가 풍부할 수도 있다. 서로 다른 감정적 체험들이 다른 어휘로는 표현되지 않을 경우, 어떤 언어에서는 체험이 명료한 자각에 이른다는 것은 거의 불가능하다. 일반적으로 말해서, 체험은 그것을 표현할 어휘가 없을 때는 거의 자각되지 않는다고 말할 수 있다.

이러한 사실은 우리의 지적이고 합리적인 사물의 도식에 적합치 않은 체험들과 관련해 볼 때 특별한 연관성을 갖는다. 예를 들어 영어에 있어서 '경외awe'라는 단어히브리어로는 nora는 두 가지 서로 다른 의미를 갖고 있다. 경외는 아직도 '무서운awful'이란 말 가운데 그대로 남아 있듯이, 강한 공포의 감정인 동시에 강한 존경의 의미이기도 하다. 의식적인 합리적 사고의 관점에서 볼 때 공포와 존경은 전혀 별개의 감정이며, 따라서 동일한 어휘에 의해서는 표현될 수 없다.

그리고 만일 경외라는 말 하나만 있다면 그것은 전자 혹은 후자의 의미로 사용되며, 그것이 실제로는 공포와 존경이라는 두 가지 의미로 쓰인다는 사실은 망각되는 것이다.

그러나 우리의 감정적 체험에서는 공포와 존경은 결코 상호 배타적인 것은 아니다. 오히려 신체적 체험으로서 공포와 존경은 흔히 한 가지 복잡한 감정을 나타내지만, 현대인은 흔히 그렇게 자각치는 않는다. 체험의 지적인 측면을 덜 중요시하는 종족의 언어는 감정을 그대로 표현하는 어휘가 더 많지만, 우리의 현대 언어는 우리 식의 논리에 적절한 감정만을 표현하는 경향이 있다.

우연하게도 이러한 현상은 역동심리학의 가장 큰 난점이 되고 있다. 우리의 언어는 우리의 사고 체계에 적합치 않은 수많은 신체적 체험을 묘사하는데, 우리가 필요로 하는 어휘를 제대로 제공해 주지 않는다. 따라서 정신분석학은 마음대로 사용할 수 있는 적절한 언어를 갖고 있지 못하다.

그래서 다른 학문이 해온 것처럼 어떤 복잡한 감정을 표현하기 위해서 상징을 사용하는 것도 좋을 것이다. 이를테면 A/T는 한때 하나의 어휘로 표현되었던 존경과 공포의 복잡한 감정을 나타낼 수 있고, 또 XY는 적대감·우월감·비난, 그리고 상처받은 순진성·순교·박해 및 오해로 받는 비난을 의미할 수도 있다.

또 이 후자의 감정은 우리의 언어가 믿게 해 주듯이 서로 다른 감정의 합성이 아니라, 사고되어질 수 없고 그 어느 것도 지각될 수 없다는 가정의 장벽을 일단 초월하면 자신과 남에게서 관찰 가능한 어떤 특수한 감정인 것이다. 우리가 추상적인 상징을 사용치 않는다면, 정신분석을 위해 가장 적합한 과학적 언어는 역설적으로 말해서 실제로는 상징·시, 또는 신화적 주제를 언급할 때 사용되는 언어인 셈이다.프로이트도 때때로 이 방법을 선택했다. 그러나 정신분석가가 정서적 현상을 나타내는 데 우리들이 사용하는 기술적인 용어를 사용함으로써 과학적일 수 있다고 생각한다면, 그것은 자기를 기만하는 것이요, 감각된 체험의 현실에 상응하지 않는 추상적으로 구성된 개념에 관해서 말하는 것에 지나지 않는다.

하지만 이것은 언어의 여과 기능 가운데 단 하나의 측면일 따름이다. 서로 다른 언어는 어떤 감정적 체험을 나타내기 위해 그 언어가 사용하는 어휘의 다양성에 있어서 변화한다는 사실에 의해서뿐만 아니라, 그 언어의 통사·문법·어원에 의해서도 차이가 나는 것이다. 모든 언어는 삶에 대한 태도를 포함하는 것이며, 어떤 방식에 의해 체험하는 삶에 대한 동결된 표현인 것이다.[19]

몇 가지 예를 들어 생각해 보기로 하자. 이를테면 '비가 내린다'란 표현에서의 동사 형태는, 내가 비오는데 외출했다가 비에 젖었기 때문에 비가 온다고 말하는 것인지, 아니면 오두막집 안에서 비 오는 것을 보았기 때문인지, 아니면 누군가가 비가 내리고 있음을 말해 주었기 때문인지에 따라서 달리 변화한다.

이와 같이 어떤 서로 다른 체험원에 대한 언어의 강조가 사람들이 사실을 체험하는 방식에 깊은 영향을 미치게 된다는 것은 아주 명백하다.

예를 들어 우리의 현대 문화에서는 지식의 측면에 대한 강조와 더불어 직·간접적 체험과 같은 어떤 사실을 어떻게 해서 알게 되었느냐 하는 것은 별로 중요하지 않다. 또는 히브리어에서는 동사 변화의 주된 원칙이 어떤 행위가 완료인가 미완료인가를 결정하는 한편, 그것이 발생하는 시간, 즉 과거·현재·미래는 부차적으로만 표현된다. 라틴어에서는 두 원칙시제와 완료이 함께 사용되지만, 영어에서는 시간 감각을 중요시한다. 말할 필요도 없이 동사 변화에 있어서의 이런 차이점은 체험에 있어서의 차이점인 것이다.[20]

---

19) Benjamin Whorf의 개척자적인 다음 업적을 참조할 것. 《Collected Papers on Meta-linguistics》, 1952년.
20) 이러한 차이점의 중요한 의미는 구약성서의 독일어 번역판과 영어 번역판을 보면 명백하게 드러난다. 흔히 히브리어 원전이 '나는 깊이 사랑한다'와 같은 의미의 사랑이라는 감정

또 다른 예는 다양한 언어 가운데에서, 동일 언어를 사용하는 서로 다른 사람들 가운데에서, 혹은 동사와 명사의 서로 다른 용례 속에서 볼 수 있다. 명사는 사물을, 동사는 활동을 지칭한다. 많은 수의 사람들이 존재나 행위 대신에 소유의 관점에서 사고하기를 좋아한다. 따라서 그들은 동사보다 명사를 선호한다.

언어는 그 언어의 어휘·문법·통사 및 그 속에 동결된 전체의 정신에 의해서 어느 체험이 자각되어야 하는가를 결정해 준다. 자각을 가능케 해 주는 여과 장치의 두 번째 측면은 일정한 문화 안에 있는 사람들의 사고를 조종하는 논리이다. 대부분의 사람들이 자신들의 언어를 '자연스런' 것으로 생각하고, 다른 언어들은 동일한 사물에 대한 다른 어휘일 뿐이라고 생각하듯이, 그들은 또한 적절한 사고를 결정하는 규칙들도 자연스럽고 보편적인 것으로 생각한다.

또 어떤 문화권에서 비논리적인 것은 그것이 자연스런 논리에 모순된다는 이유로 다른 문화권에서도 비논리적인 것으로 생각한다. 이런 현상에 대한 좋은 본보기는 아리스토텔레스적인 논리형식 논리와 역설적 논리모순 순리 사이의 차이점이다. 형식 논리는 A는 A라고 하는 동일률과, A는 非A가 아니라는 모순율, 그리고 A는 A와 非A의 중간이 될 수 없고, A도 非A도 아닌 어떤 것이 될 수 있다는 배중률排中律에 기초를 두고 있다.

아리스토텔레스는 이것을 "동일한 사물이 동일한 측면에서 동시에 같은 사물에 속하고 또 속하지 않는다는 것은 불가능한 일이다……. 그러므로 이것은 모든 원리 중에서 가장 확실한 것이다"[21]라고 말했

적인 체험을 표현하기 위해서 완료시제를 사용할 때, 대부분의 역자는 이것을 오역하여 '나는 사랑했다'라고 번역하고 있다.

21) R. Hope에 의해 번역된 아리스토텔레스의 《형이상학Metaphysics》1952년에서 인용했다.

다. 형식 논리와 반대되는 것을 우리는 역설적 논리라고 부를 수 있는데, 이것은 A와 非A가 X의 술어로서 서로 간에 배제하고 있지 않다고 가정한다. 역설적 논리는 중국 및 인도의 사상과 헤라클리투스 Heraclitus의 철학에서, 그리고 다시 헤겔과 마르크스의 사상에서 변증법이라는 이름으로 두드러지게 나타났다.

역설적 논리의 일반적인 원칙은 노자에 의해서 명료하게 표현된 바 있다. "엄밀한 의미에서 참된 말은 역설인 것처럼 보인다." 그리고 장자는 "하나인 것은 하나이다. 하나가 아닌 것도 또한 하나이다"[22]라고 말했다. 형식 논리의 정당성이 의심받지 않는 문화 안에 사는 이상, 형식 논리에 모순되고, 따라서 문화적 관점에서 볼 때 무의미한 체험이 자각된다는 것은 불가능하지는 않겠지만 사실 매우 곤란하다. 프로이트의 양가성兩價性의 개념에 의하면 동일인에 대해서 사랑과 증오를 동시에 체험할 수 있다는 것이다.

이런 체험은 역설적 논리의 견지에서 보면 '논리적'인 것이지만, 형식 논리의 견지에서 볼 때는 전혀 의미가 없다. 결과적으로 대부분의 사람에게는 양가성의 느낌을 자각한다는 것이 매우 곤란하다. 그들이 사랑을 자각한다면 증오는 자각할 수 없다. 동일인에 대해서 동시에 두 개의 상반되는 감정을 지닌다는 것은 불가능하기 때문이다.[23]

언어와 논리는 어떤 체험의 자각을 어렵게 하거나 불가능하게 하는 사회적 여과 장치의 일부이다. 이 사회적 여과 장치의 세 번째 부분은 그것이 어떤 감정이 의식에 이르는 것을 용인하지 않고, 설령 도달한다 하더라도 이 영역에서 추방하는 경향이 있다는 점에서 가

---

22) 《동양의 신비스런 책들The Sacred Books of the East》F. Max Mueller, 제34권, 1927년, p.120
23) 《사랑의 기술The Art of Loving》E. 프롬, 1956년, p.72

장 중요한 것이다. 그것은 어떤 사상과 감정이 부적합하고 금지되어야 하며, 위험스러운 것인지 간파하여 의식의 수준에 도달하는 것조차도 방해하는 사회적 금기로 이루어져 있다.

여기서 지적된 문제를 설명하기에는 원시 종족의 예를 드는 것이 좋을 듯하다. 예를 들면 다른 종족을 살해하고 약탈함으로써 살아가는 전사들로 이루어진 종족 내에서는 살인과 약탈에 혐오감을 느끼는 개인도 있을 것이다. 그러나 그가 이런 감정을 자각할 가능성은 거의 없다. 그것은 종족 전체의 감정과 모순될 수 있기 때문이다. 이 모순되는 감정을 자각한다는 것은 완전히 고립되고 추방될 위험이 있다는 의미이다. 그렇게 되면 그는 신경증적 증상을 나타낼 것이다.

그 반대의 경우는, 외부로 나가서 다른 집단의 구성원을 살해하고 약탈하고 싶은 충동을 가진 평화로운 농경 종족에 속하는 사람에게서 발견할 수 있다. 그도 역시 그의 충동을 자각하지 못하고 대신에 어떤 증상, 이를테면 심한 공포증 같은 것을 일으킬 것이다.

우리의 문명 속에서 또다른 예를 들어보자. 대도시의 상인들 중에는 양복 한 벌을 몹시 사고 싶어하지만, 가장 싼 것조차도 살 돈이 없는 고객을 만나야 하는 양복점 주인들이 많이 있을 것이다. 이들 가운데에는 특히 부유한 사람의 경우 그 손님이 낼 수 있는 돈으로 그 양복을 손님에게 주고 싶은 자연스런 인간적 충동을 느끼는 사람도 있을 것이다. 그러나 얼마나 많은 사람들이 그런 충동을 자각할까? 나는 거의 없으리라고 생각한다. 대부분은 그러한 충동을 억압할 것이고, 그 중에 몇 사람만이 그 날 밤에 그 억압된 충동을 어떤 식으로든 표현해 줄 꿈을 꿀 것이다. 다른 예를 또 하나 들어보자.

현대의 '조직 인간organizationman'은 그의 삶이 별 의미가 없고, 그가 보기에 적합하다고 생각하는 대로 환상을 좇고 있다고 느낄 수도 있다. 그러나 그가 그와 같은 감정을 자각한다면, 그는 고유의 사회적인 임무 수행에 막대한 지장을 받을 것이다. 따라서 그와 같은 자각은 조직화된 사회에는 현실적인 위협이 될 것이다. 그래서 결국 그 감정은 억압된다. 혹은 매년 새 차를 사는 것이 불합리하다는 것을 알고 있는 사람은, 그가 사용해 오던 애착이 가는 차와 헤어져야만 할 때는 비애감을 느끼기까지 할 것이다.

그러나 많은 사람들이 그와 같은 감정을 자각한다면 그 감정에 따라 행동하게 될 위험이 따를 것이다. 만일 그렇게 될 경우, 냉혹한 소비에 기초를 두고 있는 우리의 경제는 어디로 가게 될까?

그렇다면 또 대부분의 사람들이 그토록 자연스런 지성을 결여하고 있어서, 그들의 수많은 지도자들이 얼마나 능력 있게 그들의 임무를 수행하는지 알 수 없다고 판단하는 일이 있을 수 있는가? 만약 그와 같은 사실들이 소수 집단 이외의 사람들에게까지 의식된다면 사회적 결합과 통일된 행동을 어디서 볼 수 있겠는가? 이런 점에서 현실은 마치 안데르센의 벌거벗은 임금님의 동화에서 일어나는 것과 그다지 다르지 않다고 할 수 있다. 임금님은 벌거벗고 있는데, 그 사실을 오로지 한 작은 소년만이 자각하고 있고, 나머지 국민들은 임금님이 아름다운 옷을 입었다고 믿고 있다.

한 사회의 일정한 비합리성은 그 구성원이 그들의 감정과 관찰 가운데 상당 부분을 억압해야 하는 당위성으로 귀착된다. 이 당위성은 한 사회가 어느 정도 모든 구성원을 대표하느냐에 비례한다. 그리스는 모든 국민의 이익을 충족시켜 주는 척하지 않는다. 아리스토텔레스조차도 노예들은 완전한 인간이라고 생각지 않았다. 따라서 이런 면에 있어서는 시민도 노예도 많은 것을 억압할 필요가 없었다. 그러나 모든 사람들의 행복을 고려하는 체하는 사회에서는 이런 문제는 존재하지 않는다.

인류 역사를 통해 볼 때 아마도 일부 원시 사회를 제외하고는 식탁이란 언제나 소수만을 위한 것이었고, 대다수의 사람들은 그저 부스러기만을 얻어먹을 수 있었다. 대다수의 사람들이 자신들이 속고 있다는 사실을 완전히 자각했더라면, 기존의 질서를 위태롭게 할 정도의 분노가 있었을지도 모른다. 따라서 그와 같은 사고는 억압되어야만 했고, 이런 억압 과정이 충분히 일어나지 않은 사람들은 생명이나 자유를 잃을 위험에 빠졌다.

우리 시대의 가장 혁명적인 변화는 세계의 모든 사람들이 눈을 떴고, 품위 있는 물질 생활에 대한 욕구를 자각하고 있으며, 이런 욕구를 충족시키기 위한 기술적인 수단을 찾아냈다는 사실에 있다. 서방 세계와 소련에서는 머지않아 이 단계가 이룩될 것이지만, 아시아와 아프리카 및 라틴 아메리카의 비공업 국가에서는 훨씬 더 긴 시간이 걸릴 것이다. 이것이 부유한 공업 국가에서는 더 이상 억압의 필요가 없다는 뜻인가? 사실상 이것은 대부분의 사람들 가운데 널리 퍼져 있는 환상이다.

그러나 그것은 사실이 아니다. 이런 사회들도 수많은 모순과 비합리성을 드러내고 있다. 세계의 수백만의 사람들이 굶주리고 있는 판에, 잉여 농산물을 저장하는 데에 수백만 달러를 사용하는 것이 무슨 의미가 있겠는가? 우리의 문명을 파괴할 무기에 국가 예산의 절반을 사용하는 것이 의미 있는 일인가? 아이들에게 한편으로는 겸손과 무사無私의 기독교적 미덕을 가르치고, 다른 한편으로는 성공하기 위해서는 이런 미덕과 정반대되는 것들이 필요하다고 가르치는 것이 의미 있는 것인가?

우리는 지난 두 차례의 세계 대전에 자유와 민주주의를 위해 싸웠던 '자유의 적들'을 무장 해제시켰다. 그러나 몇 년 안 되어 이전에는 자유의 적이었던 사람이 이제는 옹호자가 되고, 이전의 동맹국이 이제는 적이 되었다는 점을 제외하고, 우리가 자유와 민주주의를 위해 재무장하고 있다면 그 이전의 전쟁이 무슨 의미가 있겠는가? 언론과 정치적 활동의 자유를 부여하지 않는 체제에 깊은 분노를 느끼면서도, 그것이 우리와 군사적 동맹 관계를 유지하면 그런 체제를, 심지어는 더욱더 무자비한 체제를 '자유를 사랑하는' 체제라고 부르는 것이 도대체 무슨 의미가 있을까? 또 우리 모두가 글을 알고, 라디오와 텔레비전을 갖고 있다 해도 만성적으로 권태를 느낀다면 무슨 의미가 있겠는가?

서방 세계의 생활 방식이 지니는 불합리성·허구·모순을 모두 기술하려면 얼마든지 계속할 수도 있으리라. 그러나 이 모든 불합리한 것들이 당연한 것으로 받아들여지고, 그 누구에 의해서도 거의 지적되지 않고 있다. 그것은 결코 비판 능력의 결여 때문이 아니다. 우리는 이와 똑같은 불합리점들과 모순을 우리의 적들에게서도 볼 수 있다. 다만 합리적이고 비판적인 판단을 우리 자신에게 적용하기를 거부하고 있을 따름이다.

사실의 인식에 대한 억압은 수많은 허구의 수용에 의해서 메워질 필요가 있다. 우리가 주변에 있는 수많은 것을 보지 않으려고 하기 때문에 존재하는 틈은 일관성 있는 묘사를 위해서 메워져야 한다. 우리에게 주입되는 이러한 이데올로기들은 과연 무엇인가? 너무도 많은 이데올로기가 있지만, 간략하게 나열해 보면 다음과 같다.

우리는 기독교도이다. 우리는 개인주의자들이다. 우리의 지도자는 현명하다. 우리는 선하다. 우리들의 적들^{당장에도 누가 되든}은 나쁘다. 우리의 부모들은 우리를 사랑하고 우리들도 그들을 사랑한다. 우리의 결혼 제도는 성공적이다. 소련은 또 다른 일련의 이데올로기를 구축하였다. 그들은 마르크스주의자들이다. 그들의 체재는 사회주의다. 그것은 민중의 의사를 대변한다. 그들의 지도자는 현명하며 민중을 위해 일한다. 그 사회 내에서의 이윤은 사회주의 이윤으로서, 자본주의 이윤과는 구별된다. 그들의 재산에 대한 존중은 사회주의 재산에 관한 것이며, 자본주의 재산에 대한 존중과 다르다…….

이 모든 이데올로기는 어린 시절부터 부모·학교·교회·영화·텔레비전·신문에 의해서 마음 속에 새겨지며, 그것들은 마치 인간들의 사고나 관찰의 결과인 양 사람들의 정신을 사로잡는다. 이런 과정이 우리와 반대되는 사회에서 일어나면 우리는 그것을 '세뇌'라 하고, 그보다 덜 극단적인 표현으로는 '교화' 또는 '선동'이라고 부른다.

사회가 자각과 세뇌의 정도에 있어서 다르다 할지라도, 또 이런 면에서는 서방 세계가 소련보다 다소 낫다 하더라도, 그 차이는 사실의 억압과 허구의 수용 사이의 기본적인 혼합성을 변경할 만큼 충분치는 않다.[24]

사람들은 왜 자각된 것을 억압하는가? 물론 그 주된 이유는 공포 때문이다. 그러나 무엇에 대한 공포일까? 그것이 프로이트가 생각했듯이 거세에 대한 공포인가? 이것은 충분히 신뢰할 만한 증거는 아

---

24) William J. Lederer는 《선인善人의 나라A Nation of Sheep》1961년에서 정치적 사고와 관련한 이러한 현상의 좋은 예를 제시해 주고 있다.

닌 듯하다. 그것이 아니면 살해나 투옥 또는 굶주림에 대한 공포인가? 억압의 공포와 억압이 체제 안에서만 발생했다면 그것은 만족할 만한 해답이 될지도 모른다. 그러나 사실은 그렇지가 않기 때문에 더 생각해 봐야만 한다.

이를테면 우리의 사회와 같은 곳에서 만들어 내는 좀더 미묘한 공포가 있는가? 대기업의 젊은 중역이나 기술자에 관해서 생각해 보자. 만일 그가 건전하지 않은 생각을 갖고 있다면 다른 사람들처럼 승진하지 못할까 봐 그 생각을 억압하려 할 것이다. 이 사실 자체만으로는 비극은 아니다. 그러나 그는 자신과 아내 및 친구로부터 경쟁의 대열에서 뒤처진 것이 두렵다는 것만으로도 억압을 위한 충분한 명분이 될 수 있다.

그러나 또 다른 억압의 동기가 있다. 그것은 고립과 추방에 대한 공포이다. 인간은 그가 인간인 한, 즉 자연을 초월하고 자신과 죽음을 자각하는 한, 완전한 고립감과 격리감을 견디지 못한다. 그것은 거의 광기에 가깝다. 동물로서의 인간이 죽음을 두려워하는 것과 마찬가지로 인간으로서의 인간은 광기를 두려워한다. 인간은 다른 사람들과 관계를 가져야 하고 함께 어울려야만 한다. 다른 사람들과 하나가 되려는 욕구는 그의 가장 강력한 열정으로서 성욕보다 강하고, 심지어는 삶의 욕구보다도 더 강하다기보다는 이와 같은 고립과 추방에 대한 공포이다. 그와 같은 자각은 자신이 격리되어 결국에는 추방되리라는 것을 의미하기 때문이다. 이러한 이유 때문에 개인은 그가 소속하는 집단이 존재하지 않는다고 주장하면 스스로 눈을 가리고 보지 말아야 하며, 대다수의 사람들이 진실이라고 말하면 그것이 거짓임을 두 눈으로 보고서도 진실로 받아들인다.

그 개인에게는 집단이란 대단히 중요한 것이어서 집단의 견해·신념·감정이 그에게는 엄연한 현실일 뿐만 아니라, 그의 감각과 이성이 말해 주는 것보다도 더 현실적인 것이 된다. 최면 상태에서 최면술사의 목소리와 말이 현실을 대신하는 것과 마찬가지로, 사회적 양상은 대부분의 사람들에게는 현실을 형성한다. 사람이 진실하고 현실적이며, 온전하다고 생각하는 바는 그의 사회에 의해 받아들여진 상투어에 불과하다. 이 상투어에 적합치 않은 상당 부분이 자각에서 제외되며, 그것이 무의식이 되는 것이다. 인간이 명시적이든 암시적이든 추방의 공포로 위협받을 때는 믿지 않거나 억압하지 않는 것은 거의 아무것도 없다.

앞서 설명한 주체성의 상실에 대한 공포도 이 점에 비추어 보면, 대부분의 사람들에게 있어서 그들의 주체성은 사회적 상투어에 대한 순응에 뿌리 박고 있는 것이라고 말할 수 있다. 그들은 자신들이 생각하는 대로의 사람들이다. 따라서 추방에 대한 공포는 주체성의 상실에 대한 공포이며, 바로 이 두 가지 공포의 결합은 가장 강력한 영향력을 갖는다.

억압의 기초가 되는 추방의 개념은 부정적인 견해를 낳을 수도 있다. 즉, 모든 사회는 인간을 어떤 식으로든 비인간화하고 기형으로 만들 수 있다. 왜냐 하면 모든 사회는 추방이라는 수단으로 그를 항상 위협하고 있기 때문이다.

그러나 이렇게 가정한다는 것은 또 다른 사실을 망각하는 것을 의미할 수도 있다. 인간은 사회의 구성원일 뿐만 아니라 전인류의 일원이기도 한 것이다. 인간은 그의 사회적 집단으로부터의 완전한 고립을 두려워하는 한편, 그의 내면에 존재하는 양심과 이성으로 표현되는 인간성으로부터의 고립도 두려워한다. 완전히 비인간화한다는 것은 전체 사회가 비인간적인 생활 규범을 채택했을 때조차도 무서운 일이다. 한 사회가 인간적이면 인간적일수록 개인이 사회로부터 고립을 당할 것인가, 아니면 인간성으로부터 고립될 것인가 하는 선택 문제는 그만큼 줄어든다.

사회적 목표와 인간적 목표 사이의 갈등이 크면 클수록 개인은 이 위험스런 고립의 양극단 가운데에서 한층 더 큰 괴로움을 맛보게 된다. 어느 개인이 자신의 지적·정신적 발달에 의해 인간성과의 결속을 어느 정도 느끼느냐에 따라, 그는 사회적 추방을 그만큼 참을 수 있거나, 또는 그 반대의 경우가 일어난다. 자신의 양심에 따라 행동할 수 있는 능력은 그가 어느 정도까지 자기 사회의 한계를 초월하고 세계 시민이 되었느냐에 달려 있다.

보통 사람은 자기가 속한 문화의 패턴과 양립할 수 없는 사고와 감정을 자각하지 않으려 한다. 따라서 그는 그런 것들을 억압하지 않을 수 없게 된다. 형식론적으로 말한다면 무엇이 무의식이고, 무엇이 의식인가 하는 것은 사회의 구조와 그것이 만들어 내는 감정과 사고의 유형에 달려 있다. 무의식의 내용에 관해서는 어떤 일반론도 불가능하다.

그러나 이렇게는 말할 수 있을 것이다. 그것은 언제나 명암의 가능성을 지닌 모든 사람들을 대표하고 있으며, 존재가 제기하는 문제에 대하여 인간이 할 수 있는 서로 다른 대답을 위한 기반을 포함하고 있다고.

동물적 존재로 되돌아가는 듯한 극히 후진적인 문화에 있어서 극단적인 경우에는 바로 이와 같은 욕구가 지배적이고 의식적인 반면,

이 단계에서 벗어나려는 모든 욕망은 억압된다. 후진적인 상태에서 정신적·진보적인 목표로 이동한 문화에서는 암흑을 대표하는 힘이 무의식이다. 그러나 어떤 문화에서든 인간은 자신 속에 모든 잠재적 가능성을 갖고 있다. 그는 원초적 인간일 수도 있고 맹수일 수도 있으며, 식인종일 수도 있고 우상 숭배자일 수도 있다. 또한 그는 이성·사랑·정의를 위한 능력을 가진 존재이기도 하다.

그렇다면 무의식의 내용은 선도 악도 아니며, 합리적인 것도 불합리한 것도 아니다. 오히려 그것은 그 둘을 다 겸한 것이다. 그것은 인간적인 모든 것이다. 무의식은 전인격 가운데서 사회에 순응하는 부분을 뺀 것이다. 의식은 개인이 내던져져 있는 역사적 상황에 의해 설정된 우연적인 한계, 즉 사회적인 인간을 대표한다. 무의식은 우주에 뿌리내리고 있는 보편적인 인간을 대표한다.

그것은 인간의 내부에 들어 있는 식물성·동물성·정신을 대표한다. 그것은 인간 존재에 이르기까지의 과거와, 인간이 완전히 인간적인 존재가 되고 인간이 자연에 귀화하는 것처럼 자연이 인간화될 때에 이르기까지의 미래를 대표한다. 자신의 무의식을 자각하게 된다는 것은 자신의 완전한 인간성과의 접촉을 의미한다. 다시 말해서 사회가 각 개인의 내면에 있는 사람들 사이에 쌓아올린 장벽을 제거하는 것을 의미한다. 이 목표를 완전히 성취하는 것은 곤란하다.

그것에 접근을 시도하는 것은 모든 사람 자신들에게 달려 있다. 왜냐하면 그것은 사회적으로 조건 지어진 자신과 인류로부터의 소외를 극복하는 것이기 때문이다. 국수주의와 외국인에 대한 혐오는 자신의 무의식을 자각함으로써 도달된 인간적 체험에 정반대되는 현상이다. 어떤 요소가 사회적 무의식의 자각에 어느 정도로 영향을 미치고 있을까? 무엇보다도 어떤 개인적 체험에 차이가 있음은 명백하다.

권위주의적인 아버지를 두고 있는 아들이 아버지의 권위에 복종하지 않고 그것에 반항한다면, 그는 합리화를 보다 잘 통찰할 수 있게 될 것이며, 무의식적인 사회적 현실을 보다 잘 자각할 것이다. 이와 마찬가지로 다수에 의해 차별을 받아온 종족적·종교적·사회적 소수 집단의 구성원들은 흔히 사회적 상투어를 믿지 않을 가능성이 더 많다. 이것은 착취당하고 고통받는 계층의 구성원들도 마찬가지이다.

그러나 그와 같은 계층적 상황이 언제나 개인을 더욱 비판적이고 독립적인 존재로 만드는 것은 결코 아니다. 종종 그의 사회적 지위는 그를 더욱 불안정하게 하여, 자신을 수용적이고 안정된 존재가 되게 하기 위해서 다수의 견해를 받아들이려는 열정을 보이기도 한다. 어떻게 해서 소수 집단의 일부 구성원이나 착취당하는 다수가 점점 비판적인 반응을 보이고, 다른 사람들은 사고의 지배적인 양상에 점점 복종하게 되는가 하는 점을 결정하기 위해서는 수많은 개인적·사회적 요건들에 대한 세밀한 분석이 필요하다.

이러한 요인들 외에 사회적 현실의 자각에 대한 반성이 얼마나 강한가를 결정하는 순전히 사회적인 요인들이 있다. 어느 사회나 사회 계층이 객관적으로 볼 때, 보다 나은 것으로의 변화에 대한 희망이 없기 때문에 스스로의 통찰력을 이용할 기회가 없다면, 그와 같은 사회에 속하는 사람은 허구에 집착하게 된다. 그 이유는 진실에 대한 자각이 오히려 더 나쁜 노력을 가져다주기 때문이다. 타락해 가는 사회와 계층들은 흔히 진실에 의해서 얻을 수 있는 것이 아무것도 없기 때문에 열렬히 자신들의 허구에 매달리는 사람들이다.

반대로 보다 나은 미래를 지향하는 사회 또는 사회 계층은 특히 이 현실적인 자각이 필요한 기회를 만들어 주는 데 도움이 된다면, 그것을 더욱 쉽게 해 주는 조건들을 제시한다. 18세기의 부르주아 계층이 그 좋은 예이다. 귀족 계급에 대한 정치적 지배권을 얻기 훨씬 이전부터 그들은 과거의 수많은 허구를 떨쳐 버리고 과거와 현재의 사회적 현실에 대한 새로운 통찰력을 발전시켰던 것이다.

중산층 작가들은 그들이 이러한 허구를 필요로 하지 않고, 오히려 진실에 의해 도움을 받았기 때문에 봉건주의의 허구를 간파할 수 있었다. 부르주아 계급이 확고하게 위치를 확립하고, 노동자 계급 그리고 나중에는 식민지 원주민들의 공격에 대항하여 싸우고 있었을 때 상황은 역전되었다. 이를테면 중산층에 속하는 사람들은 사회적 현실을 보지 않으려고 한 반면에, 서로 대두된 새로운 계급의 구성원들은 수많은 환상을 요구하지 않게 되었다.

그러나 종종 스스로의 자유를 위해 싸우는 집단을 지지하여 이와 같은 통찰력을 발전시키는 사람들은, 그들이 대항해서 싸우고 있는 바로 그 계층에서 나왔다. 그와 같은 경우에는 어떤 사람으로 하여금 자신의 사회적 집단에 대해 비판적인 입장을 취하게 하고, 출생 신분에 의해서 자기가 속한 집단의 편을 들게 하는 개인적인 요인을 검토해야만 할 것이다.

사회적·개인적 무의식은 서로 관련되어 있으며 끊임없이 상호 작용한다. 사실상 의식—무의식이란 요컨대 불가분의 것이다. 문제는 억압의 내용이 아니라 정신 상태이며, 좀더 정확히 말해서 개인의 각성과 현실주의의 정도인 것이다. 어느 일정한 사회 속의 개인이 사회적 현실을 보지 못하고 그 대신 허구로 그의 마음을 채운다면, 자신·가족·친구와 관련된 개인적인 현실을 보는 능력 또한 제한된다.

그는 어떤 제안도 거부하지 않고, 그에게 제시된 허구를 진실이라고 믿는 반각성 상태에서 산다.물론 사회적 억압이 특히 현저한 곳에서는, 어떤 사람은 그의 사생활과 관련된 현실의 자각을 특히 억압하는 경향이 있다. 이를테면 권위에 대한 복종을 가르치고, 따라서 자각이나 비판을 억압할 것을 요구하는 사회에서의 개인은 권위에 대한 비판에 있어서 억압이 본질적이지 않을 때 아버지를 더욱 경외하는 경향이 있다.

프로이트의 주된 관심은 개인의 무의식을 벗기는 것이었다. 그는 사회가 억압을 강요한다고 생각했지만, 이것은 본능적인 힘의 억압이었다. 그러나 진정으로 문제가 되는 사회적 억압, 즉 사회적 모순, 사회적으로 야기되는 고통, 권위자의 실패, 불안과 불만감 등에 대한 자각의 억압은 아니었다. 프로이트적 분석은 사회적 무의식을 손대지 않고 어느 정도는 개인적 무의식을 의식화하는 것이 가능함을 보여주었다.

그러나 그것은 지금까지 제시된 바와 같이, 사회적 영역을 배제하는 탈억압을 위한 시도는 어떤 것이든 여전히 제한된 것이라는 전제를 따르는 것이다. 억압되었던 것에 대한 완전한 자각은, 그것이 개인적 범주를 초월하고, 그 과정에 사회적 무의식에 대한 분석을 포함할 때만 가능하다. 이런 주장은 앞서 말한 사실을 근거로 한다. 개인이 그의 사회를 초월하고, 그것이 인간 잠재력의 발전을 어떻게 증진시키고 방해하는지를 볼 수 없다면, 그는 자신의 인간성과 충분히 접할 수 없다.

사회적으로 조건 지어진 금기와 규제는 그가 우연히 살게 된 사회에 의해서 인간성의 왜곡을 인식하지 않는 한, 그에게는 '자연스런' 것으로 보일 것임에 틀림없다. 무의식을 벗기는 것이 자신의 인간성에 대한 체험에 도달하는 것을 뜻한다면, 그것은 단지 개인적 단계에서만 멈추지 않고 사회적 무의식을 벗기는 데까지 나아가야만 할 것이다. 이것은 보편적인 인간적 가치의 관점에 있어서의 사회의 역동성에 대한 이해 및 사회에 대한 비판적 평가를 암시하는 것이다.

마르크스가 우리에게 제시해 준 사회에 대한 통찰력은 사회적 무의식을 자각하고, 나아가서는 개인의 완전한 각성탈억압에 도달키 위한 조건인 것이다. '이드가 있는 곳에는 자아가 있게 마련'이라면 휴머니즘적 사회 비판은 당연한 전제 조건인 것이다. 그렇지 않다면 그 개인은 개인적 무의식의 어떤 측면만을 자각하게 될 것이고, 다른 측면에서는 보다 전인격적으로 각성하기는 더 힘들 것이다.

그러나 여기서 한 가지 덧붙여야 할 사실이 있다면, 사회에 대한 비판적인 이해가 개인의 분석적인 이해에 중요할 뿐만 아니라, 역으로 개인적 무의식에 대한 분석적 이해 또한 사회를 이해하는 데 중요한 기여를 한다는 점이다. 개인의 사생활에 있어서 무의식의 차원을 경험하기만 한다면 사회 생활이 진실도 거짓도 아닌, 다시 말해서 진실이자 거짓말인 사람들이 성실히 믿는다는 의미에서의 진실과, 사회적·정치적 행위에 대한 진정한 동기를 숨기는 기능을 갖고 있는 합리화라는 의미에서의 거짓말 이데올로기에 의해서 결정된다는 것이 어떻게 가능한가 하는 점을 완전히 이해할 수 있다.

개인적 무의식과 사회적 무의식이 상호 작용하는만큼, 사회적 진화의 관점에서 억압에 대한 프로이트와 마르크스의 개념을 비교해 보면 기본적인 모순을 볼 수 있다. 앞서 지적한 바와 같이, 프로이트에게 있어서 성장하는 문명은 증대하는 억압을 의미한다. 따라서 사회적 진화는 억압의 해소를 가져온다기보다는 그것을 강화시킨다.

반면에 마르크스에게는, 억압은 본질적으로 인간의 완전한 발전을 위한 욕구와 일정한 사회 구조 사이의 모순의 결과이다. 따라서 착취와 계급 갈등이 사라진 완전히 발전한 사회는 이데올로기도 억압도 필요로 하지 않는다.

완전히 인간화된 사회에서는 억압의 필요성이 사라지고, 따라서 사회적 무의식도 사라지게 될 것이다. 마르크스에 의하면 그것은 사회의 진화 과정에서 감소하게 된다는 것이다. 프로이트와 마르크스의 사상 사이에는 충분히 강조되지 않은 또 다른 차이점이 있다. 나는 이미 합리화와 이데올로기 사이의 유사성에 관해 언급한 바가 있는데, 이제는 이것의 차이점을 지적할 단계인 것 같다. 우리는 합리화를 통해서 어떤 행위가 합리적·도덕적인 동기로써 불러일으켜진 것처럼 보이게 함으로써, 그것이 개인의 의식적인 사고와 대조되는 동기에 의해 야기되었다는 사실을 무마시키려 한다.

합리화는 대부분 속임수이며, 어떤 사람으로 하여금 그릇되게 행동하도록 이끌고, 또 그가 비합리적이거나 부도덕하게 행동한다는 점을 자각치 못하게 하는 소극적인 기능만을 갖고 있다. 이데올로기도 그와 흡사한 기능을 갖고 있지만, 한 가지 점에 있어서만은 중요한 차이점이 있다. 예를 들어 기독교의 가르침을 생각해 보자. 그리스도의 가르침, 즉 겸손·형제애·정의·자선 등과 같은 이상理想은 한때는 사람들의 마음을 감동시켜서 이러한 이상을 위해서라면 기꺼이 목숨이라도 바칠 만큼 순수한 것이었다.

그러나 역사를 통해 볼 때 이러한 이상은 실제로는 정반대의 목적을 위한 합리화로서 이바지하는 데 오용되어 왔다. 바로 이와 같은 이상이라는 명분으로 독립심이 강한 사람들이 죽임을 당하였고, 농민들이 착취와 억압을 받아 왔으며, 전쟁이 찬미되고 적에 대한 증오가 고무되었다. 이러한 사실에서 볼 때 이데올로기는 합리화와 달랐다고 하지만, 역사는 이데올로기도 역시 나름대로의 생명력을 가지고 있음을 증명해 준다.

그리스도의 말씀이 오용되었다 할지라도 그것은 살아서 사람들의 기억에 남아서 기회 있을 때마다 진지하게 검토되고, 사실상 이데올로기로부터 이상으로 재변모되었다. 이것은 종교 개혁을 전후하여 프로테스탄트의 진영에서 일어났다. 그것은 오늘날에도 기독교의 안에서 평화를 옹호하고 증오에 대항에서 싸우고 있는 신·구교도의 인사들 가운데서 아직도 일어나고 있다.

이와 똑같은 현상을 불교사상·헤겔 철학·마르크스 사상의 이데올로기화化에서도 볼 수 있다. 비판의 임무는 이상을 비난하는 것이 아니라, 그것이 이데올로기로 변모됨을 보여주고, 배신당한 이상의 이름으로 그 이데올로기에 도전하는 것이다.

9

두 가지 이론의 숙명

　이념이 이데올로기로 악화되는 것은 역사가 흐르는 과정에서 보편적인 법칙이라, 제도·철학·예술·종교 등과 상호 의존한다고 가정하였다. "하겠다." 이런 단순한 말이 인간의 현실에서 일정한 자리를 차지하게 된다. 이러한 말은 민중을 지배하고 권력이나 어떤 영향을 미치게 하는 관료주의에 의하여 지배를 받는다. 그리고 보통은 원래의 이념을 나타내는 말을 사용하기는 하나, 결과적으로는 정반대의 뜻을 나타내기도 한다.

　이러한 숙명은 위대한 종교에서나 철학적 이념에서 발생해 왔으며, 마르크스나 프로이트의 이념에도 역시 적용된다. 프로이트의 본래의 이론 체계는 무엇인가? 무엇보다도 먼저 그의 이론은 급진적인 사상이었다.

　여기서 급진적이라는 말의 원래의 뜻은 '근원에로의 나아감'을 뜻한다. 근원이란 마르크스가 말했듯이 인간이며, 인간의 본성과 인간의 본질을 향하여 나아감을 뜻하는 것이다.

　프로이트의 정신분석은 비판적인 생각이었다. 그것은 무엇보다도 먼저 그 당시 존재하던 정신의학적 이념에 대한 비판이었는데, 이 정신의학적 이념은 그 당시 정신병리학의 기본적인 근거로써 의식이라는 개념을 가지고 있었다. 그러나 프로이트의 사상은 그보다 더 넓은 의미에서 비판적인 이론이었다. 프로이트의 사상은 빅토리아 왕조의 많은 가치와 이데올로기에 대하여 공격을 하였다. 즉, 성性이 합리적 또는 과학적 학문 연구를 위한 주제가 아니라는 개념을 공격했다.

다시 말해서 빅토리아 왕조의 도덕적 불성실성을 공격했으며, 또한 어린아이의 순수성이나 천진성에 대한 감상적인 개념에 대해서도 공격했다. 하지만 앞에서 지적한 바와 같이 가장 의미 있는 공격은, 인간의 의식을 초월하는 정신적인 내용은 존재하지 않는다는 개념에 대한 공격이었다. 즉, 프로이트의 이론 체계는 기존의 이념이나 편견에 대한 도전이었고, 이것은 자연과학과 예술에 있어서의 새로운 발전에 상응하는 하나의 획기적인 사상적 전기를 열어 놓았던 것이다.

이런 의미에서 비록 기존 사회의 부분적인 측면에 대한 비판을 하고 있는 프로이트가 기존의 사회적 질서를 초월하지도 못하며, 또 새로운 사회와 정치에 대한 가능성을 생각하지 못했다 해도 역시 그의 이론 체계는 혁명적인 운동이라고 부를 수가 있다. 프로이트의 이론이 생긴 지 30년이 지나고 나서 이 급진적이고도 비판적인 운동은 어떻게 되었는가?

무엇보다도 먼저 정신분석학은 유럽이나 미국과 같은 개신교 국가에서는 특히 매우 성공적이었다. 그와 반면에 제1차 세계 대전까지는 이 정신분석은 대부분의 '착실한' 정신의학자나 일반 대중들로부터 조소당하고 무시당했다. 그러한 정신분석이 이처럼 크게 성공하게 된 이유는 여러 가지가 있다. 사실 프로이트의 이론이 주창되고 나서 처음 20년 간은 조소를 당하다가 마침내 정신의학자들로부터 상당한 인정을 받게 되었고, 급기야 많은 사회과학자들도 그의 이론을 받아들였다. 또 많은 문학가들에게도 인기가 있는데, 그 중에 토마스 만 같은 사람이 대표적인 인물이었다.

하지만 정신분석학은 단순히 이와 같이 학문적·지적인 면의 성과가 전부는 아니었다. 정신분석은 일반 대중에게도 인기가 있어서, 정신분석 학자들은 도움을 요청하는 모든 환자들을 다 받아들이기가 어려울 정도로 인기가 있었던 것이다. 정신분석이라는 전문적 직업은 경제적인 면에서나 사회적 특권이라는 면에서 가장 보상이 큰 직업 중의 하나가 되었다. 하지만 이런 성공적인 발전은 결코 이론이나 치료라는 면에서 볼 때, 정신분석적인 발견이 가져다준 풍요로움이나 생산성에 상응하는 것은 아니었다. 사실상 때로는 정신분석의 성공 그 자체가 초기 이론의 퇴보라고 추측될 수도 있다.

전제적으로 볼 때 정신분석은 오늘날에 와서 본래의 급진성과 비판적이고도 도전적인 성격을 잃어버린 것 같다. 20세기 초를 전후하여 프로이트의 학설은 모두가 정확한 것이었다고는 할 수 없지만, 기존의 관습 및 사상에 대한 도전이었다고 할 수 있다. 그래서 이 학설은 비판적인 정신을 갖고 있던 그 당시 민중들을 매혹시켰고, 서구 사회의 지적·정치적·예술적 성격의 또 다른 영역 속에 존재했던 비판적 운동의 일부를 담당하였다.

그러나 1930년경에 사회적인 습관은 바뀌었다. 이 변화는 어느 정도는 정신분석의 영향이었지만, 대부분의 경우에는 그것은 소비가 적극적으로 장려되고 욕구에 대한 좌절을 없애려 했던 소비자 사회의 발전 때문이었다. 성은 더 이상 금기 사항이 아니었다. 근친 상간을 범하고 싶은 욕망이라든지, 변태 성욕 등에 대해서 자유롭게 이야기해도 도시에 거주하는 중산층의 사람들에게는 아무런 충격이 될 수 없었다. 이런 화제는 1910년경까지만 해도 일반적으로 '점잖은' 사람들로서는 감히 생각도 할 수 없는 표현이었지만, 이제 와서는 금기 사항으로서의 성격을 잃어버리고 최신 유행 문제로서, 그리고 특별히 흥분할 필요가 전혀 없는 하나의 '과학적'인 결과로 여기게 되었던 것이다.

정신분석은 여러 가지 면에서 기존 사회에 대해 도전하기보다는 그것에 대해서 순응하게 되었다. 이러한 사실은 프로이트의 저서 《환상의 미래Future of an Illusion》나 《문명과 그의 불만Civilization and Its Discontents》이 나온 이후로 사회적인 비판을 받은 일이 거의 없었다는 사실에서 명백히 볼 수 있다. 그리고 오히려 대다수의 정신분석 학자들이 도시의 중산층이 갖고 있는 것과 같은 태도를 취했으며, 이런 태도에서 조금이라도 벗어나는 사람은 신경증 환자라고 여기는 경향이 있을 정도였다.

도시 중산층의 관습의 범주를 벗어나는 정치·철학·종교에 대하여 흥미를 갖고 있는 정신분석 학자는 거의 볼 수 없게 되었다. 이런 사실은 어떤 의미에서 정신분석이 퇴보되었음을 뜻하는 양상이라고도 할 수 있다. 다시 말하면, 급진적인 운동이 아니라 정치적·종교적 급진주의에 의한 대치물로 되고 말았다고도 볼 수 있다. 정신분석의 옹호자는 어떤 이유 때문인지 정치적·종교적 문제에 대하여 진지한 관심을 갖지 못하였으며, 따라서 이들의 생활은 과거의 세대에 주어졌던 관심이 결여되어 있는 것 같았다.

하지만 인생에 의미를 부여하기 위해서는 어떤 철학이 필요하다는 점에 있어서, 정신분석은 중산층에서 매우 편리한 것이었다. 그것은 마치 모든 것을 총망라하는 생활철학과도 같았다프로이트 자신은 이러한 분명한 의도를 부인하고 있기는 하지만. 많은 정신분석 치료를 받은 환자들은 오이디푸스 콤플렉스나 거세 공포와 같은 개념에 의해서 인생의 모든 수수께끼를 풀 수 있다고 믿었던 것이다.

만일 전세계 사람들이 정신분석의 치료를 받거나 최소한 세상의 모든 지도자들만이라도 정신분석 치료를 받는다면, 인간이 해결해야 할 심각한 정치적 문제는 하나도 없을 것이라고 믿었던 것이다. 현대를 살고 있는 개인은 자기 할아버지 세대보다 더 고립되고 더 고독을 맛보고 있으며, 정신분석으로 그 해결책을 발견해 나가고 있다. 우선 첫째로 현대의 개인은 다소의 신비적인 예배 의식의 한 구성원이요, 또한 그는 분석이라는 의식儀式을 경험을 통해 전수받은 사람 중의 하나이므로 이제는 알 만한 가치가 있는 모든 비밀을 다 알게 된 것이다.

더구나 현대의 개인은 자기가 하는 말을 동정하는 입장에서 들어주고, 조금도 자신을 비난하지 않는 어떤 사람정신분석 학자을 발견해 냈다는 만족감을 갖게 되었다. 이러한 요소는 사람들이 다른 사람들의 말을 좀처럼 들어 주지 않는 그런 사회에서는 특별히 중요한 일이다. 사람들이 서로 얘기는 하면서도 그들은 서로의 이야기를 들어주지는 않는다. 다만 다른 사람이 하는 말을 피상적으로, 또 의례적으로 들어주는 체할 뿐이다. 더군다나 정신분석학자의 중요성은 정신분석의 치료를 받는 사람들에 의해 더 부풀어오르고 있다.

정신분석 학자는 우리 시대의 영웅이 되어, 우리 생활에 있어서 그의 도움은 종교적인 세계에서의 성직자만큼이나 중요하게 되고, 어떤 정치적 조직에 있어서의 최고위직과 같은 비중을 차지하게 되었다. 이런 것 외에도 정신분석은 어린 시절의 초기 경험이 나중에 정신 발달의 원인이 된다고 강조함으로써 많은 성인들의 책임감을 덜어 주었던 것이다.

그들은 정신분석 학자들에게 자기의 어린 시절의 기억을 회상해서 계속 이야기해 주면 행복이 저절로 찾아드는 것으로 믿고 있었다. 많은 사람들은 '이야기함으로써 얻어지는 행복'이 사실이라고 믿었으며, 노력 없이는 인생에서 아무것도 성취될 수 없다는 것과, 모험을 해야 하고 종종 고통을 당하게 마련이라는 사실조차 잊어버리고 있었다. 저항이 생길 때마다 불안을 느끼면 정신분석 학자에 돈을 지불하고, 주당 5시간 정도 이야기를 나누는 것이 커다란 노력과 용기에 버금가는 일로 여겼던 것이다.

물론 이러한 사실을 완전히 잘못이라고 단정할 수는 없지만, 그것으로는 불충분한 인식이라는 것은 분명하다. 위에서 지적한 사실들이 특히 중산층이나 상류층 사람들에게 있어서는 진실에 가까운 것이었는데, 그 이유는 그들에게는 정신분석 학자에게 지불하는 돈이나 시간이 전혀 심각한 희생은 아니었기 때문이다. 그러면 환자는 무엇을 원하는 것인가?

만일 심인성心因性 두통이나 강박 관념으로 손을 자주 씻는 증세가 있던지, 또는 성적 무력증으로 괴로워하는 사람들은 이런 증상을 치료받고 싶어한다. 바로 이러한 사실이 프로이트에게 정신분석을 받고 싶어했던 환자들의 직접적인 동기였다. 일반적으로 이러한 증세를 정신분석학적으로 치유하는 일은 그다지 어려운 일이 아니었다. 이러한 환자 중에 최소한 약 50퍼센트는 치유될 수 있었다.

그러나 최근 20년 동안 정신분석 학자의 치료를 받고자 한 대다수의 환자는 이런 증상을 가진 사람들은 아니었다. 다시 말해서 그들은 전통적 의미에서의 '증상'으로 고통을 당하는 것이 아니라, 약 100년 전에 프랑스 사람들이 세기병世紀病이라고 불렀던 그런 증세 때문이다. 그들은 일반적인 불행으로부터의 고통, 다시 말해서 자기의 직업이 만족스럽지 않다거나, 결혼 생활이 행복하지 않다거나, 성경의 표현을 인용한다면 "풍요함 속에서도 기쁨은 없다"는 사실 때문에 괴로워하고 있는 것이다.

이러한 새로운 형태의 환자들은 비록 이러한 치료가 성공적이 아닐지라도 단지 정신분석적인 치료로부터 생기는 안도감을 희망할 뿐이다. 그들에게는 누군가와 이야기할 수 있다는 만족감이 중요하고 정신분석이라는 신념에 '속해' 있다는 것, 또는 정신분석이라는 '철학'을 가지고 있다는 만족감이 중요한 것이다. 이러한 정신분석적 치료의 목적은 '현실'이라는 현재의 상황에 보다 더 잘 적응할 수 있도록 도와주는 것이 대부분이고, 정신 건강도 바로 그런 것이라고 여기고 있다. 그것을 달리 표현한다면 개인적인 특별한 불행을 일반적인 불행의 수준으로 환원시키는 것과 같은 마음의 상태를 갖게 해 주는 것을 의미한다.

그러나 인간의 진정한 문제는 고독과 소외의 문제이다. 이것은 삶의 과정에서 생산적 흥미가 결여된 상황을 의미하는 것으로서, 그것은 정신분석으로는 더 이상 치료할 수 없는 것이다. 우리가 현대 정신분석학이 추구하고 있는 적응에 대해서 이야기하기 위해서는 최소한 현대 산업 사회에서 심리학이 지니고 있는 기능의 문제를 먼저 언급하지 않을 수 없다.

현대 사회란 가능한 한 마찰을 일으키지 않고서 복잡하고도 계층적인 생산 구조에 스스로 적응하게 하는 구조이다. 현대 사회는 조직적인 인간을 창조해 내며, 그와 같은 사람에게는 양심이라든지 신념이라는 것은 조금도 필요하지 않고, 단지 거대한 조직 속에서 자신이 한 개의 작은 톱니바퀴와 같은 존재가 되어 있다는 것만으로도 자부심을 갖는 것이다. 이러한 사람은 아무런 질문도, 비판적인 생각도 하지 못하며, 아무런 정열적인 흥미도 갖고 있지 않다. 왜냐 하면 그런 것들은 다만 조직의 원활한 기능을 방해한다고 보기 때문이다.

그러나 인간은 결코 물건일 수가 없으며, 또한 질문을 할 수 없도록 창조된 존재는 더욱 아니다. 따라서 비록 취업 보장이나 퇴직 연금이 확립되어 있고, 국가적으로 유명한 어떤 단체에 소속되어 있다고 해도 그는 여전히 불안한 마음을 가라앉힐 수가 없으며, 조금도 행복하다고 느끼지 못하는 것이다. 바로 여기서 심리학자의 역할이 필요하게 된다.

심리학자들은 심리 검사를 통해서 모험적이고도 반항적인 유형의 인간은 유리시키면서, 아직도 조직 생활 속에서 행복을 느끼지 못하는 사람들에게는 마음껏 욕구를 표현케 함으로써 그 사람으로 하여금 마음 속으로 누군가가 자기의 말을 들어준다는 만족감을 느끼게 하고 정신적인 위안감을 가질 수 있게 해 준다.

그리고 이들의 보다 더 중요한 기능은, 현실에 대하여 적응이 결여된 사람에게 그것이 일종의 신경증임을 분명히 말해 줌으로써 이러한 증세의 치유를 도와주고, 안전하게 사회에 적응할 수 있는 길로 나아가도록 이끌어 주는 일이다. 이러한 관점에서 심리학자는 마치 산업 사회의 성직자와 같은 존재가 되었다. 정신분석자는 개개인 한 사람의 적응된 조직인이 되는 것을 도와줌으로써 사회의 목적을 성취해 나갈 수 있도록 이끌어 주게 되는 것이다.

지금까지 산업 사회에서의 심리학의 역할이라는 문제로부터 시작하여 정신분석학과 그것의 퇴보라는 개별적인 문제를 설명하였지만, 거기에다 한 가지 덧붙이고 싶은 것이 있다. 그것은 정신분석 운동 그 자체가 점차 관료화되어 간다는 점이다. 물론 프로이트는 그 자신의 이론 체계의 순수성을 지키기 위해 애썼기 때문에 그 태도 자체가 다소 권위주의였음은 부인할 수 없다. 그러나 여기서 고려해야 할 사실은, 여러 방면으로부터의 거대한 저항을 물리치고 그 스스로 대단히 독창적인 이론 체계를 발전시킬 수 있었다는 점이다. 처음부터 독창적인 이론 체계를 거부했던 반대파들로부터 방어하는 일은, 오히려 이 이론을 지지하는 추종자들의 사회에 대한 지나친 유혹에의 굴복을 저지시키는 것에 비해서 훨씬 더 쉬웠던 것으로 생각될 수 있다.

이러한 추종자들은 의식적으로는 프로이트의 이론에 동의하기는 했지만, 실제로는 그의 이론에 대한 배신자들이었기 때문이다. 프로이트는 그가 제시한 이론의 순수성과 근본적인 본질을 지키기 위해 '7인 위원회'를 구성, 정신분석학의 발전을 도모했다. 그러나 이 위원회 자체가 일종의 지배적 관료주의의 전형적인 성격을 나타내고 말았다. 즉, 위원들 사이의 대립 관계였다.

E. 존스를 한편으로 하고, 페렌치Ferenczi와 O. 랑크를 다른 한편으로 했던 대립 관계는 매우 잘 알려진 사실이다. 이러한 대립 과정은 존스가 그의 경쟁자들이 모두 죽은 후 출간한 프로이트의 전기傳記 속에서 과격한 표현으로 기술하고 있다. 즉, 존스는 자기의 적대자였던 페렌치와 랑크가 죽기 얼마 전에 정신병에 걸려 있었다고 쓰고 있지만, 사실 그의 주장은 전연 반대되는 것이었다.[1]

---

1) 이러한 관점의 논의는 나의 저서 《S. 프로이트의 사명Sigmun d Freud's Mission》1959년에 자세하게 언급되어 있다.

정신분석의 학문적인 운동이 가속화됨에 따라, 이 활동이 지도자들에 의해서 어느 정도 통제될 필요성이 있게 되자 관료주의적 경향도 그만큼 증대하게 되었다. 이렇게 하여 프로이트의 이론을 공박하고 싶었던 사람도 주춤하게 되었고, 프로이트는 더 이상 자기의 이론을 방어할 필요가 없는 상태가 되었다. 그리하여 사태는 점차로 이상하게 전개되어 이미 말했던 것처럼 전통적인 정신분석학은 이제 초기의 급진적이고 근본적인 성격을 잃어버리고 말았다. 그리고 관료주의화된 체계는 급진적인 정신분석 이론가들을 제거해 버린다든가, 추방하는 경향까지 보이게 되었다. 이데올로기적 통제라는 것은 일반적으로 그 이데올로기의 운동 자체와 지지자들을 통제함을 뜻하는 것인데, 이러한 경향은 여기서도 마찬가지였다. 독단적 학설에 전적으로 찬동하지 않는 고참 구성원들조차도 이 집단으로부터 제외되거나 은퇴하지 않을 수 없게 되었다.

그 밖의 사람들이라도 관료주의적인 성격을 가지고 있었던 이 조직의 공식적 대표가 행한 연설을 단순히 '지루한 얼굴'로 듣고 있었다는 이유만으로도 런던의 지도 체계로부터 비난받기가 일쑤였다. 정신분석 의사들은 공식적인 기관에 속해 있지 않은 다른 정신분석 의사들이 마련한 회합에서 강연하지 못하도록 금지하고 있었다. 사태가 이렇게 되자, 정신분석 운동의 관료주의화는 자연히 이 연구의 과학적 창조성을 감소시킬 수밖에 없었다. 그 때문에 정신분석학에서 제기되었던 새로운 많은 이념들은 이 기구의 관료주의적인 행위와 인연을 끊고, 이 조직체의 외부에서 묵묵히 연구를 계속했던 학자들에 의해서 이루어지고 있었던 셈이다.

한편, 이론이 주창된 후 100년 이상의 세월이 경과한 마르크스주의의 경우는 어떻게 되었을까? 여기서도 우리는 프로이트 이론에서와 마찬가지로 이 이론의 최초의 주장에서부터 검토를 시작해야 할 것이다. 마르크스의 초기의 주장은 본질적으로는 19세기 중반에서부터 1914년의 세계 대전이 일어났던 시기 사이에 행해졌던 이론이라고 할 수 있다.

마르크스주의의 학설은, 초기에는 사회주의 운동과 마찬가지로 급진적이었고, 휴머니즘적인 성격을 지니고 있었다. 즉, 인간의 근원에로 지향한다는 의미에서 급진적이라고 말할 수가 있고, 인간이 만물의 척도이기 때문에 인간의 능력 발휘가 모든 인간의 사회적 노력의 목적과 기준이어야 한다는 의미에서는 충분히 휴머니즘적인 것이었다.

인간을 경제적 조건이라는 속박으로부터 해방시키고, 그 능력을 충분히 발전시키는 것이 마르크스의 사상과 노력의 목적이었다. 초기의 5, 60년 동안 사회주의는 그 이론 체계가 정립되어 있지 않았지만, 서구 사회에서는 가장 중요한 급진적 운동으로 나타났었다. 이러한 사실은 그 후 어떻게 되었는가? 사회주의가 성공을 거두고 권력을 쥐게 되자, 묘하게도 그 적대자인 자본주의 정신에 굴복하는 꼴이 되고 말았다. 그런데 사실상 사태의 이러한 전개는 그렇게 놀라운 일은 못 되었다. 왜냐 하면 자본주의는 초기 사회주의자들이 예상했었던 것 이상의 성공을 거두고 있었던 것이다. 즉, 사회주의자들이 예측했던 것처럼 노동자의 비참한 상태가 더욱 심각해지는 것과는 반대를, 자본주의 사회가 동원한 기술과 조직의 진보가 오히려 노동자들에게 놀라운 복지를 가져다 주었던 것이다.

물론 노동자들의 생활 수준이 높아지게 된 이면에는 첫째로 자본주의 국가가 지배했던 식민지 민중의 희생이 이것을 가능하게 해 주었으며, 또한 사회주의 정당과 노동조합이 그들 사회에서 창조된 가치의 배분에 대해서 적극적으로 개입한 결과라고 말할 수도 있다. 어쨌든 이들 여러 가지 요소가 작용한 결과로 인해 노동자의 노동조합의 지도자들은 점차로 자본주의적 정신과 생활 양식에 매혹되고 말았으며, 자본주의적 원칙에 따라서 사회주의를 해석하는 양상이 나타나게 되었다.

마르크스주의가 자본주의를 능가하는 휴머니즘적 사회, 즉 개인의 인격을 완전하게 해방시켜 주는 사회를 목표로 하고 있었지만, 당시의 대다수 사회주의자들은 사회주의를 자본주의의 체제 속에서 경제적·사회적·정치적 상황을 개선시켜 줄 수 있는 운동으로 생각하였다. 즉, 이들은 생산 수단의 사회화와 복지 국가의 실현이 곧 사회주의적인 사회의 기준으로서는 충분한 것이라고 생각하였다. 엄격한 의미에서 이런 유형의 사회주의는 본질적으로 자본주의의 원칙과 똑같은 것이었다. 즉, 그것은 경제 효과를 극대화시킨 거대한 관료주의적인 조직적 공업 사회로서, 관료주의와 효율적인 조직 체계가 개인을 종속시키고 있는 사회에 불과하다.

서부 유럽에서나 동부 유럽의 사회주의자들은 이와 같은 사회주의의 자본주의적 해석에 대해서는 의견의 일치를 보여주기는 했지만, 그들은 그들 사회의 경제적·정치적 상황에 따라서 사회 문제를 해결하는 방법에 대해서는 서로 다른 견해를 나타냈다. 서구의 사회주의 지도자들은 제1차 세계 대전의 시작과 함께 자본주의와 휴전을 맺었다. 즉, 사회주의자들은 그들의 국제주의적 성격과 평화 이론에 대한 기본적인 이론에 충실하는 것 대신에, 서부 유럽과 동부 유럽의 각진영 속의 그들의 정부를 지지하였는데, 그 이유는 이 전쟁 자체가 자유를 위한 투쟁이었기 때문이다.

　독일제국이 장기간의 전쟁에서 패전하여 무너졌을 때, 이 국가의 사회주의 지도자들은 군부의 장성들과 비밀리에 결속을 맺고 분위기가 고조되어 가던 혁명의 열기를 오히려 퇴락시키고 말았다. 이리하여 이들은 먼저 독일 군대의 성장을 지원하였고, 그 뒤 나치 세력의 기초가 된 군대와 조직의 성장을 가능하게 했다. 그 결과 나치 세력과 그들의 국수주의적 우익 집단의 힘이 미치는 압력이 증대해짐에 따라, 사회주의자들은 완전히 거기에 굴복하고 말았다.

　프랑스의 사회주의 지도자들도 이와 비슷한 길을 걸었다. 당시 기 몰레Guy Mollet가 이끌던 프랑스 사회당은 공공연하게 알제리아 전쟁을 지지할 정도였다. 스칸디나비아제국과 영국의 경우에서는 사정이 약간 달랐다. 이들 나라에서는 사회주의자들이 의회에서 점차 다수 의석을 차지하여 그 힘을 복지 국가를 만드는 데 사용하였다. 고도로 발달한 사회 복지 제도, 그 중에서도 특히 사회 보장 제도가 훌륭하게 이룩되었는데, 이러한 제도는 사실상 19세기 서구의 보수당영국에서는 디스렐리Disraeli 그리고 독일에서는 비스마르크Bismarck에 의해서에 의해 처음 시도되었던 것으로서, 미국에서는 1930년대에 루스벨트 대통령의 제창에 의해 시작되었던 것이다.

　여기에 이어서 영국 노동당은 기간 산업의 일부를 국유화시켰다. 그들은 이러한 생산 수단의 사회화 자체가 진정한 의미에서 사회주의의 기초가 될 수 있으리라고 믿었기 때문에 이러한 조치를 취했던 것이다. 그러나 사회주의자들이 노동자들의 경제적인 이해를 만족시키고 있는 동안, 그들이 주창했던 사회주의는 인간의 조건을 기본적으로 변화시키기 위해 그 독자적인 꿈을 완전히 잃어버렸다. 사회주의자들은 계속해서 선거에 패배했기 때문에, 이것을 만회하기 위하여 거의 모든 급진적인 목표를 단념해 버리고 말았다. 독일에서도 역시 똑같은 과정이 진행되었다.

독일의 사회민주당은 거의 모든 사회주의자들의 초기의 목표를 포기했을 뿐만 아니라, 국가주의적인 나치 이론과 군사 재무장의 주장을 인정했기 때문에 사회민주주의의 정책과 사회당에 반대되는 정당의 정책 사이에는 별 다른 차이가 없게 되었다. 러시아에서는 서구에서의 발전과 견주어 볼 때 겉으로는 상당히 대조적인 것처럼 보이기는 하지만, 사실상 몇 가지 공통점을 발견할 수가 있다.

서구의 여러 나라와는 달리 러시아는 기존의 공업 중에서 일부는 고도로 발달되었어도 전체적으로 완전하게 공업화된 나라라고는 말할 수 없다. 즉, 인구의 4분의 3은 농민이었고, 그 대부분은 가난했었다. 러시아 황제의 측근에 의한 지배는 대단히 부패했으며, 거의 무능한 상태에 있었다. 게다가 특히 제1차 세계 대전은 러시아인에게 승리를 가져다주는 것 대신에 심각할 정도의 출혈을 강요하기에 이르렀다. 케렌스키Kerenski와 그 밖의 지도자들에 의한 1917년의 첫 혁명은, 주로 이들 주도자들이 전쟁의 종결을 반대함으로써 국민의 지지를 상실했기 때문에 실패하고 말았다.

그 결과 국가 권력은 레닌에게로 넘어갈 수밖에 없었다. 더욱이 그 당시 러시아는 마르크스의 이론에 의하여 사회주의 체계를 당장 건설할 정도의 경제 조건을 구비하고 있지는 못했다.

레닌은 서구, 특히 독일에서의 사회주의 혁명이 폭발할 것에 모든 희망을 걸고 있었다. 그러나 레닌의 이 희망은 실현되지 못했고, 볼셰비키 혁명도 해결 불가능한 숱한 과제에 직면할 수밖에 없게 되었던 것이다. 1922~1923년 들어와서는 독일에서 사회주의 혁명이 일어날 수 있으리라는 희망이 완전히 사라졌고, 또한 레닌도 중병에 걸려 1924년에 사망하고 말았다.

이리하여 레닌은 그 자신이 해결해야 할 수많은 딜레마에서 벗어나게 된 셈이다. 스탈린은 마르크스와 레닌의 이름을 이용하면서 현실적으로는 러시아에다 국가 자본주의적인 성격의 사회를 건설하는 데 전념하고 있었다. 그는 새로이 경영자적 관료들로 하여금 국가의 산업을 독점적으로 조직하고 관리할 수 있게 함으로써 서부 유럽의 자본주의 국가에서 발달한 것과 같은 중앙집권적이고도 관료주의적인 공업화의 방법을 오히려 서부 유럽보다도 한층 더 완벽한 형태로 급속하게 받아들이고 있었다.

농업 종사자들을 근대 산업화에 필요한 훈련된 기능공으로 급속하게 길러내기 위해서, 또 기간 산업 건설에 소요되는 자본의 급속한 축적을 위해서 국가는 수많은 국민들의 희생을 강요하지 않을 수 없었다. 스탈린은 이러한 목적을 달성하기 위해서 두 가지 방법을 사용했다. 그 하나의 방법은 폭력과 공포의 정치였다.

이러한 정치는 스탈린 자신의 시기심과 개인적인 권력 추구를 위한 끝없는 욕망 때문에, 단순히 경제적 목적을 위해서 필요한 것 이상으로 심각하게 반영되었다. 그리고 사실 이러한 정책들은 여러 가지 의미에서 그의 경제적인 입장을 약화시키는 것이 되고 말았다. 스탈린이 사용한 두 번째의 방법은 자본주의가 이용한 것과 같이 더욱 많은 노력을 투자하면 그만큼 수입도 증대하게 된다는 자극적인 정책이었다.

이러한 정책은 노동자·관리자·농민들에게 그들의 일을 한층 더

능률적으로 수행하게 하는 데 상당한 효과가 있었다. 진보의 가장 효과적인 동기가 될 수 있는 것은 '이윤의 추구'라고 확신하고 있었던 자본주의 경영인들에게조차도 러시아의 이러한 자주적인 정책 체계가 호의적으로 인식되기도 했다. 특히 노동조합이 그들의 관리 기능에 쓸데없이 간섭하려는 서부 유럽 사회의 성격을 골치 아프게 생각한 경우는 더욱더 그러한 것 같았다.[2]

스탈린이 사망하기 직전에 이르러서는 러시아는 소비 증대에 소요되는 요건을 부분적으로나마 충당시킬 수 있는 기초를 마련할 수가 있었다. 또한 상당수의 국민이 공업 종사자로서의 기술 훈련을 받았기 때문에, 공업 사회 체제나 정치에 대한 부분적인 비판이라든가, 관심조차 둘 수 없게 했던 이전의 공포 정치나 경찰국가적 성격도 서서히 변모하게 되었다. 따라서 단순히 비판적인 사상을 표명했다는 사실 때문에 어느 날 아침 갑작스레 체포될 수 있다는 공포로부터 조금쯤은 벗어날 수가 있었다. 물론 여전히 공포의 경찰국가적 성격이 그대로 지속되고 있었지만.

스탈린 격하 운동은 1961년 가을에 열린 공산당 전당대회에서 완성을 보았으며, 동시에 새로운 공산당의 계획이 승인되었다. 이러한 사실은 곧 소련이 스탈린주의자의 시대로부터 후루시초프 시대에로의 이행을 뜻하는 것이었다. 이 시기는 여러 가지 요소에 의해 특징적으로 설명될 수 있다. 즉, 경제적으로는 완전히 중앙집권적인 국가 자본주의의 체제를 이루어 현대산업주의의 독점 원리의 최종적인 성격을 보여주었고, 사회적으로는 국민들에게 어느 정도의 여건을 고려해 주는 부분적인 복지 제도가 마련되었으며, 또한 어느 정도 합법

---

2) 《인간은 이겨도 좋은가? - 외국 정치의 기능과 사실에 관한 연구》 pp. 46~86

주의가 이루어진 것처럼 보였다.

그러나 실질적으로는 사상 및 정치적 활동은 철저하게 감시받고 있었으며, 여전히 마음대로 구속하는 경찰국가로 유지되어 오고 있었다. 시민들은 아예 처음부터 그들이 할 수 있는 것과 할 수 없는 것을 구분해서 그 한계에 따라 행동하는 습관을 익히게 되었다. 문화적으로나 심리학적으로 살펴볼 때 후루시초프주의가 가지고 있는 이론 체계는 캘빈주의적인 윤리와 노동·가족·의무 등의 조국에 대한 도덕성의 성격도 어느 정도 보여주고 있기는 하다. 그러나 그것은 마르크스의 이념에 가까운 것이 아니다. 그것은 페탕Pétain의 이념이나 살라자르Salazar의 이념과 비슷하다고 말할 수 있다.

오늘날의 소련은 '자본주의자'의 국가보다도 여러 가지 면에서 훨씬 더 반동적이고 보수적인 강대 국가이다. 즉, 개인적인 활동이 정부의 일반적인 정치·경제 계획과 상치될 수 없는 한계점을 가지고 있다. 소련의 체제는 그 무렵까지 이데올로기적인 면에서는 마르크스·엥겔스·레닌이 주창했던 혁명적 사회주의의 이념을 이용하여 대중들에게 사명감 같은 것을 부여하고 있는 실정이었다. 그러나 이러한 이념적인 성격이 가지고 있는 효과는 점점 약화되고 있었다. 그리하여 마침내 오늘날 서방 세계에서 그리스도교의 이념이 단지 이데올로기로서 사용되고 있는 상황, 즉 이러한 이념을 표명하는 대다수의 사람들에게조차도 효과적인 영향력을 미치지 못하고 있는 상황에 놓여 있었다.

이제까지 설명한 사실들을 미루어 볼 때, 정신분석학과 사회주의자 운동은 그들의 패배를 고하고 있는 비극적인 양상으로 종결되고 있다고 말할 수 있지만, 희망적인 면도 있다. 정신분석적 급진주의는 관료주의에 의해 완전히 사멸된 것은 아니었으며, 정신분석학의 근본 사상이 완전히 질식된 것도 아니었다.

정신분석 의사들은 서로 다르긴 하지만 새로운 이론과 방법들을 발견해 내기에 노력하고 있으며, 새로운 개념을 끄집어 내려고 시도하고 있다. 이들은 모두가 무의식 과정에 대한 프로이트의 고전적 발견에서 그 출발점을 마련하고 있지만, 그 동안 새로운 치료 경험이나 생물학과 의학의 진보, 철학과 이론 물리학의 발전에 따르는 자극을 받아서 점차 새로운 사고 방식을 사용하고 있다.

사실 이들 중에는 프로이트의 이념과 매우 가까운 위치를 점유하고 있는 사람도 있고, 전혀 다른 경향을 보이고 있는 사람도 있다. 그러나 이들 모두에게 있어서의 공통 요소는 정신분석적 관료주의의 사상 통제로부터 자유롭게 되어서, 이 자유를 창조적인 정신분석학 이론과 치료 방법의 발전을 위해서 충분히 활용하고 있다는 점이다.

사회주의는 정신분석 이론보다 훨씬 더 중요한 역사적 의미를 가지고 있어서, 그 이론의 반대자나 적에 의해서도 결코 파괴된 일이 없었다. 이 세상에는 마르크스의 사회주의를 표명하고 개선하려고 하는 급진적인 휴머니즘적 사회주의자들이 있어서 이들이 소련의 공산주의자들과 판이한 휴머니즘적 사회주의를 성장 발전시키는 데 애쓰고 있다. 그러나 마르크스의 정신을 부르짖고 있는 이들의 목소리는 아직도 미약하고 고립되어 있는 형편이다. 그렇지만 그들은 분명히 존재하고 있으며, 만일 인류가 핵전쟁이라는 최고의 광기를 피하고자 하기만 한다면, 새로운 국제사회주의자 운동이 동서양의 휴머니즘의 원리와 약속을 실현시켜 줄 수도 있다는 희망을 줄 수도 있다.

10
몇 가지 연관된 개념들

이 책의 주요 부분에서 설명한 개념들의 전제와 결과 중에는 프로이트와 마르크스의 제도·철학·예술·종교 등과 상호 의존한다고 가정하였다. 그런데 어느 장章의 분류에도 속하지 않은 개념들이 남아 있다. 이번 장에서는 이러한 몇 가지 개념들을 살펴보고자 한다.

첫째로 생각해 볼 개념은 '사고'와 '관심'의 관계이다. 심리학과 사회학은 모두 인간을 연구의 대상으로 하고 있다. '나'는 다른 대상과 마찬가지로 인간을 관찰함으로써 인간에 대해서 많은 것을 알 수가 있다. 나라는 관찰자는 대상을 관찰하고 기술하고 측정하고 평가하기 위해서 나의 '대상'object'란 말은 반대라는 말과 같은 어원을 가지고 있으며, 독일어에서는 이 말이 대립이란 뜻을 가지고 있다과 대립하지만, 그것이 대상인 한 살아 있는 인간 본연의 존재로서는 이해할 수가 없다.

나는 다만 그와 관계를 맺고 있는 상황 속에서만 인간을 이해할 수 있다. 다시 말해서 그가 분리된 대상이 되는 것을 중지하고 나의 일부분이 되거나, 좀더 정확히 말해서 그가 '내가 아닌 것'으로 남아 있으면서도 '내'가 될 때 그를 이해할 수 있다. 내가 거리를 두고 있는 관찰자인 한 나는 표면적인 행동만을 보게 되며, 이것이 내가 알고자 하는 모든 것이라면 나는 단지 관찰자인 것에 만족해할 수 있다.

그러나 이런 입장에서 다른 사람의 전체성, 즉 그의 완전한 실재성은 파악되지 않는다. 내가 이런저런 측면에 입각해서 그를 기술하긴 하지만, 아직 그를 만난 것은 아니다. 내가 마음의 문을 열어서 그에게 반응할 경우에만, 즉 정확히 말해서 그와 관계를 맺어야만 그를 볼 수 있는 것이다. 그를 보는 것은 그를 안다는 것이다.

만일 내가 나 자신으로만 채워져 있다면 어떻게 다른 사람을 볼 수 있을까? 자신으로만 가득 채운다는 것은 자신의 이미지, 자신의 탐욕 또는 불안에 사로잡혀 있음을 의미한다. 그러나 그것이 자기 자신임을 의미하는 것은 아니다. 사실 다른 사람을 보기 위해서는 나 자신이 될 필요가 있다. 나 자신의 공포·비애·고독·희망, 또는 사랑을 느끼지 않고 어떻게 그의 공포·비애·고독·희망·사랑을 이해할 수 있겠는가?

내가 나 자신의 인간적 체험을 동원할 수 없다면, 그리하여 다른 사람과 관계를 맺을 수 없다면, 그에 관해서 많은 것을 알 수는 있겠지만, 결코 진정으로 그를 알지는 못하게 될 것이다. 마음의 문을 여는 것은 그를 내 속에 채우는, 말하자면 그에게 젖어들 수 있게 해주는 조건이다. 그러나 나는 나일 필요가 있다. 그렇지 않고는 어떻게 내가 마음의 문을 열 수가 있겠는가?

나는 나 자신일 필요가 있다. 즉, 나 자신의 진정하고 특유한 자아가 되어야만 자신을 투사할 수가 있고, 이 특유한 자아의 현실에 대한 환상을 초월할 수가 있는 것이다. 자신의 주체성을 확립하지 않는 한, 모태로부터 가족으로부터 종족과 국가라는 인연으로부터 완전히 벗어나지 않는 한, 다시 말해서 나 자신이 하나의 완전한 개인, 즉 자유인이 되지 않는 한, 나는 이 개인성을 버릴 수 없다. 그리하여 나라는 존재는 파도 위에 떨어지는 한 방울의 물방울, 즉 촌음寸陰을 지속하는 개체에 불과하다는 점을 체험할 수가 없게 된다.

관계를 맺는 것, 참여하는 것은 관심을 갖는 것을 뜻한다. 내가 만일 멀리 떨어져 있는 관찰자라기보다는 참여자일 때 나는 관심을 갖게 된다관심을 가진interesse이란 말은 '참여하는tobe-in'이란 뜻이다. 참여한다는 것은 밖에 있지 않음을 뜻한다. 내가 안에 있으면 세계는 나의 관심거리가 된다. 이와 같은 관심은 파괴에 대한 관심일 수도 있다. 마치 다른 사람을 살해하려는 사람의 관심이 세계를 파괴하려는 것인 것과 마찬가지로, 자살하려는 사람의 자기 자신에 대한 관심은 자기 자신을 파괴하려는 관심이다.

그러나 이 후자의 관심은 병적인 관심이다. 삶이 그 자체를 지속시키는 경향은 인간이 선하기 때문이 아니라, 그것이 바로 삶의 속성이기 때문이다. 또한 세계에 참여하는 것은 삶과 자신 및 모든 다른 존재의 성장에 관심을 갖고 있음을 뜻하는 것이다. 관심이 가미된 지식, 즉 참여 지식은 돕고 싶은 욕구로 이어진다. 그것은 넓은 의미에서 치료적 지향성을 지닌 지식인 것이다.

이와 같은 지식은 불교사상 속에서 그 고전적인 표현을 찾을 수 있다. 부처가 늙고 병든 사람과 죽은 사람을 보았을 때, 그는 멀리 떨어져 있는 관찰자로만 있지는 않았다. 그는 어떻게 하면 인간이 고통에서 구출될 수 있는가 하는 문제에 관해서 생각하게 되었다. 부처로 하여금 인간이 탐욕과 무지로부터 자신을 해방시키면 고통으로부터 벗어날 수 있다는 발견에 이르게 했던 것은 바로 인간을 도우려는 그의 관심이었다.

일단 세계로의 방향 설정이 열렬한 관심이 되면, 세계에 대한 모든 생각이 다른 방향을 취한다. 이것에 대한 가장 단순한 예로 우리는 의학을 들 수 있다. 고치려는 소망이 없었다면 의학적 발견이 얼마나 진전되었을까? 프로이트의 모든 발견에 기초가 되는 것도 이와 같은 관심이다. 그가 정신 질환을 치료하려는 욕구에 충동받지 않았더라면, 정신병적 증상과 꿈에 나타나는 갖가지 변장된 상태의 무의식을 어떻게 발견할 수 있겠는가?

되는 대로의 무관심한 관찰로부터 중요한 지식을 얻는다는 것은 말할 것도 없이 극히 드문 일이다. 지성에 의해 제기된 모든 문제는 우리의 관심에 의해서 결정된다. 이 관심은 지식에 반대된다기보다는 오히려 바로 그 지식의 조건이다. 다만 그것이 이성과 혼합된 때, 다시 말해서 사물을 있는 그대로 보는 능력을 겸비한 때이다. 이 점을 보는 데 있어서 나는 정신분석가로서의 활동을 통해 많은 도움을 받았다. 나는 환자의 등 뒤에 앉아서 그의 연상에 귀 기울이면서 그를 분석하는 엄격한 정통 프로이트 학파의 과정에 따라 훈련받았다.

이와 같은 정신분석 기법은 실험실에서 행해지는 실험 방법을 모델로 한 것이다. 즉, 환자는 '대상'이 되고, 분석가는 환자의 자유 연상과 꿈 등을 관찰하며, 그 환자에 의해 제시된 자료를 분석하였다. 분석가는 참여자라기보다는 멀찍이 떨어져 있는 관찰자, 즉 거울과 같은 것으로 생각되었다. 그런데 나는 이런 식으로 일하는 것에 더 이상 만족할 수가 없었다. 무엇보다도 분석 작업 중에 때로는 피곤해지고 심지어는 졸음이 오기까지 하였다. 그리고 분석 시간이 끝날 때는 종종 안도감을 느끼기도 하였다.

그러나 더 나쁜 것은, 점차로 나 자신이 환자를 진정으로 이해하지 못하고 있다는 생각이 들기 시작했다는 점이다. 그리하여 나는 '해석하는' 법을 배웠던 것이며, 그것도 환자의 연상과 꿈이 나의 이론적 예상에 정확히 들어맞을 정도로 충분히 배웠던 것이다. 그러나 여전히 나는 환자에게라기보다는 그에 관해 말하고 있었으며, 이해해야만 했던 많은 것을 이해하지 못했다. 처음에 나는 아주 당연하게 이 모든 의심은 경험 부족 때문이라고 생각했다. 그러나 경험이 늘어가도 그 의심이 줄어들기는커녕 오히려 더 커가자, 나는 내가 사용하던 방법에 대해서 의심을 품기 시작했다.

나와 비슷한 체험을 했던 동료들에 의해 자극받고 고무되어, 나는 새로운 방법을 찾으려고 모색하기 시작했다. 결국 나는 단순한 원리를 발견했다. 관찰자가 되는 대신에 참여자가 되어야 했던 것이었다. 환자들과 함께 몰두해야 했던 것이다. 즉, 주변에서 주변으로만 맴돌지 말고 중심에서 중심으로 지향해야 한다는 사실을 발견하였던 것이다. 나는 이전에는 그 환자에게서 발견치 못했던 것을 볼 수 있게 되었음을 깨달았다.

그가 하는 말을 해석하기보다는 그를 이해하기 시작했고, 이제는 분석 시간에 더 이상 피곤함을 느끼지 않았다. 동시에 치료에 완전히 몰입하면서도 아주 객관적일 수 있음을 체험하였다. 여기서 '객관적'이란 말은 내가 원하는 존재로 환자를 보는 것을 의미하는 것이 아니라, 있는 그대로 보는 것이다. 그러나 이러한 객관적 태도의 유지는 환자로부터의 존경이나 복종, 심지어는 그의 치유까지도 바라지 않는, 즉 자신을 위해서는 어떤 것도 바라지 않을 때에만 가능하다.

이 말이 우리의 사고를 풍요롭게 해 주는 것은 정확히 말해서 돕고자 하는 소망이라는 말과 모순되는 것처럼 들린다면, 나는 실제로는 아무런 모순도 없음을 강조하고 싶다. 돕고자 하는 순수한 소망이 있다면 나는 나 자신을 위해서는 그 어떤 것도 바라지 않으며, 그 환자가 호전되지 않을 때에도 나의 자부심은 조금도 손상되지 않으며, 호전된다 해도 나의 업적에 도취되는 일이 없다.

심리학에서의 진리는 사회학에서도 역시 진리이다. 만일 내가 사회에 관심이 없다면, 나의 사회에 관한 사고는 초점을 잃는다. 그것은 맹목적인 모색에 불과하다. 물론 그 맹목성은 자료의 수집과 인상적인 통계 수치에 의해서 감춰질 수는 있다. 그러나 내가 인간에 대해 관심을 가지게 되면 — 그런데 개인에 대한 관심이 어떻게 해서 그가 소속하고 있는 사회에 대한 관심과 분리될 수 있겠는가? — 나는 사회가 야기하는 고통에 괴로움을 느끼고, 그 사람이 완전한 인간이 되도록 도와줄 만큼 그 고통을 경감시키고자 하는 욕구에 고무된다.

우리가 인간에 대해 관심을 가지면 이 관심은 여러 가지 문제들을 제기한다. 그가 어떻게 하면 그의 가능성을 실현할 수 있을까 하는 물음들이 그것이다. 마르크스로 하여금 그의 위대한 발견에 이르게 한 것도 바로 이런 관심이었다. 그의 발견은 다른 과학적 발견과 마찬가지로 모두 옳은 것은 아니다. 사실 과학의 역사는 착오의 역사이다. 이것은 프로이트의 이론에 있어서와 마찬가지로 마르크스에게도 부합되는 말이다.

문제는 새로운 통찰력이 반드시 진리의 마지막 표현이라는 것이 아니라, 미래의 보다 더 큰 발견에 도움이 된다는 것이다. 그리고 무엇보다도 진리를 발견함에 있어서 인간이 좀더 각성하게 됨으로써 자신을 변화시킬 수 있고, 이러한 보다 위대한 각성을 후손에게 전수할 수 있다는 점이다. 관심과 지식 사이의 상호 연관성은 종종 이론과 실제 사이의 상호 연관성이란 관점에서 표현되었고, 또 그것이 옳았다. 마르크스가 말했듯이, 세계는 해석해야 하는 것이 아니라, 변화시켜야 하는 대상인 것이다.

사실 변화의 의도가 없는 해석은 공허한 것이며, 해석 없는 변화는 맹목적이다. 해석과 변화, 이론과 실제는 결합될 수 있는 별개의 요소는 아니다. 그것들은 지식이 실제에 의해서 풍요로워지고, 지식에 의해 인도되는 식으로 상호 관련되어 있는 것이다. 이론과 실제는 일단 분리되는 것을 중지할 때 그들의 속성을 변화시킨다. 이론과 실제 간의 상호 연관성의 문제는 또 다른 일면을 갖고 있다. 그것은 지능과 인격의 관계이다.

사실상 모든 개인은 어느 수준의 지능을 갖고 태어나며, 어떤 심리적인 요인도 그가 백치이거나 천재라는 사실과는 관계가 없다. 그러나 백치와 천재는 예외이다. 나는 이 양극단적인 범주의 어느 편에도 속하지 않는 무수히 많은 사람들의 어리석음을 통감하게 되었다.

내가 여기서 말하고 싶은 것은 지능 검사에 의해서 측정될 수 있는 지능의 결여를 말하는 것이 아니라, 분명하지 못한 현상의 원인을 이해하지 못하는 무능한 성격을 말하는 것이다. 즉, 동일한 현상 속에 들어 있는 모순을 파악하거나, 서로 다르고 명백히 관련되어 있지 않은 요소들 간의 관계를 발견할 수 있는 능력의 결여를 말하는 것이다.

이와 같은 우둔함은 사람들이 개인 관계와 사회적인 일에 관해서 갖고 있는 견해 속에 가장 잘 나타나고 있다. 사람들은 왜 개인적인 일과 사회적인 일의 가장 명백한 사실들을 보지 못하고, 결코 문제

삼지도 않고 끊임없이 반복되는 상투어에만 집착하는 것일까? 선천
적인 기능을 뺀 지능이란 거의 독립심·용기·활발함의 기능이며, 어
리석음은 복종·공포, 그리고 정신적인 죽음의 결과이다.

지능의 본질적인 부분이 지금까지 무관한 것으로 보아 왔던 요소
들 가운데에 관련성을 찾아내는 능력에 있다면, 상투어와 관례에 집
착하는 사람은 감히 그와 같은 관련성을 인정하려 하지 않을 것이
다. 자신이 다른 사람들과 다르다는 것을 두려워하는 사람은 허구를
있는 그대로 인정하려 하지 않을 것이며, 따라서 현실을 밝히는 것으
로부터 충격을 받게 될 것이다.

안데르센 동화에 나오는, 임금님이 발가벗고 있다는 것을 알고 있
는 작은 소년은 결국 어른들보다 지능이 높은 것이 아니라, 순응하는
데 그다지 열의를 보이지 않았을 뿐이다. 더욱이 어떤 새로운 발견은
곧 모험인 것이며, 모험이란 어느 정도의 정신적 안정뿐만 아니라, 삶
이 긴장의 완화와 고통의 회피 이상이라고 생각하는 사람들에게서
만 볼 수 있는 생명력과 기쁨도 필요로 한다. 우둔함의 일반적인 수
준을 낮추기 위해서는 더 이상의 지성이 아니라 다른 성격, 즉 독립
심이 있고 모험심이 강하며 삶을 사랑하는 마음이 필요한 것이다.

지성의 문제에 관한 한 그것의 또 다른 측면, 즉 지성화와 언어의
오용이 지니는 위험이라는 측면을 얘기하지 않을 수 없다. 언어란 아
무런 의미 없이도 사용될 수 있고, 우리는 외국어를 배우듯이 철학
적·종교적·정치적 이념들도 배울 수 있다. 사실 피해야 할 가장 큰
위험은 말과 사실을 혼동하는 것이며, 말에 대한 이와 같은 맹목적
인 숭배는 현실의 이해를 방해한다. 이것은 모든 분야 중에서도 종
교·정치·철학의 분야에서 관찰될 수 있는 일이다. 대다수의 미국인

은 신을 믿고 있지만, 무작위적 관찰에서 과학적으로 조직화된 관찰에 이르기까지 모든 관찰의 견지에서 볼 때, 이와 같은 신에 대한 믿음은 행동과 실생활의 품행을 위해서는 거의 아무런 의미도 지니지 못하고 있는 것이 명백한 듯하다. 대부분의 사람들이 건강·돈·교육에 관심을 보일 뿐, 신에 대해 관심을 가질 때 일어날 수 있을 문제들에는 전혀 관심이 없다.

우리는 소비에 굶주리고 생산을 자랑스럽게 생각하고 있는 존재들이며, 명백히 우리들이 '무신론적인' 것으로 비난하는 물질주의의 모든 특징을 골고루 보여주고 있다. 우리의 신에 대한 신앙 고백 가운데에서 진지하게 받아들여도 좋은 것이 있다면, 그것은 신이 하나의 우상이 되어 버렸다는 사실을 인정하는 것뿐이다. 그것은 우리의 조상들이 숭배했던 나무나 돌로 된 우상이 아니라, 말과 교리의 우상인 것이다.

우리는 매순간 '신의 이름을 헛되이 부르지 말라'는 계명을 어긴다. 그런데 이것은 신의 이름을 공허하게 부르는 것을 뜻하는 것이지, 말로 표현할 길 없는 체험을 더듬거리며 표현한다는 뜻은 아니다. 우리는 사람들이 신을 믿는다고 말하기 때문에 그들을 종교적인 사람들이라고 생각한다. 그 말을 하는 데 그렇게 어려울 것이 있겠는가?

거기에는 그 말을 입 밖에 발음하는 것 이상의 어떤 사실이 존재한단 말인가? 여기서 내가 명백히 말하려고 하는 것은 언어의 이면에 있는 현실을 구성하는 체험에 관한 것이다. 이 체험은 무엇인가? 그것은 우리 자신을 인간성의 한 부분으로 인정하는 것이며, 사랑과 정의와 진실에 대한 완전한 체험이 그에 따르는 가치 체계에 따라서 사는 것이다.

그것은 사랑과 이성의 힘이 세계와의 새로운 조화를 이룰 수 있을 정도로 끊임없이 발전시키려는 노력을 의미한다. 그것은 또한 겸허해지려는 노력이고, 모든 존재와 자신 사이의 일치성을 찾으려는 것이며, 파괴할 수 없는 자아의 환상을 버리는 것을 뜻한다. 그것은 또한 가이사Caesar*에 속하는 것과 신에 속하는 것을 혼동하지 않는 것을 뜻한다. 가이사의 영역 안에서라면 어떤 사람이 다른 사람보다 더 많은 권력·재능·지능·업적을 누릴 수 있다.

그러나 성경 안에서는 어느 누구도 다른 사람보다 우세할 수도 열등할 수도 없다. 이 영역 안에서 우리 모두는 인간 이외의 아무것도 아니다. 성자이자 죄인이며, 영웅이자 비겁자인 것이다. 가이사의 영역과 신의 영역이 더 이상 혼동을 일으키지 않는 진정한 체험에 도달하는 것은 '가이사의 것은 가이사에게, 하나님의 것은 하나님께'〈마태복음〉 제22장 15~22절라는 말의 이면에 놓여 있는 현실의 본질적인 한 부분인 것이다.

두 영역 간의 이와 같은 구별은 권력에 대한 종교적 체험의 가장 중요한 양상 가운데의 하나에 접하게 해 준다. 가이사의 영역은 권력의 영역이다. 육체적인 존재로서의 우리는 모두 힘에 종속된다. 권총을 한 자루 갖고 있는 사람이라면 누구든 우리를 죽이거나 투옥할 수 있다. 우리의 생활 수단을 통제하는 사람은 우리를 굶게 할 수도 있고, 또는 그의 명령에 따르도록 강요할 수도 있다. 살기를 원하는 한 기회가 주어지면 우리는 복종하든지 싸우든지 해야 하는데, 종종 기회라곤 없다. 힘이 삶과 죽음, 자유와 굴종을 결정해 주는 것이기 때문에, 그것은 우리의 신체뿐만 아니라 정신에까지도 깊은 영향을 미친다.

---

* 성경에 나오는 로마의 왕

우세한 힘을 지닌 자는 존경받고 신성시된다. 그가 우리를 노예화한다 하더라도 그는 언제나 현명하고, 심지어는 언제나 선하다고 인정한다. 왜냐 하면 우리는 사악한 사람들에게 복종할 것을 거부할 수 없을 만큼 무기력하다는 사실을 받아들이기보다는, 선하고 현명한 사람들에게 자발적으로 복종하길 더 좋아하기 때문이다. 우리는 권력을 찬양하는 한 가이사의 가치를 받아들인다.

그리고 우리가 신을 권력과 결부시킨다면, 그 때 우리의 신을 가이사로 바꾸어 버리는 가장 불경스러운 행위를 저지르는 것이다. 그러나 정확히 말해서 이것은 수천 년 동안 인간이 행해 온 일이다. 순수한 정신적 체험은 결코 권력을 지혜와 선량함을 지닌 것으로 찬양하지 않는다. 그런 체험의 모토는 예언자의 말대로 "주님은 권세와 권력으로 말씀하시는 것이 아니라 나의 영으로 말씀하시는 것"〈스가랴〉 제4장 6절이다.

종교의 발달은 인간의 자각과 개별화라는 사실과 밀접하게 연관되어 있다. 자각의 발달과 더불어 인간은 자신이 타인과 분리되어 있음을 체험했던 것 같다. 이러한 체험은 극도의 불안을 야기시켜, 이 불안을 극복하기 위해서 분리를 중지하고 세계와 결합하고자 하는 열정적인 욕구를 발전시켰던 것이다. 인간은 수십만 년 동안 그가 왔던 곳으로 되돌아가고, 또다시 자연과 하나가 되려고 시도했다. 그는 동물과 하나가 되기를 원했고, 나무와 하나가 되기를 원했다.

그는 인간이라는 사실이 가져다주는 점과, 자기와 세계에 대한 의식을 가지고 있다는 주된 문제를 벗어던지기를 원했다. 그는 여러 가지 방식으로 이와 같은 합일을 이루려고 시도하였다. 그는 나무나 강을 숭배했고, 자신과 동물을 동일시했으며, 동물처럼 느끼고 행동함으로써 이러한 꿈을 실현하려 하였다. 혹은 술이나 약이나 성적 탐닉을 통해서 자기의 의식을 제거하고 자기가 인간임을 잊으려고 했다.

결국 그는 자신을 위한 우상을 만들고 거기에다 그가 갖고 있던 모든 것을 투사했고, 그 우상의 일부가 되어 그와 같은 공생적 존재로서 힘을 얻기 위해서 자식들과 가축을 제물로 바쳤던 것이다. 그러나 지금으로부터 4천 년도 안 된 때에 인간은 결정적인 전환을 이룩하였다.

그는 자기의 인간성을 제거하는 것으로는 합일에 이를 수도 없고, 결코 낙원의 순진 무구함으로 회귀할 수도 없으며, 원시로 되돌아감으로써는 자연을 초월하면서도 자연 속에 존재하는 인간으로서의 문제를 결코 해결할 수 없다고 생각했다. 그는 그가 완전히 인간적인 존재가 되어, 인간과 자연의 새로운 조화를 발견하고 세계 안에서 편안함을 느낌으로써만 그의 문제가 해결될 수 있음을 인정하였다.

이와 같은 새로운 통찰력은 기원전 1500년과 500년 사이에 세계의 도처에서 체험되었다. 노자는 중국에서, 부처는 인도에서, 에크나톤Eknaton은 이집트에서, 모세는 팔레스타인에서, 철인들은 그리스에서 각각 그것을 발견하였다. 이 서로 다른 발견의 이면에 놓여 있는 체험은 정확히 동일한 것이 아닐 수도 있다. 사실 두 사람 이상이 정확히 동일한 체험을 한다는 것은 불가능하다. 하지만 그들의 체험은 본질적으로 동일한 것이었다.

그럼에도 불구하고 그것들은 전적으로 다른 방식으로 표현되었다. 노자와 부처는 신에 관해 전혀 언급하지 않았다. 노자는 도에 관해서, 부처는 열반과 깨달음에 관해서 말하였다. 그리스의 철인들은 원리와 원초적 물질 또는 부동의 동인動因에 관해서 말하였다. 반면에 이집트인들과 히브리인들은 전혀 다른 개념들을 사용하였다. 중앙 집권적 전통을 갖고 있긴 했지만, 강력한 조물주가 통치하는 약소국이었던 그들은 하늘과 땅의 지배자인 지고至高의 존재자를 상상하고 있었다.

히브리인들은 우상에 대항하여 싸웠고, 어떤 종류의 것이든 신의 형상을 만들지 못하도록 금하였다. 가장 위대한 철인이었던 마이모니테스Maimonites는 천 년 후에 신의 긍정적인 속성에 대한 언급도 용인할 수 없는 것이라고 선언하였다. 그러나 표현 불가능한 것이 표현되어 있는 형식으로서의 신의 사고 개념은 유대교와 기독교에 존속하고 있었으며, 그런 까닭에 그것들은 서구의 종교적 체험의 지배적인 개념이 되었다. 18세기와 19세기에는 많은 사람들이 이러한 사고 개념에 반대하였고, 동시에 왕과 황제에 대해서도 항거하였다.

계몽 사상과 새로운 휴머니즘 철학에서는 종교적 전통의 기반이 되는 체험이 무신론적 어휘로 표현되기도 하였다. 즉, 그것은 신에 대한 관심이라기보다는 인간에 대한 관심이 표현이었다. 그러나 그 관심은 관심이라는 점에서는 모두가 똑같았다. 그것은 인간의 완전한 성장에 대한 관심이었고, 인간을 수단이 아니라 목적으로 하고, 인간의 영적 성장을 위한 사회적 조건을 창출하려는 관심이었다.

마르크스·푸리에Fourier·크로포트킨Kropotkin·오웬Owen·주레스Jaurés·로자 룩셈부르크·고리키Gorki의 사회주의는 지난 백 년 동안 이루어진 가장 중요한 순수 종교 운동이었다.

1914년의 세계 대전과 더불어 시작된 휴머니즘적 전통의 붕괴는 이와 같은 무신론적 종교 운동을 거의 완전히 파괴시키고 말았다. 니체는 신은 죽었다고 말했다. 그러나 1914년 이후에 일어난 것은 인간

은 죽었다는 것이었다. 다만 소규모의 집단과 사람들 사이에서만 인
문주의 정신의 전통이 유지되었다. 그 대표적인 위인으로는 간디·아
인슈타인·슈바이처 등을 들 수 있다.

언어에 대한 맹목적인 숭배는 종교적 이데올로기에서와 마찬가지
로 정치적 이데올로기의 영역 내에서도 위험스럽다. 언어는 말하는
사람의 행위 및 전체적인 인격과 함께 평가되어야 한다. 말은 행위와
성격이라는 총체적인 맥락 속에서만 의미를 가진다. 이러한 요소들
간에 일관성이 없다면 말은 남과 자신을 속이는 데 이용될 뿐이다.
그것은 어떤 사실을 드러내는 대신에 숨기는 기능을 갖는다. 이러한
사실은 모두 우리가 살고 있는 바로 이 시대의 역사적 시점 속에서도
충분히 이해될 수 있는 것이기도 하다.

1914년 8월 2일 이전에 국제주의와 평화를 부르짖던 대부분의 사
회주의 지도자들은 바로 그 다음날 광적인 전쟁에 참여했다. 그들은
또 4년 후에는 겉으로는 '사회주의는 전진하고 있다'는 슬로건을 내걸
면서 혁명 후의 독일이 어떤 효과적인 사회주의로 변화하는 것을 방
해하였다. 사회주의자 무솔리니는 파시즘의 지도자가 되었다. 그러
나 그가 배신하던 날까지도 그의 말은 다른 사회주의자들의 말과 다
를 바 없었다. 히틀러는 독일의 중공업과 동서 확장을 목표로 하던
그의 체제를 '국가사회주의'라고 불렀다.

스탈린도 자기의 체제를 '사회주의'라고 불렀는데, 그것은 마르크스
적 사회주의의 특징을 이루고 있던 그 모든 인간적 가치들을 완전히
무시한, 공업화된 러시아의 신속한 건설에 기여한 체제였다. 그러나
그의 적은 물론 그의 측근들도 그 말을 진실한 것으로 받아들였다.
그런데 우리도 오늘날 프랑코Franco와 다른 독재자들을 '자유 세계

의 대표자들'이라고 부름으로써 똑같은 일을 저지르고 있는 것이다.

말에 대한 맹목적인 숭배는 현실 인식의 반대이며, 인간의 현실 탐구와 그것에 점점 더 가까워지려는 노력이 곧 인간의 성장을 특징 짓는 것이다. 그의 현실 탐구는 동시에 환상의 부정이기도 하다. 부처·모세, 그리스의 철인들 및 새로운 과학, 계몽주의 철학자들, 위대한 예술가, 물리학자·생물학자·화학자, 마르크스·프로이트 — 그들은 모두 감각과 상식의 기만적인 환영을 깨고 인간적·자연적·물질적 진실의 지각에 도달하려는 열정적인 욕구를 공통적으로 갖고 있다.

그들의 분야와 방법은 달라도, 충동과 목표는 같았다. 정신적·물질적으로 이룩한 인류의 모든 것은 환상의 파괴자이자 현실의 추구자인 이들에 힘입고 있는 것이다. 현실 추구와 환상을 벗기는 일은 통찰력과 지식을 산출할 뿐만 아니라, 그 과정에서 인간을 변화시킨다. 그 때 비로소 인간의 눈이 떠짐으로써 각성하여 세계를 있는 그대로 보며, 따라서 현실을 처리하기 위해서 자신의 지적·정서적 능력을 사용하고 개발하는 법을 배운다.

개안開眼된 사람만이 현실주의자인 것이다. 오늘날 예술과 과학 분야의 가장 창조적인 사람들의 극소수를 제외하고는 모두 똑같은 의견을 가지고 있다는 사실은 결코 우연이 아니다. 그들은 국제적 이해, 비공업화된 정치적·경제적 독립, 인간이 충분히 인간적일 수 있다는 신념, 그가 생명에 찬성하고 죽음에 반대하는 것을 스스로 결정해야 하는 필요성에 대한 확신을 공유한다. 그러나 이러한 문명의 지도자들은 현실주의자들로부터 감상적이고 어수룩하고 비현실적이라고 비난받는다.

현실주의를 대변하는 사람들은 모든 역사적 증거에 반하여 끊임없이 치닫는 군비 경쟁이 평화를 수호할 수 있다고 주장한다. 그들은 전쟁의 파괴가 가져올 결산표를 내놓고는 미국인 1억 명 이상이 죽는 것은 받아들일 수 없지만, 6천만 명 정도가 죽는다면 받아들일 수 있다고 떠벌린다. 그들은 국민을 보호하게 될 방공호 건설 계획에 관해 말하기도 하고, 핵전쟁이 발발하면 방공호가 있든 없든 대도시 인구의 대부분이 죽게 될 것이라는 사실에 대한 언급을 회피하기 위해서 환상적인 주장을 꾸며대기도 한다.

이 현실주의자들은 그들이 가장 비현실주의적이란 사실을 모른다. 과거에는 인간 사회의 많은 지역이 독립해 있었기 때문에 현실주의자들이 어느 한 문명을 파멸로 이끌었을 때에도 다른 문명은 계속해서 번영할 수가 있었다. 오늘날의 인류가 너무나 밀접하게 관련되어 있기 때문에 광기에 찬 일군一群의 현실주의자들은 수백 세대에 걸친 한 문명의 노력에 종지부를 찍을 수도 있는 것이다.

1900년도에 태어난 사람이 1914년 또는 1929년이나 1945년 이후에 태어난 사람들에게 어느 정도나 그의 체험을 전달할 수 있을지 의문스럽다. 제1차 세계 대전이 일어났을 때 나처럼 적어도 14세에 달했던 사람이라면 누구든 19세기의 탄탄하고 안정된 세계를 체험하였을 것이다. 그리고 그 사람이 당시의 중산층의 자녀였다면, 가난한 가정에서 태어난 사람보다 그 이전 시대의 안락한 측면을 훨씬 더 많이 체험했을 것이다.

그러나 인구의 대부분, 특히 노동자 계급에 속하는 사람들에게도 지난 세기 말과 금세기 초는 50년 전에 비해 생활 조건이 놀랄 만큼 개선되었던 시대였다. 그리하여 그들은 보다 나은 미래에 대한 희망으로 가득 차 있었다. 1914년 이후에 태어난 세대들은 이 전쟁이 어느 정도로 서구 문명의 기반을 뒤흔들어 놓았는지 잘 알지 못한다. 이 전쟁은 모든 사람들의 의사와는 관계 없이 그 전쟁을 가능케 하기 위해 충분한 압력을 가한 각국의 특수한 이해 집단, 또는 일부 참여자들의 묵계에 의해 발발하였다.

대체로 유럽인들은 거의 백 년 동안 큰 전쟁을 치르지 않았고, 독불전쟁 이후 거의 50년 간이나 평화를 누렸기 때문에 '전쟁은 결코 일어날 수 없다'고 생각하는 경향이 있었다. 강력한 사회주의 국가는 전쟁을 방지하기로 결심한 듯했다. 반전 및 평화주의 운동은 강력한 힘이었다. 러시아의 황제도 독일 황제도 프랑스나 영국 정부까지도 전쟁을 피할 생각인 것 같았다. 그러나 전쟁은 일어났다. 몇 달 전만 해도 국제적 결속을 주장했던 바로 그 사회주의 지도자들이 어제는 서로에게 비열한 국수주의적인 언사를 퍼부었다.

서로 이해하고 존경하던 나라들이 갑자기 광포한 증오의 발작을 일으켰다. 영국인은 독일인들에게는 한낱 비겁한 용병이 되어 버렸고, 바하와 모차르트의 음악은 더럽혀졌으며, 독일어 가운데에서 불어는 추방되었다. 그뿐만 아니라, 민간인들을 죽이는 것에 반대하는 도덕률도 무너졌다. 양 진영은 무방비 상태의 도시들에 폭력을 가하고 여자들과 아이들까지도 살육했다. 이러한 공습의 범위와 강도를 제한하였던 것은 항공 기술의 미발달뿐이었다. 그러나 병사들의 운명은 인간성의 모든 요구에 대립되었다.

양 진영의 수백만이나 되는 사람들이 적의 참호를 공격하도록 강요받았고, 그런 전략이 쓸모없는 것임이 분명했을 테지만, 그 와중에서 무수한 사람들이 죽어 갔다. 그러나 최악의 사태는 무엇보다도 이 대살육이 거짓말 위에 근거하고 있었다는 점일 것이다. 독일인들은 자신들이 자유를 위해서 싸우고 있는 것이라고 말했으며, 그들의 적인 서방 국가들도 마찬가지였다. 1916년 이후엔 평화의 가능성이 대두되기도 했지만, 서로가 위급해졌을 때, 그들은 얼마만한 대가를 치르든 서로 자기들의 잇속을 위해 싸웠고, 그들이 차지하려던 영토를 주장함으로써 해결 짓기를 거부하였다.

한편에서는 수백만의 사람들이 엄청난 기만을 알아차리기도 했다. 그래서 그들은 대량 살육을 하도록 명령했던 사람들에 반항하기도 했으며, 그것이 러시아와 독일에서는 성공하기도 했다. 프랑스에서도 산발적으로 일어났으나, 그들은 오히려 엄중히 처벌받는 결과만을 초래했을 따름이었다.

그 결과 무슨 일이 일어났는가? 지속적인 발전과 평화에 대한 신념은 산산이 부서지고 말았으며, 확실한 듯했던 도덕적인 원리도 무너졌다. 생각할 수 없는 일들이 일어났다. 그러나 희망이 사라지지는 않았다. 야만적인 행위로의 첫걸음을 내디딘 후로도 사람들의 마음속엔 또다시 희망이 움텄다. 서구 역사에 있어서 2천 년 이상이 세계를 지배했던 희망의 원리보다 더 특징적인 것은 없었다는 점에서 이것을 이해하는 것이 중요하다.

앞서 말한 바와 같이 제1차 세계 대전은 이런 희망을 박살내 버렸지만 그렇다고 완전히 파괴한 것은 아니었다. 사람들은 힘을 모아 1914년에 중단되었던 기점에서 모든 일을 다시 착수하려고 노력하였다. 많은 사람들이 국제연맹이야말로 평화와 이성의 새 시대를 개막시켜 줄 것이라고 믿었다. 또 그들은 러시아 혁명이 군주제의 유산을 극복하고 진정한 휴머니즘적 사회주의로 발전할 것이라고 믿었다.

이 밖에도 자본주의 국가의 사람들은 그들의 체제가 바로 경제적 진보를 가져다줄 것으로 믿었다. 그런데 1929년과 1933년 사이에 일어났던 사건들은 이러한 희망조차도 산산조각내고 말았다. 자본주의 체제는 실업을 방지하고, 대다수 국민의 불행을 막을 능력이 있음을 보여주었다. 독일에서는 국민이 히틀러에게 권력을 장악하도록 허용하였고, 그 결과 구태의연한 불합리성을 지닌 채 무자비할 만큼 잔인한 체제를 출범시켰다.

러시아에서는 스탈린이 혁명을 보수적인 국가사회주의로 변형시킨 후 나치와 비근한 정도의 무자비한 체제를 선도하였다. 이런 일들이 일어나고 있는 동안, 세계 대전은 이미 지평선 위에 그 모습을 드러내 보이기 시작하였다. 1914년에 스탈린과 히틀러 체제의 야망에 의해 야기된 행위는 이제 완전히 결실을 보게 되었다. 독일인들은 바르샤바·암스테르담·코벤트리를 공습함으로써 선수를 쳤다.

서방 동맹국들도 뒤이어 킬른·함부르크·라이프치히·도쿄를 공격하고, 마침내는 히로시마와 나가사키에 원자폭탄을 투하하였다. 수십만 명의 남녀노소가 한 도시에서 일시에 살육되고 말았으며, 그것도 아무런 망설임이나 자책감도 없이 자행되었다. 인명에 대한 무차별적인 파괴가 정치적 목표를 달성하는 합법적인 수단이 되어 버렸다. 그리하여 '그가 비인간적이라면 나도 비인간적으로 되지 않으면 안 된다'는 논리를 좇아서 서로서로가 야만 행위를 자행하였다.

전쟁이 끝나자 국제연합의 창설로서 또 한 번 새로운 희망의 불꽃이 반짝였다. 그러나 전쟁이 끝난 직후에도 야만 행위는 계속되었다. 파괴의 무기는 더욱더 강력해졌다. 이제 양 진영은 적어도 서로의 절반에 가까운 인구를 하루 만에 살육할 수가 있게 됐다. 그럼에도 불구하고 그와 같은 대량 살육에 대한 생각은 진부한 일이 되어 버렸다. 과학과 휴머니즘과 희망이라는 전통을 따르는 양편의 수많은 사람들이 광기어린 살상 행위를 저지하기 위해 싸우고 있다. 그러나 수백만의 사람들이 아직도 야만 행위의 과정에 굴복하고 있고, 그보다도 더 많은 사람들이 그저 무기력해져서 일상의 지루한 일 속으로 도피하고 있다.

희망의 상실과 점증하는 야만성이 불행하게도 1914년 이래 서구 문명에 닥쳐온 유일한 악은 아니다. 서구 문명의 파괴에 대한 또 다른 원인은 정확히 그 문명의 가장 위대한 업적과 관련되어 있다. 산업혁명이 가져온 광대한 물질 생산은 서구의 대다수 사람들에게 100년 전에는 생각할 수도 없었던 생활 수준을 가져다주었다. 그러나 현실적이고 합법적인 필요의 만족은 강력한 욕구의 창출과 만족, 즉 '소비 갈망'이라는 충동을 낳았다. 우울해진 사람들이 물건을 산다든가, 음식을 먹고 싶은 강력한 충동에 사로잡히듯, 현대인은 탐욕스런 소유욕과 새로운 물건을 사용하고 싶은 갈망을 보다 나은 삶을 위한 욕구의 표현이라고 합리화시킨다.

사람들은 그가 사는 물건이 직접적으로는 삶을 풍요롭게 해 주지는 못한다 하더라도 시간을 절약하는 데는 도움을 준다고 주장한다. 그러나 그는 그렇게 절약한 시간으로 무엇을 할 것인지 모르고 있으며, 그렇게 자랑스럽게 번 돈을 헛되이 써 버리기도 한다. 이런 현상은 세계 최대의 부강국인 미국에서 가장 분명하게 볼 수 있다. 하지만 다른 모든 나라도 그와 유사한 추세를 보이고 있다. 모든 나라들의 목표는 대량 생산과 대량 소비로, 진보의 기준은 소비 지수가 되어 버렸다. 이것은 자본주의 국가는 물론이고 소련도 마찬가지이다. 사실상 두 체제 간의 경쟁은 보다 나은 삶을 산출하기 위해서라기보다는 보다 높은 소비 수준의 산출이라는 문제에 집중해 있는 듯하다.

결과적으로 공업화된 국가의 인간은 더욱더 탐욕스럽고 수동적인 소비자로 변모된다. 인간의 완성에 이바지하기 위해서 물건이 제공된다기보다는 생산자와 소비자로서의 인간이 물건의 노예가 되어 버렸다. 공업 체제는 또 다른 방향에서 매우 불행한 결과를 가져왔다. 생산 방식은 금세기 초엽 이래 상당한 변모를 가져왔다. 생산과 분배는 수십만 명의 노동자·사무원·기술자·판매원 등을 고용하는 대기업체에 의해 조직된다.

그런 기업은 계층적으로 조직화된 관료주의에 의해 관리되고, 개인은 작든 크든 이 기계 속의 톱니바퀴로 변한다. 그는 개인으로서 존재한다는 환상 아래 살고 있지만, 사실은 그는 한낱 물건으로 전락해 있다. 그 결과, 결정을 내리고 모험을 하는 데 필요한 모험주의나 개인주의, 또는 자발성이 점점 더 결여되어 가고 있다. 그의 목표는 단지 거대한 기계의 한 부분으로서, 그것과의 공생적 관계 속에서 그것에 의해 보호됨으로써 스스로 강하다고 느끼고 안정을 유지하려는 것에 불과하다.

젊은 세대에 관한 연구와 관찰은 모두 똑같은 양태를 보여주고 있다. 그들은 안전한 직업을 찾고, 높은 임금보다는 만족스런 퇴직금에 관심을 보인다. 또 부모와 함께 사는 가정이라는 곳에서 벗어나 결혼이라는 안전 지대로 신속하게 옮겨가고, 여론과 유행 감각에 순응하고, 무명의 권위에 복종하고 상투적인 생각에 빠져든다. 지난 수세기 동안의 특징을 이루고 있는 교회·국가·가족이라는 제도에 대한 투쟁을 벗어나자, 우리는 새로운 복종에 이르게 된 셈이다. 그러나 이러한 복종은 특정 귀족에 대한 복종이 아니라 조직에 대한 복종이다.

'조직인'은 그가 복종하고 있는 대상을 자각치 못한다. 그는 다만 합리적이고 실제적인 것에 따를 뿐이라고 믿고 있다. 사실상 조직인들의 사회에서는 불복종이란 것이 그들의 이데올로기가 무엇이든 간에 거의 사장되어 버렸다. 그러나 불복할 수 있는 능력은 복종의 능력과 마찬가지로 위대한 덕목임을 기억해야 한다.

에덴 동산에서 살고 있던 아담과 이브는 어머니의 자궁 속에 들어 있는 태아처럼 여전히 자연의 일부였다. 그들이 명령에 불복하는 용기를 가졌을 때에야 비로소 그들의 눈은 떠졌던 것이다. 그들은 서로를 타인으로 보고, 바깥 세상을 낯설고 적의에 가득 찬 곳으로 인식하게 되었다. 그들의 불복 행위는 자연과의 원시적 관계를 끊어 버렸고, 그들을 어엿한 한 개인으로 만들어 주었다. 이렇듯 불복종은 자유의 제1막이요, 인류 역사의 시작이었던 것이다.

신들로부터 불을 훔친 프로메테우스도 불복종을 주창한 또 다른 반역자였다.

"나는 신들에게 순종하는 종복이 되기보다는 차라리 이 바위에 사슬로 매이겠다"라고 그는 말했다. 그가 불을 훔친 행위는 인간에게 주는 선물이었고, 그렇게 함으로써 바로 문명의 초석을 세운 것이었다. 아담과 이브처럼 그도 그의 불복종으로 인하여 벌을 받음으로써 그들과 마찬가지로 인간의 진화를 가능케 해 주었다. 인간이 불복 행위에 의해서 지속적으로 진화했다는 것은, 양심이나 신념의 이름으로 존재하는 힘에 용감하게 '아니오'라고 말한 사람들이 있었기 때문에 그의 정신적 발전이 가능했다는 의미는 아니다.

그의 지적 성장 또한 불복할 수 있는 능력에 의존하는데, 여기서의 불복종이란 새로운 사상을 봉쇄하려는 권위와, 변화는 무의미한 것이라고 단정하는 낡은 권위에 대한 불복종을 의미한다. 불복종 능력이 인류 역사의 시작을 이룬 것이었다면 복종은 인류 역사의 종말을 가져올 수도 있을 것이다. 이런 표현은 그저 상징적으로나 시적으로 말하려는 것은 아니다. 10년 내지 15년 내에 인류는 자신과 지구상의 모든 생명체를 파괴할 가능성이 있다. 그 사실에는 물론 어떤 합리성도 의미도 없다.

그러나 기술적으로는 우리가 핵시대에 살고 있지만, 권력자를 포함한 대다수의 사람들은 감정적으로는 여전히 석기 시대에 살고 있다. 인류가 자살 행위를 저지른다면, 그것은 사람들이 그 무서운 죽음의 버튼을 누르라고 명령하는 사람들에게 복종하기 때문일 것이다. 그리하여 그들은 공포와 증오와 탐욕이라는 고답적인 열정에 순응하는 것이며, 국가의 권위라든가 명예라고 하는 전근대적인 상투어에 복종하는 것이다. 소련의 지도자들은 혁명이라는 것을 자주 입에 올리고 있고, '자유 세계'는 자유에 대해서 자주 말한다.

그러나 소련에서는 명시적이고 강제적인 수단으로 불복종을 억누르고 있으며, 자유 세계의 우리는 암시적으로, 그리고 좀더 교묘한 설득 수단을 이용해서 그것을 억누른다. 그 차이점은 소련에서는 불복종에 대한 이러한 찬양이 출판될 수 없는 반면, 미국에서는 그것이 가능하다는 정도이다. 그러나 나는 우리가 완전한 조직인으로 전락할 크나큰 위험에 처해 있다고 믿고 있으며, 그것은 결국 우리가 불복종하는 능력과 의심을 제기하는 법을 습득치 않는다면 정치적 전체주의로 전락하는 것을 의미하는 것이다.

이 책의 서두에서 간략히 언급했으나, 이제 좀더 광범위하게 다루지 않으면 안 될 현상황의 또 다른 측면이 있다. 그것은 다름 아닌 인간적 체험의 부흥에 관한 문제이다.

사회학적으로 볼 때 인류의 진화는 씨족이나 부족과 같은 작은 단위에서 출발하여 도시 국가·민족 국가를 거쳐 헬레니즘·로마·이슬람·현대 서구 문명과 같은 세계 국가·세계 문화로 이어졌음을 알 것이다. 그러나 인간의 체험에 관한 한 그 차이는 그리 기본적인 것만은 아니다. 원시 종족의 구성원들은 동일 집단의 구성원과 외부인을 엄밀히 구별하였다.

그 집단의 구성원들을 통치하는 도덕률이란 것이 있어서 그것 없이는 어떤 집단도 존속할 수가 없었다. 그러나 이러한 도덕률과 같은 것들이 이방인에게는 적용되지 않는다. 집단이 커가면 이방인들이 줄어들고 이웃이 된다. 그러나 양적인 변화에도 불구하고 이웃과 이방인 사이에는 질적인 차이가 남는다. 이방인은 인간이 아니며 야만인으로 취급되고, 심지어는 충분히 이해 관계를 맺는 것조차도 불가능해진다.

인류가 사회적·경제적으로 하나의 세계가 되기 오래 전부터 가장 진보적인 사상가들은 '개체적 인간'이라는 새로운 인간적 체험을 마음 속에 그리고 있었다. 부처는, 인간은 모두 똑같은 골격을 갖고 있고, 문화와 종족에 관계 없이 똑같은 대답을 할 수 있다고 생각하였다. 구약성서도 인간을 유일신과 닮은 하나의 존재로 쓰고 있다. 예언자들도 세계의 나라들이 그들의 "칼을 쳐서 보습을 만들고, 그 창을 쳐서 낫을 만들 것이며, 민족들은 더 이상 싸우지 않을 날"〈이사야〉제2장 4절을 그려 보았다.

그들은 더 이상 독립적인 국가가 없게 될 날을 그려 보았다. 성경에는 이렇게 씌어 있다. "그 날에 애굽에서 사람은 앗수르로 갈 것이며,

애굽 사람이 앗수르 사람과 함께 경배하리라. 그 날에 이스라엘이 애굽과 앗수르로 더불어 셋이 세계 중에 복이 되리니, 이는 만군의 여호와께서 복을 주어 가라사대, 나의 백성 애굽이여, 나의 손으로 지은 앗수르여, 나의 산업 이스라엘이여, 복이 있을지어다."《이사야》제19장 23~25절

기독교는 사람의 아들이 하느님의 아들이 되고, 마침내 하느님 자신이 된다는 개념을 만들어 냈다. 이 사람이나 저 사람이 아닌, 인간 그 자체만을 뜻했다. 로마 교회는 엄격한 의미에서 초국가적이고 보편적인 카톨릭 교회였다. 고대 그리스와 로마의 사상은 유대교·그리스도교 사상과는 별도로 나름대로의 인간 개념에 도달했는데, 이는 민족이나 국가의 필요에서라기보다는 인권에 뿌리내리고 있는 자연법의 사고에서 비롯된 것이었다.

안티고네Antigone는 국가법에 대항하여 보편적 인간의자연의 법을 지키기 위하여 자신의 생명을 희생하였다. 제논Zenon은 보편적 공영권의 꿈을 갖고 있었다. 문예 부흥과 계몽주의 운동은 그리스와 그리스도교적 전통을 더욱 풍요롭게 했으며, 신학적 용어보다는 휴머니즘적 용어로서 그것을 더욱 발전시켰다. 칸트는 모든 인간에게 타당한 도덕적인 원칙을 세웠으며, 영원한 평화의 가능성을 그려 보였다. 실러는 1788년 9월 27일 이렇게 썼다.

"국가는 인력의 결과요, 사상의 산물에 불과하지만, 인간은 근원 그 자체의 힘이며 사상의 창조자이다."

《돈 카를로스Don Carlos》에서 포자Posa는 "모든 인류를 위해서 심장을 뛰게 하는 인간성의 대표로서 그의 열정은 세계요, 미래의 세대였다"라고 썼다. 이와 같은 휴머니즘의 가장 완벽하고 심오한 표현

은 괴테의 사상에서 나타난다. 그의 이피게니아Iphigenia는 고전극의 안티고네처럼 애절한 목소리로 말한다.

"그대는 저 그리스인 아트레우스조차 듣지 않았던 진실되고 인간적인 목소리를 이 스키티아의 난폭한 사내가 들으리라고 생각하는가?"

야만인의 왕이 그녀에게 물었을 때 그녀는 다음과 같이 대답하였다.

"어떤 풍요에서 태어났다 해도 생명의 강물이 맑게, 그리고 거침없이 흐르는 사람이라면, 이 소리를 듣지 못할 리가 있겠습니까?"

또 1790년에 괴테는 이렇게 썼다.

"모든 사람들이 새 조국을 건설하느라 분주한 이 때에 편견 없이 사고하고 자기 시대를 초월할 수 있는 사람의 조국은 어느 곳에도 없으며, 어디에든지 있다."

그러나 서구 문화의 위대한 대표자들의 사상에도 불구하고 역사는 다른 길로 나아갔다. 국가주의가 휴머니즘을 압살壓殺하였던 것이다. 그리하여 국가와 그 주권은 개인이 복종하는 새로운 우상이 되어 버렸다.

그러나 그러는 사이에 세계는 변화했다. 식민지 대중들의 혁명이라든가, 무선 통신·라디오 등은 이 지구를 100년 전의 하나의 대륙, 아니 그보다 더 작은 규모로 축소시키고 말았다. 그러나 새로이 성립 단계에 있는 세계는 여러 지역 간에 존재하는 우호적이고 형제애적인 관계 때문이라기보다는, 미사일이 수시간 내에 세계의 어느 곳에든 죽음과 파괴를 가져다줄 수 있기 때문에 '하나의' 세계인 것이다. 어쨌든 현대인은 하나의 세계 속에 살고 있으면서도 그의 감정과 사고에 있어서는 아직도 민족 국가의 테두리 안에 머물러 있다.

그의 충성심은 인류에 대한 충성심이 아니라, 주로 주권 국가에 대한 충성심이다. 이런 시대 착오적인 생각은 재난을 가져올 따름이다. 그것은 유럽인들에게 종교적 관용과 공존이 생활 원칙으로서 널리 인정되기 이전의 종교 전쟁 때와 흡사한 상황인 것이다.

하나의 세계가 자멸하지 않으려면, 새로운 종류의 인간이 필요하다. 그는 야만인으로라기보다는 이웃으로서 자기 나라의 좁은 한계를 초월하고 세계 속에서 편안함을 느끼는 인간이다.

이 단계가 왜 그토록 어려운 것일까? 인간의 생명은 자궁 속에서 시작한다. 출생 이후에도 그는 원시인이 자연의 일부인 것처럼 여전히 어머니의 일부이다. 그는 점점 다른 사람들로부터 분리되어 있는 자신을 자각하게 되지만, 과거의 안정과 안전에 깊이 끌려들어가 있다. 그는 개인으로서 완전히 벗어나는 것을 두려워한다. 어머니·씨족·가족은 모두 친밀한 사람들이다. 혈연·관습·음식·언어를 통해 친숙치 않은 이방인은 위험한 존재로 의심받는다.

이방인에 대한 이와 같은 태도는 자신에 대한 태도와 불가분의 관계에 있다. 어떤 동료가 나 자신과 근본적으로 다른 존재라고 체험하는 한, 그를 여전히 낯선 사람으로 느끼는 한, 나 역시 낯선 사람인 셈이다. 내가 나 자신을 충분히 체험할 때, 나도 다른 사람과 같은 사람임을 안다. 나 또한 어린아이고 죄인이고 성자이며, 희망을 품기도 하고 절망하기도 하고, 기쁨을 느끼기도 하고 슬픔을 느낄 수도 있는 사람임을 인정하게 된다. 즉, 사고 개념·관습·표현만이 다를 뿐 인간의 본질은 같다는 것을 발견하게 된다.

나는 모든 사람들과 같으며, 동료를 발견하는 데서 나 자신을 발견하고, 그 역도 성립함을 알게 된다. 이런 체험 가운데에서 인간성이란 과연 무엇인가 하는 것을 발견하는 것이며, 나아가 '하나의 인간'

을 찾을 수 있는 것이다. 지금까지는 '하나의 세계'가 아직 나타나지 않았으므로, '하나의 인간'이라는 것이 사치에 불과했는지도 모른다. 그러나 이제는 하나의 세계가 존속하려면 하나의 인간이 나타나야 한다.

역사적 견지에서 말한다면 그것은 수많은 신들에 대한 숭배에서, 유일신 또는 하나의 비신非神으로의 단계에 의해서 이루어진 저 위대한 혁명에 비길 만한 단계일 수도 있다. 이런 단계는 인간이, 자연이 만들었거나 스스로 만든 우상의 숭배를 중지해야만 한다는 생각을 특징으로 한다. 과거에 인간은 결코 이러한 목표를 달성치 못하였다. 그는 다만 우상의 이름만을 바꾸고는 그것들을 계속해서 섬겼다.

그러나 인간은 변하였다. 그는 자신과 자연을 이해하는 데에서는 엄청난 진보를 가져왔다. 그는 이성을 발달시켰고, 완전한 인간이 되는 길에 올라 서 있다. 그러나 이 과정에서 그는 너무도 파괴적인 힘을 개발했기 때문에, 새로운 인간성을 건설하려는 마지막 단계가 이르기 전에 먼저 문명을 파괴해 버릴지도 모른다.

사실상 우리는 실현을 기다리는 풍요한 유산을 갖고 있다. 진보의 지속성에 대한 불굴의 신념을 갖고 있던 18세기와 19세기의 사람들과는 대조적으로, 우리는 진보 대신에 야만적인 상태나 전면적인 파괴의 가능성을 그려본다. 사회주의냐 야만주의냐 하는 양자 택일이 오늘날에는 엄연한 현실이 되어 버렸다. 야만주의를 지향하는 힘은 그것에 반대하는 힘보다 강한 듯하다.

하지만 세계를 야만 상태에서 구하게 될 것은 관료적 전체주의에 의한 사회주의는 아니다. 그것은 인간을 물건을 위해서 사용하기보다는, 인간을 위해서 새로운 기술력을 사용하는 새로운 서구 사회의 출현, 즉 휴머니즘의 부흥이다. 말하자면 그것은 인간의 해방을 위한 기준이 맹목적이고 무정부주의적인 경제적 이해에 의해 지배되는 사회적·정치적 과정보다는 경제를 지배하는 새로운 사회이다.

휴머니즘의 부활을 위한 이와 같은 투쟁 속에서 마르크스와 프로이트의 사상은 중요한 지표가 된다. 마르크스는 사회적 진보의 속성에 관해서 훨씬 깊이 있는 통찰력을 갖고 있었고, 당시의 사회적·정치적 이데올로기로부터 프로이트보다 훨씬 더 독립해 있었다. 그리고 프로이트는 부르주아 사회의 원칙을 초월하지는 못했지만, 인간의 사고·감정·정열의 과정에 더욱 깊은 통찰력을 갖고 있었다. 이들은 모두 합리화와 이데올로기의 허위성을 파괴할 수 있는 지적인 무기를 우리에게 제공해 왔으며, 개인적·사회적 실상의 핵심을 관통할 수 있게 해 주었다.

그들 각각의 이론이 가지고 있는 약점에도 불구하고, 그들은 인간의 진실 위에 드리워진 신비의 베일을 벗겨 주었다. 그들은 새로운 인간 과학을 위한 기초를 세웠다. 그리고 이러한 새로운 과학은 인간의 세대를 이끌기 위해서는 절실히 요청되는 것이다. 다시 말해서 에머슨의 말과 같이 물건이 인간을 지배하는 시대가 종식되고, 인간이 지배하는 시대를 위해서 새로운 인간과학은 절실히 필요한 것이다.

11

신조

    나는 인간이 자연 진화의 산물임을 믿는다. 다시 말해서 인간은 자연의 일부이지만, 이성理性과 자의식을 부여받았기 때문에 자연을 초월하는 존재라고 믿는 것이다.

    나는 인간의 본질이란 확인할 수 있는 성질의 것임을 믿는다. 그러나 이 본질은 역사를 통해서 항상 인간을 특징 지어 주는 것이라고는 생각지 않는다. 인간의 핵심은 인간 존재가 타고나는 것으로서 앞서 말한 모순 속에 내재하고 있는 것인데, 이 모순은 인간으로 하여금 그 해결책을 찾아내도록 강요하고 있는 것이다. 인간은 이 존재론적 이원성에 대하여 중립적인 상태로 남아 있을 수가 없으며, 수동적인 상태로 남아 있을 수도 없다. 인간은 그가 인간이라는 사실 때문에 인간적 삶에 의해서 여러 가지 질문을 받고 있다.

    그 질문이란, 인간이 자기 동료와 자연과 하나가 되는 경험에 도달하기 위하여 자신과 외부 세계 사이에 놓인 간격을 어떻게 극복할 것인가 하는 문제이다. 인간은 살아가면서 매순간마다 이 질문에 대답을 해야 한다. 이러한 질문에 대한 대답은 사상이나 언어를 통해서뿐만 아니라, 인간이라는 존재와 행동 양식을 통해서도 얻어질 수가 있다.

나는 존재에 대한 이런 질문에 대해서는 한계점이 없지 않으나, 확실한 여러 가지 대답을 할 수 있다고 믿는다종교와 철학의 역사는 이러한 대답을 위한 하나의 목록이다. 그러나 이런 대답에는 두 개의 범주가 있다. 그 한 가지는 인간이 인간적 특성인 이성理性과 사랑을 완전히 배제하고 인간 이전의 존재로 퇴행해서 자연과 다시 조화하려는 시도이다. 그리고 나머지 하나의 대답은, 인간이 인간의 힘을 그의 동료와 자연과의 새로운 조화를 이룰 때까지 그 목표를 충분히 발전시켜 나가는 것이다.

그러나 나는 첫번째 대답은 실패일 수밖에 없다고 믿는다. 그런 퇴행은 곧 죽음과 파괴와 고통으로 통하는 것이며, 결코 조화나 힘으로 가는 통로는 아닌 것이다. 그리고 두 번째의 대답은 탐욕과 이기심을 배제할 것을 요구하며, 그것은 또한 훈련과 의지와 사람들에 대한 존경심을 요구하는 것이다. 두 번째 대답은 더 어려운 것이기는 하지만 이것이야말로 실패하지 않는 유일한 대답이다. 사실상 최종 목표에 도달하기 전에 그것에 접근하려는 활동과 노력은 인간의 생명력을 강화해 주는 통일성과 통합력을 지니게 된다.

나는 인간에게 있어서 기본적인 양자 택일의 문제는 삶을 선택하느냐, 아니면 죽음을 선택하느냐의 문제라고 믿는다. 모든 행동은 바로 이런 선택의 문제를 뜻한다. 인간은 자유로이 선택할 수가 있지만, 이러한 자유는 엄격한 것이다.

인간의 심리적 소질이나 그가 태어난 사회의 조건, 그리고 그가 만나고 선택하는 가족·스승·친구 등 유리하기도 하고 불리하기도 한

많은 조건들이 있다. 인간의 사명이란 곧 자유를 확대하고 죽음으로 이끄는 조건들에 대항하면서 삶으로 유도하는 여러 조건을 확대하는 것이다. 즉, 삶과 죽음이라는 문제는 생물학적인 상태만 뜻하는 것이 아니라, 존재론적 상황과 세계와의 관련성을 뜻한다.

삶이란 계속해서 변화하는 것이고 계속해서 태어나는 것이다. 그리고 죽음이란 성장이 정지되는 것을 뜻하며, 화석화하고 반복하는 것을 뜻한다. 대다수 사람들의 불행한 숙명은 그들이 어느 것도 선택하지 않는 데 있다. 그들은 살아 있는 것도 아니고, 그렇다고 죽은 상태도 아니다. 삶은 그 자체가 부담이 되고 목적이 없는 일이 되어서, 오로지 바쁘다는 사실만이 존재의 고통으로부터 자신을 보호해 주는 수단이 된다.

나는 삶이나 역사가 개인의 생활에 있어서 의미를 준다거나, 개인의 고통을 정당화시켜 주는 궁극적인 의미를 갖고 있지는 않다고 믿는다. 인간의 존재를 괴롭히는 모순과 나약함을 고려해 볼 때, 인간이 그 자신에게 확실한 환상을 제공해 주고, 갈등·의심·책임으로부터 인간을 구원해 주는 어떤 절대적인 힘을 추구하는 것은 너무도 자연스런 일이다. 그러나 신학적·철학적 내지는 사학적史學的 논리에서 볼 때는 어떤 신도 인간을 구제하거나 비난할 수 없는 것이다.

오직 인간만이 인생의 목표를 발견할 수가 있으며, 이 목표를 실현시킬 수 있는 수단을 찾아낼 수가 있는 것이다. 인간은 어떤 구원의 최후 수단이나 절대적인 대답을 찾아낼 수는 없으나, 삶에 대한 격렬한 경험이 지니고 있는 힘을 얻을 수가 있으며, 진정 자유로울 수가 있는 것이다.

나는 만일 누가 동료를 위해 어떤 선택을 한다고 해서 그가 진정 그의 동료를 구원할 수 있는 것은 아니라고 믿는다. 사람이 다른 사람을 위해 할 수 있는 일은 모두가 감상이나 환상에 빠지지 않고, 진실되고 사랑하는 마음으로 단지 양자 택일의 문제를 그에게 보여주는 것에 불과하다. 인간이 진정한 양자 택일의 문제에 직면하면, 그는 자신 속에 숨겨져 있는 모든 힘을 일깨울 수 있고, 죽음에 대항해서 삶을 선택할 수가 있는 것이다. 만일 그가 자유로이 선택할 수 없다면 아무도 그에게 진정한 생명의 호흡을 불어넣을 수가 없는 것이다.

나는 선을 선택하는 데에는 두 가지 방법이 있다고 본다. 첫번째 방법은 도덕적인 지배에 대한 의무와 복종이다. 이 방법은 효과적일 수가 있으나, 수천 년이 흘러간 후에 십계명이 요구하는 것을 실행할 수 있는 사람은 극소수밖에 없다는 사실을 고려해야 한다. 즉, 십계명이 권위 있는 사람들에 의해서 명령으로서 제시되었을 때 더 많은 사람이 죄를 범했던 것이다. 여기서 행복감이란 공리주의자들이나 프로이트파가 말하는 쾌락을 뜻하는 것은 아니다. 내가 말하고자 하는 행복감은 한층 더 고양된 생기이며, 이 생기를 통해 힘과 주체 의식을 확인할 수가 있다.

나는 교육이란 인류가 지니고 있는 최고의 유산을 사람들에게 직접 알게 해 주는 수단이라고 믿는다. 그러나 이런 인류 문화의 유산은 대부분 말로 표현되어 있는데, 이 말은 스승에 의해서나 사회 구조 속에서 실천될 때에만 인류 문화의 유산으로서 효과를 나타낼 수가 있다. 다시 말해서 인간의 육체 속에서 실체화된 이념만이 인간에게 영향을 미칠 수가 있다. 즉, 언어 속에만 머물러 있는 이념은 언어를 변화시킬 뿐이다.

나는 인간의 완전성을 믿는다. 이 완전성이란 인간이 스스로 세워

놓은 목표에 도달할 수 있다는 것을 뜻한다. 하지만 인간이 반드시 이 목표에 도달해야 할 의무가 있음을 뜻하는 것은 아니다. 만일 개인이 삶의 과정에서 아무런 선택도 하지 않는다면, 그는 살아 있는 송장에 불과한 존재가 되고 만다. 악이나 자기 상실은 선이나 생기와 마찬가지로 현실적으로 존재하는 것이다. 이것들은 인간이 자기의 제1의 잠재력을 실현시키려고 노력하지 않을 때 일어나는 인간의 제2의 잠재력이다.

나는 한 인간이 성인聖人이나 죄인으로 태어나는 것은 예외라고 본다. 개인에 따라 성향의 비중이 각기 다르겠지만, 우리들 대부분은 선하기도 하고 악하기도 한 성질을 동시에 갖고 태어난다. 그래서 우리의 숙명은 이렇게 주어진 성향을 새롭게 만들고 형성할 수 있는 여러 가지 영향력에 의해서 결정되는 것이다. 그 중에도 가족이 가장 중요한 영향력을 가진다. 그러나 가족 그 자체는 주로 사회의 대리인이며, 어떤 사회가 그 구성원에게 심어 주고 싶은 가치나 성격을 전달해 주는 통로이다. 그러므로 개인의 발전을 위해 가장 중요한 요인은 그가 태어난 사회의 구조와 그 사회의 가치인 것이다.

나는 사회라는 것은 촉진 기능과 금지 기능이라는 두 가지 측면을 가지고 있는 것으로 믿는다. 개인은 다른 사람과의 협동과 일의 과정에서 각기 자신의 힘을 발전시킬 수 있으며, 이런 역사 과정 속에서만 스스로 창조해 나갈 수가 있는 것이다. 그러나 아직까지 대부분의 사회는 소수가 그들 마음대로 다수를 이용하고 지배하기 위한 목적에 기여해 온 셈이다.

그러므로 이러한 사회에서는 사회의 힘이란 다수를 때려눕히거나 위협하기 위해서 사용되었으며, 다수가 그들의 힘을 완전히 발휘할 수 없게 되었다. 이런 이유로 해서 사회는 항상 인간성과 충돌하였으며, 모든 개인에게 가치 있는 보편적 규범과 충돌했던 것이다. 따라서 사회의 목표가 인간성이 지닌 목표와 일치될 때에만 비로소 사회는 절름발이 상태를 면하게 될 것이고, 더 이상 죄악의 상태에 빠지지 않게 될 것이다.

나는 모든 사람들이 인간성을 지니고 있다고 믿는다. 우리는 각각 지능이 다르고 건강이 다르며 재능이 다르다. 그러나 우리는 모두 하나이다. 우리는 모두가 성인이거나 죄인이며, 어른인 동시에 어린아이이고, 이 세상의 어느 누구도 다른 사람의 심판자일 수도 없고, 다른 사람보다 우월한 존재도 아니다. 우리는 모두 부처와 마찬가지로 일깨움을 얻은 자들이고, 그리스도와 마찬가지로 십자가의 고통을 맛본 사람들이고, 칭기즈칸이나 스탈린·히틀러와 마찬가지로 살인도 하고 강탈도 범한 인간들이다.

나는 인간이 자신의 개성을 자각함으로써, 또 스스로 추상적인 공통 분모가 되는 것을 거부함으로써 전체적·보편적인 인간으로서의 체험을 마음 속에 그려볼 수 있다고 믿는다. 인생에서 인간의 과제는 자기의 개성을 자각하고, 나아가 그것을 초월해서 보편적인 체험에 도달한다는 참으로 역설적인 것이다. 완전할 정도로 발전시킨 개별적인 자신만이 자아를 말할 수가 있는 것이다.

나는 새로운 인간이 생겨날 때에만 '하나의 세계'가 생겨날 수 있다고 믿는다. 즉, 새로운 인간이란 피와 흙으로 얽혀진, 아득한 옛날부터 있어 온 인간을 뜻한다. 그는 자신이 사람의 아들임을 자각하는 인간이며, 어떤 독점적인 일부에 대해 충성하는 것이 아니라, 전인류와 삶에 대한 충성을 맹세하는 세계적 시민을 뜻한다. 이러한 인간은 인류를 사랑하기 때문에 국가에 대한 사랑과 종족에 대한 충성으로 인해 자신의 판단력이 왜곡되지 않는 사람이다.

나는 인간이 성장한다는 것은 계속적으로 태어나는 과정이요, 또한 계속적으로 일깨워 나가는 과정이라고 믿는다. 우리는 흔히 절반 정도는 잠에 취해 있는 상태에서 자신의 일을 겨우 해나갈 뿐이다. 다시 말하면 살아가는 존재로서 맡게 되는 소중한 과제를 감당해 나갈 뿐이다. 인류의 가장 위대한 지도자들이란 절반 정도 잠에 취한 상태에 있는 인간을 일깨워 온 사람들이다. 인간의 가장 큰 적은 인간을 잠들게 하는 사람들이고, 그 잠에 취하게 하는 약이 신에 대한 경배이든지, 아니면 금송아지의 숭배이든지는 문제가 되지 않는다.

나는 과거 4000년간의 역사를 통해 볼 때 인간이 참으로 놀라울 정도로 발전해 왔다고 믿는다. 인간은 인간의 이성을 발전시켜 자연의 여러 가지 수수께끼를 하나씩 풀어 왔으며, 맹목적인 자연의 힘으로부터 인간을 해방시켜 왔다. 그러나 인간이 그의 가장 위대한 승리를 이룩하려는 순간, 인간은 자신이 창조해 낸 물건과 조직의 힘 앞에 굴복하고 말았다. 인간은 새로운 생산 방법을 발견하기는 하였으나, 생산과 분배를 인간의 새로운 우상으로 만들어 놓았다.

인간은 자기가 만들어 낸 생산품을 섬기게 되어 그 생산품의 노예로 전락하고 말았다. 인간은 신의 이름을 부르고, 자유와 인간성 그리고 사회주의라는 이름을 헛되이 부르고 있다. 인간은 자신의 힘, 그리고 폭탄과 기계를 자랑하고 있으며, 인간의 무능함을 숨기기 위해 엄청난 파괴력을 과시하고 있다.

나는 우리를 자기 파괴로부터 구원해 줄 수 있는 유일한 힘은 이성뿐이라고 믿는다. 이성이란 인간이 지니고 있는 여러 가지 이념 속에 내재한 비현실성을 인식하고, 또 허위와 이데올로기에 의해서 여러 겹으로 가리어진 현실에 침투할 수 있는 능력을 가지고 있다. 이 때의 이성이란 지식의 본체로서가 아니라, 일종의 에너지를 말하며, 다시 말해서 그 행위나 효과면에서만 충분히 이해될 수 있는 힘이다. 이 힘의 '그 중요한 기능은 어떤 사실을 해결해 낼 수도 구속할 수도 있는 것이다.'* 폭력이나 무기로는 우리를 도저히 구출할 수가 없다. 하지만 건전한 정신이나 이성으로는 가능할지도 모른다.

나는 설사 이성이라 해도 인간이 희망과 신념을 갖고 있지 않는 한 별로 효과가 없는 것이라고 믿는다. 역사상의 여러 시기를 구분할 수 있는 가장 커다란 특색은 신념과 불신 사이의 차이점이라고 한 괴테의 말은 옳은 말이다. 괴테는 덧붙여 말하기를, 신념이 지배하던 모든 시대는 사라져 버리고 만다. 왜냐 하면 아무런 결실이 없는 그런 일에 자신을 헌신할 사람은 아무도 없기 때문이다.

의심할 여지 없이 르네상스와 계몽주의 시대인 13세기는 신념과 희망의 시대였다. 그러나 20세기의 서구 세계는 희망과 신념을 잃어버렸다는 사실 자체를 속이고 있다. 사실 인간에 대한 신념이 없는 곳에서 기계에 대한 신념이 우리를 멸망으로부터 구할 수가 없으며, 오히려 이러한 기계에 대한 신념은 우리들의 종말을 재촉하게 될 것이다. 서구 세계가 인간성을 충분히 발전시켜서 휴머니즘을 창조해 나갈 능력을 갖지 못하게 되면 다른 많은 문명처럼 멸망하고 말 것이다.

나는 진실을 인식하는 것은 지능의 문제가 아니라 성품의 문제라고 믿는다.

그 가장 중요한 요소는 '아니오'라고 말할 수 있는 용기이며, 권력

---

*《계몽운동의 철학The philosophy of the Enlightemment)E. Cassiver, 1955년, p.13

이 내리는 명령이나 여론에 복종하지 않는 것이다. 또한 이것은 잠에서 깨어나 인간이 되는 것이며, 깨어 있는 상태에서 절망감이나 무력감을 버리는 것이라고 본다. 이브와 프로메테우스는 그들의 죄로써 인류를 해방시켜 준, 위대한 두 반역자이다.

그러나 '아니오'라고 말할 수 있는 능력은 곧 의미 있게 '네'라고 대답하는 능력이 된다. 신에 대해서 '네'라고 대답하는 것은 로마황제 시저에게는 '아니오'라는 대답이 되는 것이고, 인간에게 '네'라고 대답하는 것은 인간을 노예화하고 이용하고 우롱하려는 무리들에게는 '아니오'라는 대답이 되는 것이다.

나는 인간이 될 수 있는 권리, 자기 자신을 주장할 수 있는 권리, 인간이 될 수 있는 자유를 방해하는 무리들과 싸우는 권리를 옳은 것이라고 믿는다.

그러나 여기서 말하는 자유란, 폭력에 의한 억압은 존재하지 않는다는 것 이상의 사실을 뜻한다. 그것은 바로 '무엇으로부터의 자유' 이상을 의미한다. 그것은 '무엇을 향한 자유'를 뜻하며, 독립할 수 있는 자유를 뜻한다. 이 자유는 또 많은 것을 소유하거나, 사물 및 사람을 이용할 수 있는 자유가 아니라, 풍요롭게 되는 자유인 것이다.

나는 서구 자본주의도 소련이나 중공의 공산주의도 우리의 미래 문제를 해결해 줄 수 없다고 믿는다. 이들은 모두 인간을 한낱 물건으로 바꿔 놓는 관료주의를 만들어 냈을 뿐이다. 인간은 모름지기 자연과 사회의 힘을 자신의 의식과 합리적인 통제하에 두어야 한다. 하지만 여기에서 통제란 물건과 인간을 관리하는 관료주의적 통제가 아니라, 만물의 척도로서의 인간을 위해 물건을 관리하고 복종하게 하는, 자유롭고도 협력적인 생산자에 의한 통제여야 한다.

우리의 양자 택일의 문제는 자본주의와 공산주의 사이의 문제가 아니라, 관료주의와 휴머니즘 사이의 문제이다. 민주적이고 권리 분산적인 사회주의는 모든 인간의 힘을 펼쳐서 궁극적인 목적을 이루는 데 필요한 여러 가지 조건들을 실현하는 것이다.

나는 개인적·사회적인 생활에 있어서 인간의 가장 비참한 실수 중의 하나는 선입견이라는 양자 택일의 사고 방식에 사로잡혀 있는 것이라고 믿는다. '빨갱이가 되느니보다 죽는 편이 낫다'라든가, '소외된 산업 문맹이냐, 아니면 개인주의적 산업화 이전의 사회냐' 하는 문제, 또는 '재무장이냐 절망이냐' 하는 문제 등이 이러한 양자 택일 문제의 좋은 실례이다. 상투적인 말의 치명적인 속박으로부터 자유롭게 될 때, 또 인간이 인간성과 이성의 소리에 귀를 기울일 때에만 언제나 또 다른 새로운 가능성이 분명해지는 것이다.

보다 작은 악의 원리는 절망의 원리일 뿐이다. 대부분의 경우에 이런 원리는 더 큰 악이 자리를 굳힐 때까지 시간의 여유를 길게 연장시켜 주는 것에 불과하다. 모험심을 가지고 정당하고 인도적인 일을 행하는 것이나, 인간성과 진실의 소리가 가지고 있는 힘을 믿는 것이 소위 기회주의적 현실주의보다 훨씬 더 현실적인 것이다.

나는 인간은 모름지기 인간을 노예화하고 마비시키는 환상으로부터 벗어나야 한다고 본다. 환상을 필요로 하지 않는 세계를 창조해 내기 위해서는 인간은 자신의 현실을 이해하여만 한다. 자유와 독립은 이런 환상의 사슬이 끊어질 때에만 성취될 수 있는 것이다.

나는 오늘날의 주요 관심사는 전쟁과 평화의 문제라고 믿는다. 인간은 지구상의 모든 생명을 파멸시킬 수도 있으며, 모든 문명화된 삶과 남아 있는 모든 가치를 파괴할 수도 있다. 또한 남아 있는 인간을 지배하려는 야만적이고도 전체주의적인 조직을 만들려고 한다. 이러한 위험을 직시하고 미소 양대 진영이 돌진하고 있는 심연을 보지 못하게끔 하는 이중적인 말을 꿰뚫어보는 것이 유일한 우리의 책임이요, 오늘날 인간이 받들어야 할 도덕적·지적 명령인 것이다. 만일 이런 일을 행하지 않는다면 우리 모두는 파멸당하게 되는 것이다.

만일 우리가 핵무기로 인한 대학살에 의해서 모두 멸망해 버린다면, 그것은 인간이 인간적으로 될 수 있는 능력이 없기 때문도, 인간이 본래 악한 존재로 태어났기 때문도 아니다. 그것은 어리석은 여론이 인간으로 하여금 현실을 보지 못하게 하고, 진리에 입각한 행동을 하지 못하게 만들었기 때문이다.

나는 인간의 완전성을 믿는다. 그러나 인간이 즉시 깨어나지 않는 한 그가 이 목표를 달성할 수 있느냐 하는 문제에 의구심을 갖게 되는 것이다.

파수꾼이여, 밤이 어떻게 되었느뇨?
파수꾼이 대답하여 가로되
아침이 오나니 밤도 오리라.
네가 물으려거든 물으라
너희는 다시 돌아올지니라.

〈이사야〉 제21장 11~12절

S. 프로이트 연보

Sigmund Freud

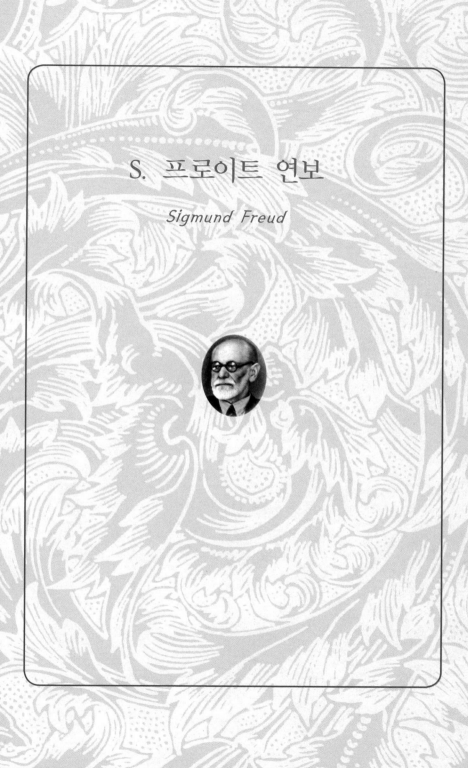

‡ ‡ ‡ ‡ ‡

- 1856년 5월 6일, 지그문트 프로이트Sigmund Freud는 체코슬로바키
아당시는 오스트리아 령의 작은 마을 프라이베르크에서 태어
났다. 아버지 야콥 프로이트1815~1930는 주로 모직물을 취
급한 상인이었다. 어머니 아말리1835~1930의 친정은 나탄
존 가이며, 양친 모두가 유대계, 형제는 이복형이 둘, 친동
생이 둘, 여동생이 다섯이었다.

- 1859년 라이프니치로 이사. 이사하는 도중에 기차 안에서 가스등
의 빛을 보고 사람의 영혼을 연상하여 공포증으로 생각되
는 노이로제가 시작되었다이 노이로제는 후에 자신이 자가 분석
을 통하여 치료할 때까지 계속되었다.

- 1860년 비인으로 이사이후로 일생을 거의 이 도시에서 보냈다.

- 1866년 비인의 김나지움에 입학하여 대부분 수석으로 과정을 거
쳤다.

● 1873년 수석이라는 영예로 김나지움을 졸업하였다. 오래 전부터 다윈의 《진화론》에 심취했으나 졸업직전, 괴테의 논문 〈자연에 대하여〉에 관해 행한 칼 브릴의 강연을 듣고 의학을 전공하기로 결심하고 비인대학 의학부에 진학하였다. 대학에서는 의학생을 위한 〈동물학〉과 동물학자 클라스의 〈생물학 진화론〉의 강의와 생물학자 브뤼케, 철학자 브렌타노의 강의를 열심히 들었으나 반유대주의 때문에 고통을 겪었다.

● 1876년 브뤼케 교수의 생리학 연구실의 연구생이 되었다. 여기서 그는 안정감과 학문상의 충족감을 맛보았으며, 브로이어와 알게 되었고 지그문트 에크스너, 에른스트 폰 프라이슈르, 마르코프와 친하게 되었다.

● 1877년 〈뱀장어의 생식선의 형태와 구조에 관한 논문〉을 발표하였다.

● 1878년 칠성장어의 척추신경절세포에 대한 발견을 학회에 발표하였다. 또 가재의 신경세포에 관하여 오늘날의 뉴런설에 가까운 구상을 발표하였다.

● 1880년 J. S. 밀의 사회문제와 플라톤의 논문을 독일어로 번역했는데 그 번역문은 잘 소화된 훌륭한 것이었다.
12월, 브로이어와 함께 저술한 《히스테리 연구》에 O. 안나의 증례로서 소개된 환자의 치료를 시작하였다.

● 1881년 3년 늦게 받은 의학부의 최종시험이었는데 '우수'라는 성적으로 합격하여 학위를 얻었다.

● 1882년 4월 유대인의 딸 마르타 베르나이스와 만나서 6월에 약혼하였다 그들이 결혼하기까지는 4년 3개월이 걸렸으며 그 사이에 그는 7백 통 이상의 편지를 약혼자에게 보냈다. 7월 경제적 이유로 해서 연구생활을 그만두고, 비인 종합병원에 외과의로 근무하다 내과로 옮겼다.
10월에 연구생으로 채용되어 첫 월급을 탔으며, 이 해에 〈가재의 신경섬유 및 신경세포의 구조에 대하여〉, 그리고 〈신경계의 제요소의 구조〉를 발표하였다.

● 1883년 5월 마르네르트의 정신의학교실에 근무하여 2급 의사가 되었다. 10월 피부과로 옮겼고, 이비인후과의 특별 코스에 출석하였다.

● 1884년 1월 신경과로 옮기고, 7월엔 수석 의사가 되었다. 이 해에 코카인의 마취작용에 대한 논문 〈코카인에 대하여〉를 발표, 코카인의 우수한 작용을 보고하였다.

● 1885년 3월 안과로, 그리고 6월엔 피부과로 옮겼다. 9월 비인대학 의학부 신경병리학사 강사가 되었다. 그 해 가을 브뤼케 교수의 추천으로 파리에 유학 당시 정신의학자의 성지라고 일컫은 정신병원 사르페트리에에 들어가 샤르코에게 사사받고 그의 《히스테리 연구》에 크게 감명을 받았다. 6월에서 이듬해 9월에 걸쳐 청신경근에 관한 세 가지 논문을 발표하였다.

● 1886년 2월 파리에서 돌아오는 길에 베를린에 들러 버긴스키에서 소아과를 전공했다. 4월 비인에서 병원을 차리고 개업하

였다. 9월 13일 결혼계를 제출했고 그 해 여름부터 이듬해 연말까지 군의관으로 복무하였다. 샤르코의 논문 〈신경계질환 특히 히스테리에 대한 신강의〉를 독일어로 번역하였다.

● 1887년 장녀 마틸드가 태어났다. 이 해부터 베를린의 내과, 이비인후과 의사 플리쓰와의 교제가 시작되어 2, 3년 사이에 '가장 친한 친구'라고 부르게 되었다.

● 1889년 치료법으로서의 최면술을 완성시키려고 낭시로 가서 수주간 체류하는 동안, 벨네임과 리에보가 하는 일에 강한 인상을 받았다. 도라라는 소녀를 분석치료중에 꿈을 분석하여 마음의 비밀을 푸는 열쇠가 됨을 깨달았다. 12월에 장남 마르틴이 태어났다.

● 1891년 2월 차남 올리버가 태어났으며, 이 해에 최초의 저술 《실어증의 이해를 위하여Zur Auffassung der Aphasien》를 출판하였다.

● 1893년 14세나 연장인 공동연구자 브로이어와 더불어 《히스테리 현상의 심적 메커니즘에 대해서》를 발표하였다. 또 〈소아야뇨증에 때로 병발되는 한 증후에 대하여〉를 발표하여 상지上肢의 과도한 긴장 현상에 대하여 언급하였다.

● 1894년 여름, 브로이어와의 공동연구가 끝났으며 2년 후에는 그들의 사이가 아주 나빠졌다. 《방어에 의한 노이로제와 정신이상》을 저술하여 노이로제와 어떤 종류의 정신병에 관하여 고찰했다. 심장병으로 고생했다.

● 1895년 브로이어와 공저 《히스테리 연구Studien Über Hysterie》를 발표했으며 〈불안 노이로제에 관한 논문〉을 발표하였다. 7월, 최초로 꿈의 완전한 분석을 행하였다.

● 1896년 '정신분석'이란 말을 비로소 사용하기 시작하였으며, 비인에서 〈히스테리의 원인에 대하여〉라는 제목으로 강연했으나 반응은 냉담했다. 하베로크 엘리스는 이 무렵에 프로이트의 저작을 알고 있었다.

● 1897년 〈뇌성소아마비〉라는 포괄적인 논문을 발표하여 대가의 손에 의한 '철저한 연구'라는 평을 들었다. 이 해에 자신의 정신분석에 착수하였다.

● 1898년 유아의 성욕에 대하여 최초로 발언하였으며, 《노이로제의 원인에 있어서의 성》을 발표하였다.

● 1900년 《꿈의 해석Die Traumdeutung》을 출판했으나 6백부 학계로부터 묵살되어 버렸다.
〈꿈에 대하여〉라는 제목으로 대학에서 강의를 시작했으나 청강자는 겨우 세 명이었다.

● 1901년 《일상생활의 정신병리》를 발표하여 우발적 행위의 의미를 명백히 하였다.

● 1905년 《성의 이론에 관한 세 개의 논고》와 《위트와 무의식과의 관계》를 집필하였다.

● 1906년 융과의 정기적인 교류가 시작되었다.

● 1907년 융과 만났고, 칼 에이브러햄과의 교제가 시작되었다.

● 1908년 부활제를 맞이하여 브로이어, 융과 같은 유럽의 정신분석
학자가 프로이트를 중심으로 하여 잘츠부르크에 모여 '국
제정신분석학대회'를 열고 기관지《정신분석학·정신병리
학·연구연보》발간을 결정하였다. 4월 심리학 수요회를
'비인 정신분석학협회'로 개명하였으며, 후에 전기작가로
된 존스와 1천 통 이상의 편지를 교환한 페렌치와 교제가
시작되었다.

● 1909년 비인대학 의학부 신경생리학의 조교수가 되었다. 9월 미국
심리학자 스텐리 홀의 초청을 받고 융과 미국으로 건너가
서 홀 총장의 클라아크 대학에 〈정신분석학 5강〉을 연속
강연하였다. 미국 체류중에 윌리엄 제임스, 피스터 목사와
알게 되어 일생을 절친하게 지냈다. 《노이로제 환자의 가
족 이야기》, 《히스테리 발작 개론》, 《다섯 살짜리 사내아이
포비아의 분석》, 《강박 노이로제의 한 증례에 대한 메모》
등을 발표하였다.

● 1910년 3월, 제2회 대회가 뉘른베르크에서 열리고 '국제 정신학회'
가 정식으로 발족하여 초대회장에 융이 피선되었으며, 월
간지《정신분석학 중앙잡지》를 창간하였다. 프로이트는 대
회석상에서 〈정신분석요법에 대한 금후의 가능성〉이란 제
목으로 강연했다.

- 1912년 정신분석학을 다른 정신과학에 이용할 것을 지향하고 《이마고Imago》를 창간하여 프로이트는 《토템과 터부》를 출판하였다.

- 1914년 제1차 세계 대전으로 드렌스텐의 대회는 중지되었으며 융은 협회를 탈퇴하였다. 《정신분석학 운동사》를 집필하고 그 내용 중에서 융에 대하여 신랄하게 공격하였다. 《미켈란젤로의 모세》를 발표하였다.

- 1915년 R. M. 릴케의 방문을 받았으며 비인대학에서 〈정신분석학 입문〉의 강의를 시작하였다.

- 1917년 《정신분석학 입문》을 출판하였으며, 《정신분석학의 한 난점》을 발표하였다.

- 1918년 부다페스트에서 제5회 대회가 열리고 페렌치가 회장이 되었다. 《처녀성과 터부》를 발표하였다.

- 1922년 4월 구강암의 수술을 받았다^{이후 사망할 때까지 33번의 수술을 받았다}. '베를린 대회'가 열리고, 딸 안나가 회원에 추천되었으며, 10월 11월 잇따른 구강구술로 발음이 불완전하게 되었고, 청각도 약화되었다. 〈꿈의 텔레파시〉 외 수편의 논문을 발표하였다.

- 1923년 로망 롤랑과 서신 교류가 시작되었다. 《자아와 이드》를 저술하여 이드와 자아이상의 개념을 제창하였다.

● 1924년 찰츠부르크에서 대회를 개최하였으며 이 해에 로망 롤랑이 O. 츠바이크와 함께 방문했다. 비인판 《프로이트 전집》이 발간되었다.

● 1925년 구강 내의 수술을 수차례 받았다. 홀부르크에서 대회가 열렸으며, 딸 안나가 아버지의 원고를 대독하였다. 《자전》을 발표하였다.

● 1929년 옥스퍼드에서 대회를 열었으며, 토마스 만이 《근대정신사에 있어서의 프로이트의 지위》에서 프로이트 학설의 정신사적 의의를 높이 평가하였다.

● 1930년 괴테 문학상을 받았다. 《문화에 있어서의 불안》을 발표하였다.

● 1932년 토마스 만이 방문했다. 《속 정신분석학 입문》을 발표하였다.

● 1933년 히틀러의 정권이 수립됨과 동시에 정신분석에 관한 서점이 금지서적의 대상이 되었다.

● 1936년 게슈타포가 '국제정신분석 출판사'의 전재산을 압수하였다. 80회 탄생일에 토마스 만, 줄 로만, 롤망 롤랑, H. G. 월츠, 츠바이크, 버지니아 울프 등 191명의 작가와 예술가들의 사인이 든 인사장을 토마스 만으로부터 받았다. 9월 13일 금혼식을 거행했다.

● 1938년 3월, 나치군이 오스트리아에 침입하여 '국제 정신분석 출

판사'를 몰수, 6월 나치의 유대인 학살을 피해 런던으로 망명, H. G. 웰즈, 츠바이크 밀리노프스키와 만났다.

- 1939년 2월 암이 재발하여 수술 불능이란 진단이 내려졌다. 9월 12일, 런던의 메이어즈필드 가든즈 20번지에서 별세. 《정신분석학 개론》을 집필중이었으나 완성치 못하고 사망하여 미완성품이 되고 말았다.

K. 마르크스 연보

Karl Marx

‡   ‡   ‡   ‡   ‡

- 1818년 5월 5일 독일 라인 주 트리에르에서 7남매 중 세 번째로 태어났다. 유대교 가정으로서 아버지는 변호사였으며, 어머니는 네덜란드의 귀족 출신이었다.

- 1824년 일가가 기독교로 개종하다.

- 1830년 트리에르 중학교에 입학하다.

- 1835년 중학교 졸업 후 본 대학에 입학하다.

- 1836년 제니 요한나 베르타 폰 웨스트파렌과 약혼. 베를린 대학 법학부 입학하여 법학·철학·사학을 수학하다.

- 1841년 예나 대학에서 에피쿠로스 철학에 관한 논문으로 박사 학위를 받다.

- 1842년 새로 창간된 급진적 반정부 신문 〈라인〉지의 주필이 되다.

- 1843년 〈라인〉 신문의 주필을 사임하고, 프로이센 귀족의 딸인 4살 연상인 W. 예나와 결혼 후 파리로 건너가다.

- 1844년 아널드 루게와 함께 《독불연지獨佛年志》 발간하다. 장녀 제니 출생하다.

- 1845년 파리 퇴거를 명령받아 브뤼셀로 옮기다. 엥겔스와 공저로 《신성 가족神聖家族》 발간하고, 엥겔스와 함께 6주간 영국을 여행하다. 차녀 라우라 출생하다.

- 1846년 〈독일 이데올로기〉 탈고하다.

- 1847년 공산주의자 동맹에 가입한 후 11월 회의에 참석차 런던에 가다. 선언 기초宣言起草를 위촉받다. 무정부주의자 P. J. 푸르동의 〈빈곤의 철학〉을 반박하는 〈철학의 빈곤〉 쓰고, 런던에서 공산주의자동맹이 결성되자 엥겔스와 함께 가입하다. 장남 에드가 출생하다.

- 1848년 엥겔스와 공저로 《공산당 선언》 발표하다. 브뤼셀에서 퇴거 명령을 받고 파리로 옮겼다가 다시 쾰른으로 돌아오다. 〈신新라인〉 신문을 내고 주필이 되었으나 3주 만에 발행을 중지당하다.

- 1849년 신문지법 위반 및 무장 항거 교사 혐의로 고발당했다가 무죄 선고를 받았지만, 〈신라인〉 신문은 폐간되었다. 프러시아 국적을 상실하고 파리로 옮겼으나 파리에서도 퇴거 명

령을 받고 다시 런던으로 옮기다. 차남 그위드 출생하다.

- 1850년 잡지 《신라인 신문》 발간.

- 1852년 공산주의자동맹이 해산되고, 《뉴욕 트리뷴》에 의해 통신을 시작하다.

- 1855년 극심한 빈곤으로 장남 에드가 사망하다.

- 1859년 《경제학 비판》 저술하다.

- 1860년 《포크트 군君》 저술하다.

- 1864년 국제노동자협회인터내셔널 지도자가 되다.

- 1867년 《자본론》 제1권 출간하다.

- 1871년 《프랑스 내란》 집필하다.

- 1872년 하그에서 개최된 인터내셔널 대회에 출석하고, 암스테르담의 노동자 집회에서 연설하다.

- 1875년 독일 노동당의 고타 강령안을 비평하다.

- 1877년 인터내셔널 해산하다.

- 1881년 부인 제니 사망하다.

- 1883년 장녀 제니의 죽음으로 충격을 받고, 3월 14일 런던 자택에서 엥겔스가 지켜보는 가운데 향년 65세로 사망하다.

- 1885년 엥겔스에 의해《자본론》제2권 출간하다.

- 1894년《자본론》제3권 출간하다.

- 1917년 칼 카우츠키에 의해《자본론》제4권인《잉여가치 학설론》출간하다.

만년의 K. 마르크스뒷줄 좌측와 딸들.
우측은 그의 절친했던 동료 F. 엥겔스

1917년 타트라 산정에서 S. 프로이트

| 옮긴이 **김기태** |

● 1930년 출생. 번역문학가.
● 주요 역서 《인간의 마음 무엇이 문제인가 Ⅱ》(K. 메닝거),
　《꿈의 해석》(S. 프로이트) 외 다수.

정신분석과 유물론

1판 1쇄 인쇄 / 1987년 07월 10일
1판 1쇄 발행 / 1987년 07월 20일
2판 1쇄 발행 / 1999년 09월 20일
3판 2쇄 발행 / 2020년 01월 10일

지은이 / E. 프롬, R. 오스본
옮긴이 / 김기태
디자인 / 정은영

펴낸이 / 김영길
펴낸곳 / 도서출판 선영사
주　소 / 서울시 마포구 서교동 485-14 영진빌딩 1층
TEL / (02)338-8231~2　FAX / (02)338-8233
E-mail / sunyoungsa@hanmail.net

등 록 / 1983년 6월 29일 (제02-01-51호)

ISBN 978-89-7558-281-3　03180

ⓒ Korea Sun-Young Publishing. co., 1987